Saraj Stutz

Damit sich der Nebel lichtet

Toxische Beziehungsmuster hinter frommen Fassaden erkennen und heil werden

Hänssler

MIX
Papier | Fördert gute Waldnutzung
FSC® C014496

2. Auflage 2025

Max-Eyth-Straße 41 · 71088 Holzgerlingen
haenssler.de

Lektorat: Christiane Kathmann, www.lektorat-kathmann.de
Umschlaggestaltung und Illustrationen: Erik Pabst, www.erikpabst.de
Satz: typoscript GmbH, Walddorfhäslach
Druck und Bindung: GGP Media GmbH, Pößneck
Gedruckt in Deutschland
ISBN 978-3-7751-6241-8
Bestell-Nr. 396.241

Meine Kinder, unsere Liebe
darf nicht nur in schönen Worten bestehen;
unser Tun muss ein echter Beweis dafür sein.

1. Johannes 3,18 (NEÜ)

Für dich

POLEN
WEISSRUSSLAND
RUSSLAND
UKRAINE
RUMÄNIEN
REP. MOLDAU
BULGARIEN
TÜRKEI
Kaunas
Vilnius
Witebsk
Moskau
Smolensk
Oka
Minsk
Białystok
Warschau
Tula
Brjansk
Orel
Pinsk
Gomel
Lublin
Pripjat
Tschernigow
Kursk
Luzk
Tschernobyl
Woronesch
Lemberg
Schitomir
Kiew
Don
Charkiw
Dnipro
Winniza
Poltawa
Tschernowitz
Slowjansk
Kirowograd
Kramatorsk
Belzy
Dnjepropetrowsk
Gorlowka
Luhansk
Jassy
Kriwoi Rog
Donezk
Makejewka
Bug
Chişinău
Saporoschje
Nikolajew
Rostow
Maryupol
Taganrog
Cherson
Odessa
Asowsches Meer
Brăila
Krim
Kertsch
Bukarest
Krasnodar
Simferopol
Konstanza
Sewastopol
Noworossisk
Donau
Krim-Brücke
(Brücke über die Straße von Kertsch)
Varna
Sotschi
Schwarzes Meer
Istanbul
Bursa
Ankara
Smyrna
Antalya
Nicht von der ukrainischen Regierung kontrollierte Gebiete (Krim 2014 von Russland annektiert, umkämpfter Donbass)
Provinzgrenzen

Inhalt

Alles in Ordnung

»Wir hatten es gut.
Alles in Ordnung.
Doch, doch, bei uns war alles ganz normal.
Meine Mutter ist nett.
Mein Vater auch.
Meistens.
Meine Mutter hat sich in der Gemeinde
sehr engagiert.
Hat vielen geholfen.
Mein Vater hatte eine ganz wichtige Stellung.
Hat viel bewirkt.«

»Wie sind deine Eltern mit dir umgegangen,
wenn niemand anders dabei war?«

»Was?«

»Wie sind deine Eltern mit dir
und deinen Geschwistern umgegangen,
wenn niemand anders dabei war?«

»… wie sie mit uns umgegangen sind,
wenn niemand anderes dabei war …

Was ist denn das für eine Frage?«

Wie sehen deine Beziehungen aus, wenn niemand anderes dabei ist? Das ist die Anfangsfrage dieses Buchs.

Einführung

»Wer einen geringen Selbstwert hat, schreckt vor keiner Gemeinheit zurück, um ihn auch nur für eine Sekunde anzuheben«[1], schreibt Thomas Meyer, Schweizer Schriftsteller und Drehbuchautor, in seinen *Einhundertvierundvierzig Einsichten*. Das ist die kürzeste und prägnanteste Definition für toxische Beziehungen, die mir bisher begegnet ist. Für die psychische Gewalt, die in solchen Beziehungen ausgeübt wird, hat sich der Begriff *narzisstischer Missbrauch* etabliert.

In der Mythologie ist Narziss ein junger Mann, der sich in sein eigenes Spiegelbild verguckt und dabei zugrunde geht. Im Volksmund ist der Begriff Narzisst zum Synonym für einen arroganten und zur Empathie unfähigen Menschen geworden. Das mag auf manche Narzissten zutreffen, aber nicht auf alle, vor allem nicht in jedem Umfeld, denn stark manipulative Menschen passen sich wie ein Chamäleon dem jeweiligen Umfeld an.

In diesem Buch geht es daher in erster Linie um die Dynamik in toxischen Beziehungen und die Auswirkungen auf ihr Umfeld. *Narzisstischer Missbrauch* steht für Verhaltensweisen, die (bewusst oder unbewusst) zum Ziel haben, das Gegenüber herabzusetzen und zu beherrschen, um den eigenen Selbstwert zu erhöhen. Dabei ist die Atmosphäre nicht ständig toxisch oder vergiftet, denn die Verhaltensweisen von Manipulatoren bestehen aus extremen Gegensätzen: Verführung und Abwertung, Schmeicheleien und Beleidigungen, Signalisieren von Hilfsbedürftigkeit und die Anschuldigung, der andere habe einen im Stich gelassen. Liebesentzug oder Abschottung werden genauso eingesetzt wie Einschmeichlungsversuche oder Wiedergutmachungsdramen. Damit die Beziehung nicht aufgelöst wird, wird zu falschen Schuldzuweisungen oder gar Drohungen gegriffen, nicht selten gefolgt von Zeiten, in denen alles gut und wunderbar normal scheint.

Schwächere Ausprägungen von manipulativem Verhalten kommen in vielen unserer Beziehungen vor. Sobald man emotionalen Druck ausübt, um das Gegenüber zu Dingen zu bewegen, die es aus freien Stücken nicht tun würde, ist das Manipulation. Das kann sehr subtil und kaum wahrnehmbar sein, und trotzdem lohnt es sich, die eigenen Beziehungen dahin gehend unter die Lupe zu nehmen.

Manipulative Taktiken kommen in allen Arten von Beziehungskonstellationen vor: in Familien, Ehen, Freundschaften, Arbeitsverhältnissen, Glaubensgemeinschaften und anderen Interessensgemeinschaften. Gerade in christlichen Kreisen wird toxische, also vergiftende Manipulation jedoch kaum je durchschaut. Wir Christen scheinen von *bedingungsloser Barmherzigkeit* so geblendet zu sein, so gefangen vom *ständigen Vergebenmüssen*, dass nur ganz selten gegen toxisches Verhalten und seelisch destruktive Personen Stellung bezogen wird. Deshalb konzentriere ich mich in diesem Buch auf die starken Ausprägungen von *narzisstischem Missbrauch*.

Die unverblümte Darlegung ist für Betroffene toxischer Beziehungen notwendig, um aus der Verharmlosung herauszufinden. Aber auch Menschen, die nur »Alltags-Manipulation« kennen und die extremen Formen von emotionaler Erpressung nie erlebt haben, neigen dazu, die schädigenden Verhaltensweisen zu verharmlosen. Die Beispiele in diesem Buch verdeutlichen die Formen und Auswirkungen von Manipulation und helfen dabei, zu prüfen, inwieweit manipulative Dynamiken – im Großen oder Kleinen – in den eigenen Beziehungen vorkommen. Das Buch ermöglicht einen ungeschminkten Blick auf die Auswirkungen manipulativer

Verhaltensweisen, wenn sie sich in Beziehungen verfestigen, und zeigt auch, wie man aus diesen Systemen herausfindet.

Hannah, Philip, Liora und Ruth

In diesem Buch lassen uns vier Menschen an ihrem Ausstieg aus den seelischen Verstrickungen ihrer toxischen Beziehungen teilhaben. Ihre Geschichten helfen dabei, das Thema und den Weg heraus zu veranschaulichen. Vielleicht findest du dich sogar in dem einen oder der anderen wieder. Denn Lebensgeschichten wie die von Hannah, Philip, Liora und Ruth gibt es unzählige.[2]

Hannah

Als Hannah zum Erstgespräch zu mir kam, begrüßte ich sie mit den Worten: »Hallo. Schön, dass du gekommen bist.« Ein prüfender, fast sarkastischer Blick streifte mich, als ob sie denken würde: »Klar, ich zahle ja auch.« Das braune Haar reichte ihr bis unter die Schulterblätter, den Pony trug sie kurz. Sie war um die dreißig und wirkte aufgeschlossen und zielgerichtet. Sie war hellwach und ihrem Blick schien nichts zu entgehen.

Philip

Anders verlief der Erstkontakt mit Philip. Trotz seiner hageren Gestalt schien er schwer an seinem Körper zu tragen. Er wirkte jünger als seine fünfundzwanzig Jahre, irgendwie verloren. Ich begrüßte ihn: »Hallo. Schön, dass du den Weg hierher gemacht hast.« Philip hörte mich kaum. Er versuchte, im Hier zu sein, doch es fiel ihm sichtlich schwer. Sein Blick war unstet und verlor sich immer wieder im Nirgendwo. Alles, was er sagte, ließ erahnen, dass er nichts falsch machen wollte.

Liora

Die Annäherung mit Liora verlief langsam und vorsichtig, wie bei einem scheuen Waldtier, meist sah sie mich nicht an und blickte höchstens aus den Augenwinkeln in meine Richtung. Es dauerte zwei Jahre, bis sie mir erzählte: »Ich konnte dir dein ›Schön, dass du da bist‹ bei unserer ersten Begegnung gar nicht abnehmen. Es hat mich verunsichert und ich habe mich gefragt, was du damit bezwecken willst.« Es brauchte Zeit und nährende Erfahrungen, bis sie mich und mein Gesprächszimmer als vertrauenswürdigen Ort erleben konnte.

Hannah, Philip und Liora haben etwas gemeinsam. Sie kommen aus Familien, die man *toxisch* nennt. In toxischen Familiensystemen fügen Eltern mit ihrer Art der Kommunikation und ihren Verhaltensweisen den Kindern großen seelischen Schaden zu. Die Persönlichkeit der Kinder wird nicht aufgebaut, sondern immer wieder attackiert. Die Würde des Menschseins wird ihnen genommen. Das hat Auswirkungen bis ins Erwachsenenleben.

Ruths Geschichte unterscheidet sich von den anderen. Ihren Eltern lag das Wohl ihrer Kinder am Herzen und sie bemühten sich um einen fairen und aufrichtigen Umgang miteinander.

Ruth

Als Ruth zum Erstgespräch kam, trug sie ihr schwarzgraues Haar kinnlang. Die 39-jährige Mutter von zwei Kindern wirkte müde, abgekämpft und älter, als sie war. Sie suchte Hilfe, um ihrem Mann besser begegnen zu können. Da ich keine Paartherapeutin bin, erklärte ich ihr, dass sie bei mir nur an sich arbeiten könne und damit nur indirekt an ihrer Ehe. Was sie sich denn für sich selbst wünsche? Im Gespräch erwähnte sie, dass sie sich in ihrer Ehe immer wieder sehr verwirrt und hilflos fühle. Sie wünschte sich, wieder klar denken zu können. Ruth erzählte: »Mein Mann hat diese verschiedenen Gesichter. Das herzliche Gesicht ist für unsere Freunde, für die Gemeinde, für die Arbeit … Die Kinder und ich bekommen die anderen Gesichter ab.«

Ich helfe meinen Ratsuchenden, das, was im Innen ist, ins Außen zu bringen. Im Innen drehen die Gedanken nicht selten die immer selben Runden, aber im Außen können sie aus einer anderen Perspektive betrachtet werden. Ruth wusste nichts über toxische Beziehungen, doch als ich sie danach fragte, was sie für sich wolle, malte sie einen dicken Boden und einen weiten Horizont auf eine A5-Karte. »Stabiler Boden unter den Füßen würde mir helfen«, bemerkte sie. »Und dass der Horizont sich weitet.« Dass der Boden stabiler wird und der Horizont sich weitet, darin wollte ich sie gerne unterstützen.

Die Heilungswege dieser vier Menschen werden uns durch das Buch begleiten. Wichtig ist mir, dass du nicht denkst, bei dir müsse alles genauso laufen. Ihre Wege habe ich für dieses Buch zusammengefasst, um die verstrickten Beziehungsdynamiken zu verdeutlichen. Aber auch bei ihnen gab es verschiedene Schwierigkeiten,

Hindernisse und gefühlte Umwege, welche ich aus Platzgründen nicht ins Buch aufgenommen habe.

Außerdem habe ich das Buch in der Du-Ansprache geschrieben. Ich hoffe, ich trete dir damit nicht zu nahe. Das Sie lag mir bei dieser persönlichen und intimen Thematik zu quer im Mund. Die Begriffe *Manipulator* oder *Manipulierer* verwende ich geschlechtsunabhängig für stark kontrollierende und manipulative Personen.

Wenn du zum jetzigen Zeitpunkt mit einer stark manipulativen Person liiert bist, bitte ich dich, erst das ganze Buch zu lesen, bevor du mit dem Manipulator über das sprichst, was du erkannt hast. Es ist sogar ratsam, dass du ihn oder sie nicht sehen lässt, was du liest. Stark narzisstisch-verbogene Manipulierer sind gut im Verdrehen von Tatsachen und werden keine Probleme haben, den Inhalt des Buches so zu entfremden, dass sie ihn gegen dich verwenden können.

In Beziehungen, in denen Dinge angegangen werden dürfen, ist es hingegen ratsam, dass beide das Buch lesen.

Das Ziel dieses Buchs

Manipulation, emotionale Erpressung und psychische Gewalt scheinen meist dubios, kaum fassbar und vernebeln die Sicht auf das, was wirklich abgeht. Mein Ziel ist, dass du nach der Lektüre dieses Buchs die Dinge benennen kannst und weißt, was dir passiert (ist), wenn du betroffen bist. Mein Wunsch ist es, dass du dich und deine Situation besser verstehst und gleichzeitig zu einem liebevolleren Blick auf dich selbst findest. Es ist mir ein Herzensanliegen, dass du deine Geschmacksknospen für das Echte, Wahre, Liebevolle, aber auch für die Gerechtigkeit (wieder)entdeckst.

Die wunderbaren Beispielbilder von Erik Pabst zeigen das Geschehen in toxischen Beziehungen treffend auf und helfen, besser zu verstehen.

Damit du nicht nur besser verstehst, sondern auch handlungsfähig wirst, gebe ich konkrete Übungen an die Hand, die auf dem Weg in die Freiheit stärken und unterstützen. Auch Begleitpersonen von Betroffenen werden auf diesen Seiten Anregungen finden, wie sie seelische Prozesse besser unterstützen können.

Als Christin bin ich bestrebt, den Unterschied zwischen echtem Glauben und instrumentalisierendem religiösen Machtmissbrauch für Betroffene verständlich zu machen. Du musst aber kein Christ sein, um dieses Buch mit Gewinn zu lesen. Machtmissbrauch kommt in religiösen, aber auch in anderen Kontexten vor.

Zur Veranschaulichung habe ich eine Geschichte aus dem Alten Testament gewählt, die vielen Menschen ein Begriff ist. Ich möchte dich damit auf eine Reise einladen. Die Reise startet im Alten Ägypten, dem Land, in dem das Volk Israel 400 Jahre lang versklavt wurde.

Was das mit toxischen Beziehungen zu tun hat? Das wirst du in den kommenden Kapiteln entdecken.

Teil I
Das Alte Ägypten

Ich will dir eine Geschichte aus der großen Menschheitsgeschichte erzählen. Ich will dir erzählen von der Geschichte des Volkes, das von Gott geliebt wird. Diese Geschichte ereignete sich vor etwa dreieinhalbtausend Jahren im Norden Afrikas.

Die Sippe, welche vierhundert Jahre zuvor nicht mehr als eine Großfamilie gewesen war, war zu einem Volk herangewachsen. Sie lebten noch nicht in dem Land, das Gott ihnen verheißen hatte, sondern hatten in kargen Tagen bei einem anderen Volk Unterschlupf erhalten und waren geblieben. Das Land, in dem sie nun lebten, war reich. Ein breiter Fluss tränkte das Gebiet, sodass die Erde guten Ertrag brachte und die Menschen satt wurden. Doch der Herrscher des Landes hatte ein Problem: Er glaubte, »Gott« zu sein.

Zu jener Zeit, wie auch in unserer Zeit, geschah es leicht, dass die Könige und Herrscher dem Glauben verfielen,

sie seien das Maß aller Dinge und müssten
niemandem Rechenschaft ablegen.

Obwohl dieser Herrscher Ägyptens überaus reich war
und sein Land viele Gelehrte und einen hohen Stand
an Wissen besaß und seine Streitmacht bis an die Ränder
der Erde bekannt war, hatte er Angst. Nicht, dass
der Pharao das zugegeben hätte, doch er hatte Angst,
dass ihm jemand sein Reich streitig machen würde.

Als er sah, wie das fremde Volk an Größe zunahm,
sagte er sich: »Ich will sie plagen. Ich will ihnen schwere
Arbeit auferlegen. Sie sollen für mich schuften, sodass sie
keine Kraft mehr haben, sich um ihre Herden oder Familien
zu kümmern. So werden ich sie schwächen und sie werden
mir nicht gefährlich werden.« Er implementierte ein
unerbittliches Regime; setzte Sklaventreiber ein,
die kontrollierten, antrieben und auspeitschten.

Ein Pharao ging, der nächste kam. Der Glaube,
»Gott spielen zu dürfen«, blieb und mit ihm
die Versklavung der Israeliten, von Generation zu Generation.[3]

Um das Klima unter dieser Herrschaft zu verdeutlichen,
habe ich den 17-jährigen Samuel erfunden,
der bereits seit einigen Jahren als Sklave auf den Baustellen
des Pharaos arbeitet. Samuel beschreibt sein Leben so:

»Ägypten ist da, wo ich geboren bin. Es ist da,
wo ich aufgewachsen bin. Es ist da, wo mein Vater

und meine Mutter, deren Vater und deren Mutter
und dessen Vater und dessen Mutter aufgewachsen sind.
Es ist da, wo wir den Regeln des Landes Ägypten
Folge leisten, weil es nicht anders geht. Weil die
Strafen schlimm sind, wenn wir nicht gehorchen und tun,
was von uns verlangt wird. Die Strafen sind Schläge,
Auspeitschungen, und wenn man Pech hat, kann es sein,
dass man zu Tode geprügelt wird.

Auch wenn ich mal keine Strafe bekomme, weil gerade kein Sklaventreiber sauer auf mich ist, werde ich dennoch beschimpft und gedemütigt. Jeden Tag.

Ägypten bedeutet: Wir wissen, was wir zu tun haben.
Auch dass es keinen Dank für unser Schuften gibt,
sondern normal ist, dass man so mit uns umgeht.
Ägypten bedeutet, dass keiner von uns sich überlegt,
was er werden möchte. Es bedeutet auch, dass wir keine
Zeit haben, um uns zu liebkosen oder einander liebevoll Zeit
zu schenken. Ägypten bedeutet, dass das Überleben
abhängig von meinem Sklaventreiber ist. Ich tue, was von
mir verlangt wird, versuche, möglichst unsichtbar
zu bleiben und nicht aufzufallen. Am Ende des Tages
falle ich todmüde und erschöpft auf meine Matte,
denn morgen ist wieder ein Tag. Auch morgen darf ich
mir keinen Fehler und keine Unachtsamkeit erlauben;
denn die Strafe könnte mich vernichten.

Ägypten ist da, wo ich lebe. Es ist mir vertraut.
Ich war nie woanders.«

Kapitel 1
Die fünf Stimmungen

Hannah stürmte in mein Gesprächszimmer. »Ich muss noch kurz zur Toilette!«, rief sie und wirkte ziemlich gestresst, obwohl sie pünktlich war. »Lass dir Zeit«, rief ich, aber sie hörte mich wahrscheinlich schon nicht mehr. Danach saß sie aufgebracht auf einem der beiden Armsessel. Ich begleitete sie seit etwa drei Monaten, es war ihr leichtgefallen, sich auf die Beratung einzulassen. »Du bist heute zackig drauf«, eröffnete ich das Gespräch. Hannah verdrehte die Augen: »Ich kann es nie richtig machen! Egal, was ich sage, egal, was ich mache. Egal! Alles, aber auch wirklich alles, fliegt mir früher oder später als Vorwurf oder als Versagen um die Ohren!« Hannah berichtete von einem Telefongespräch, das sie mittags mit ihrer älteren Schwester geführt hatte, und schloss resigniert: »Ich zerbreche mir zum millionsten Mal den Kopf über meine Familie. Egal, ob ich mit meinem Vater, meiner Mutter oder meiner Schwester rede … so oft kommt es völlig quer heraus. Wir haben es immer wieder sehr lustig zusammen und lassen uns über andere aus, ohne jegliche Skrupel. Dann beteuert jeder den anderen, wie großartig wir sind und wie verkorkst die anderen … Wir sind so … hemmungslos, so krass … so brutal.« Dass sie brutal sind, würde wohl keines der anderen Familienmitglieder zugeben, das benannte Hannah an diesem Tag zum ersten Mal so. »Aber für uns ist das normal! Für uns sind alle anderen humorlos und verklemmt!«

Trotz dieses scheinbar starken Zusammenhalts in der Familie hatte Hannahs Schwester sie am Mittag niedergemacht. Sie war der Meinung, Hannah sei ein egoistischer Unmensch, und behauptete, es sei verwunderlich, dass sich überhaupt noch jemand mit ihr abgeben würde. Das hatte Hannah tief getroffen. »Aber, gäu, du weisch, dass i di liäbe. – Du weißt schon, dass ich dich liebe.« – Das war der Schlusssatz der Schwester, als sie sich am Telefon verabschiedete. »Ich bin sooo …!« Hannah rang um Worte.

Wie sehr man sie liebe, das wurde ihr immer wieder versichert – seit Jahren, seit sie sich erinnern kann. Sie wurde vom Vater geschlagen mit der Begründung: »Weil ich dich so liebe und nicht will, dass dein böses Herz dich vom Weg abbringt.« Die Kinder wurden von der Mutter beschimpft und verantwortlich gemacht, wenn der Vater einen seiner Jähzornanfälle hatte. Aber sie wurde nicht müde, stets zu betonen: »Aber, gäu, du weisch, dass i di liäbä.«

»*Das* soll Liebe sein?«, fragte ich mich wieder einmal. Doch wichtiger als meine Meinung ist, dass Hannah erforschen kann, was dieses Klima mit ihr macht. Darum fragte ich sie: »Wenn du an deine Familie denkst, was für ein Gebäude oder welche Art von Konstrukt kommt dir in den Sinn? Was für ein Bild passt zu deiner Familiendynamik?«[4]

Hannah antwortete: »Ein Labyrinth! Ein Labyrinth, in dem verschiedene Stimmungen herrschen. In einem Teil scheint die Sonne, in einem anderen ist es kalt und dunkel. Und in den Gängen und Windungen ist es verdammt neblig. Man weiß nie, was hinter der nächsten Biegung lauert. Das stresst mich. Alles ist so unberechenbar. Ich bin so verwirrt.«

Vielleicht kennst du dieses Gefühl, dass du durch gewisse Personen stark verwirrt wirst. Möglicherweise fragst du dich, ob du dein Gegenüber richtig verstanden hast oder dich in deiner Wahrnehmung täuschst. Wenn man den Finger nicht auf solche Aussagen legen darf, die einem schräg erscheinen, oder auf ein konkretes Verhalten, wird man den Nebel der Verwirrung nicht los. Er scheint einem nachzulaufen. Egal wie sehr man sich um eine Lösung oder Erklärung bemüht, es ist ein Griff ins Leere.

In der Gegenwart von Manipulierern ist es nur eine Frage der Zeit, bis sich Verwirrung breitmacht. Unverständnis und Grübeleien umhüllen nebelschwadenartig das Denken. Der Nebel verdichtet sich, verschleiert sinnvolle Überlegungen und lähmt die Fähigkeit, aus den Situationen zu lernen.

Manipulierer müssen (oft unbewusst) möglichst alles kontrollieren, sogar die Atmosphäre. Denn wer die Atmosphäre beherrscht, besitzt ein mächtiges Werkzeug, um Menschen zu steuern. Das folgende Beispiel aus dem täglichen Leben zeigt, wie groß der Einfluss der Atmosphäre auf unser Verhalten ist. Stell dir vor, du gehst mit Freunden zu einem Fußballspiel, obwohl du nicht viel von Fußball hältst. Plötzlich erzielt die Mannschaft deiner Freunde den Führungstreffer. Die Masse jubelt, die Atmosphäre bebt! Fußball interessiert dich zwar nicht, aber die Atmosphäre reißt dich mit. Die Energie im Stadion und die Freude der anderen erfasst dich. Dein Puls geht schneller, dein Herz schlägt laut, du erlebst die Ekstase der Atmosphäre in deinem Körper und spürst, wie Freude und Kraft durch dich hindurchströmen, bis du laut johlend mitjubelst – obwohl dir eigentlich egal ist, wer gewinnt.

Die Atmosphäre beeinflusst unsere Körper und dadurch unsere Gefühle, Gedanken, Reaktionen und auch unsere Entscheidungen. Doch die wenigsten Menschen merken, wenn jemand die Atmosphäre steuert, um Gefühle, Gedanken, Reaktionen und die Entscheidungen von anderen zu manipulieren. Wie will man das erkennen oder gar beweisen?

In manipulativen Systemen gibt es fünf Stimmungen mit einer jeweils ganz unterschiedlichen Atmosphäre. Damit diese anschaulich werden, stelle ich dir die Erfahrungen von Hannah, Philip, Liora und Ruth vor. Sie werden dir helfen, die fünf Stimmungen auch in deinem Leben oder im Leben der Menschen, die du begleitest, besser zu verstehen. Eine Übersicht über die fünf Stimmungen findest du in der vorderen Buchklappe. (In Kapitel 3 wird es um die verdeckten Ziele und die Folgen der fünf Stimmungen gehen.)

Für Hannah war es an der Zeit, die fünf Stimmungen in ihrem Familienlabyrinth mit mir gemeinsam zu erforschen. Die erste Stimmung ist *das Scheinwerferlicht*.

Stimmung 1: Scheinwerferlicht

Ich fragte Hannah: »Wenn sich deine Herkunftsfamilie im Scheinwerferlicht der Öffentlichkeit zeigt, wie ist dann die Stimmung?« Hannah lachte kurz auf und meinte: »Das ist einfach.« Sie zeichnete einen hohen Sockel, eine kleine Person darauf und eine riesige Person daneben. »Die große Figur ist mein Vater. Das da auf dem Podest bin ich. Oder auch meine Schwester.« Sie nahm einen Goldstift und malte Strahlen um die große Person. »Egal, wo wir aufkreuzen, wir müssen im Mittelpunkt stehen, als Familie oder jeder Einzelne. Mein Vater ist der Pfarrer unserer Kirchgemeinde. Wenn er mit anderen spricht, ist er einfühlsam, herzlich und humorvoll. Meine Mutter gibt sich stets gut gelaunt und interessiert. Sie hilft überall mit und hat für alle ein offenes Ohr. Die perfekte Pfarrfrau.« Dass die Kinder als gute Vorbilder für andere vorangehen, war Credo Nummer eins. »Alle glänzten, was das Zeug hält«, erklärte Hannah.

Je exzentrischer die manipulative Person ist, desto höher ist der Sockel während der Stimmung *Scheinwerferlicht*. Ob auf dem Sockel eines oder mehrere Familienmitglieder ausgestellt werden oder ob ausschließlich Platz für den Manipulator ist, hängt von der Art des Manipulierers ab. Die Aufgabe der Wesen auf dem Sockel besteht jedenfalls darin, den Manipulator gut aussehen zu lassen. Sie müssen den Beweis erbringen, dass der Manipulator so ist, wie er oder sie gesehen werden möchte.

Der Vater von Hannah hat auch zu Hause immer mal jemanden aufs Podest gestellt: »Einmalig, wunderbar und einzigartig bist du. An dem Tag, als du geboren wurdest, hast du mich zum stolzesten Vater gemacht!«, ahmte Hannah ihren Vater nach und fügte sarkastisch an: »Als wäre er König Salomo höchstpersönlich.«

»Wie geht es denn der Kleinen auf diesem Podest?«, fragte ich. Hannah erzählte: »Ich habe geglaubt, dass Papa mich sehr liebt und dass ich jemand ganz Besonderes sein muss. Doch geheuer war mir dieser Platz nicht, so ohne festen Boden unter den Füßen. Darum habe ich die zittrigen Beine gemalt.« Noch lange empfand Hannah großen Stress in Versammlungen mit vielen Menschen, denn sie glaubte, dass sie herausragend und makellos sein müsse, um sich in der Öffentlichkeit zeigen zu dürfen.

Bei Philip entstand auf die Frage nach der Stimmung *Scheinwerferlicht* ein anderes Bild. Er hielt das Blatt quer und zeichnete im rechten oberen Viertel Strichmännchen, die um eine große Figur versammelt waren und zu dieser hochblickten. Der Rest des Blattes blieb leer. Die große Figur sei seine Mutter, erklärte Philip. »Sie weiß sich in Szene zu setzen, bis jeder restlos von ihrer ›Außergewöhnlichkeit‹ überzeugt ist.« Die Handgeste für »Anführungszeichen« benutzte er noch einige Male im Gespräch. Seine Mutter könne unermüdlich von ihrem »wichtigen Job als Journalistin« und ihrem aufopfernden Engagement berichten. Sie sehe sich als Kämpferin gegen die Ungerechtigkeit, die an Randgruppen verübt wird. Philip habe erst vor etwa fünf Jahren gemerkt, dass das alles »heiße Luft« ist. Die Zeitschrift, für die sie als Journalistin arbeitet, ist eine Eigenproduktion und die wenigen Abonnenten stammen aus ihrem Bekanntenkreis.

Ich wollte wissen, wo Philip auf dem Bild zu finden ist. Ob er eines der Strichmännchen sei, das zur Mutter aufschaue. Philip wurde verlegen. Er habe nicht gewusst, dass er sich auch malen müsse. »Wo bist du denn dann?«, fragte ich. Er meinte, er wäre wohl links unten, außerhalb des Bildes. Er sei maximal ein ferner Beobachter.

Wie bei Hannah gibt es auch bei Philip während Stimmung 1 eine übergroße Figur und einen Kreis der Aufmerksamkeit drum herum. Obwohl Hannah und Philip wohl beide exzentrisch-narzisstische Elternteile hatten, sind ihre Rollen im Scheinwerferlicht der Öffentlichkeit sehr verschieden. Während Hannah den Vater mit ihrem Auftritt gut aussehen lassen muss, schafft es Philip nicht einmal auf die Bildfläche. Philip meinte dazu, es gebe nur zwei Rollen: Entweder man bewundere seine Mutter oder man existiere nicht.

Möglicherweise findest du dich in Hannahs oder Philips Situation wieder, vielleicht aber war oder ist der Manipulator in deinem Leben nicht sonderlich exzentrisch und es geht eher darum, dass du nichts falsch machst. So war es bei Liora. Im Gespräch über ihr Bild merkte sie, dass Auftritte in der Öffentlichkeit hauptsächlich von unausgesprochenen Regeln beherrscht wurden. Es ging darum, möglichst nicht negativ aufzufallen. Bloß nichts falsch machen! Das Image sollte einer makellosen, »guten, christlichen« Familie entsprechen. Das bedeutete, die Mutter hatte still zu sein, damit sie besser dienen konnte. Die gut dressierten Kinder sollten stets die Autorität des Vaters und dessen einwandfreien Lebenswandel spiegeln.

Lioras Bild sprach Bände. Sie zeichnete sich als kleinen Punkt aufs Blatt, daneben eine riesige Lupe, die auf sie gerichtet war. Liora verstand, warum sie nicht gerne in die Öffentlichkeit ging: »Ich fühle mich so ausgestellt. Ich habe stets das Gefühl, von allen beobachtet und überprüft zu werden. Darum verhalte ich mich so unauffällig wie möglich. Am liebsten wäre ich gar nicht da.«

Die Lupe steht für den prüfenden Blick des Vaters, der überwacht, ob sich alle tadellos benehmen. Liora erlebte *die verdeckte Art des Scheinwerferlichts*. Es wird niemand in den Mittelpunkt gerückt, aber trotzdem werden alle dazu gebracht, einem übersteigerten Anspruch zu genügen, der nichts mit Menschsein oder der eigenen Person zu tun hat.

Ruth kennt die Stimmung *Scheinwerferlicht* wiederum auf eine andere Art. Zu Anfang der Beziehung zu ihrem Mann richtete er seine ganze Aufmerksamkeit auf sie. Er bekundete unentwegt seine tiefe Liebe zu ihr und betonte, dass sie füreinander bestimmt seien. Die gemeinsamen Unternehmungen machte er zu kleinen Abenteuern und seine Geschenke zeugten von Aufmerksamkeit und Einfühlungsvermögen. Ruth fühlte durch die intensive Zuwendung eine starke Verbindung zu ihm. Sie war sein Ein und Alles. Seine anderen Gesichter kamen noch nicht zum Vorschein. »Es fühlt sich mit ihm so echt an! Ist ein solches Verhalten nicht ein Beweis für Liebe und Zuneigung?«, fragte Ruth zutiefst verunsichert.

Natürlich. Grundsätzlich sind Begeisterung, Komplimente, Geschenke oder Aufmerksamkeit schöne Momente. Auch ist es völlig natürlich, dass man sich vor anderen gut benehmen will. Doch in toxischen Beziehungen, wo narzisstischer Missbrauch geschieht, ob in Familien oder anderen Umfeldern, verhalten sich Manipulatoren völlig anders als sonst, wenn Menschen anwesend sind, die sie beeindrucken wollen.

Wenn manipulative Personen die Bühne der Öffentlichkeit verlassen oder sie niemanden mehr beeindrucken wollen, kippt die Stimmung.

Stimmung 2: Es kippt! Der Sabotage-Akt

Manipulierer halten freudige Erregung nicht allzu lange aus. Sie zerstören das, was glücklich und zufrieden macht, meist recht schnell. Nachdem ich mit Betroffenen Stimmung 1 ausgeleuchtet habe, frage ich deshalb: »Wie geht es weiter? Bleibt die Stimmung so? Verändert sich etwas? Mit welcher Farbe geht es weiter?«

Hannah fiel auf, dass Stimmung 1 jeweils in dem Moment zu Ende war, wenn die Autotüren für die Heimfahrt zugezogen wurden. Dieser Augenblick, in dem plötzlich alles anders wurde, war ihr vorher nicht bewusst gewesen. Kaum war das Scheinwerferlicht der Öffentlichkeit ausgeknipst, kippte die Stimmung. In Hannahs Familie stand die Atmosphäre oft unter gefährlicher Spannung. Sie spürte, jetzt durfte keiner etwas Falsches sagen, sonst rastet der Vater aus.

Bei Philip zeigt sich ein ähnliches Bild: Solange Besuch bei ihnen weilte, war die Mutter eine perfekte freundliche Gastgeberin, kaum aber hatte sich die Tür hinter den Gästen geschlossen, kippte die Stimmung und die Atmosphäre war kalt und leer. Nicht selten sprach die Mutter sehr schlecht über die Personen, denen gegenüber sie sich eben noch herzlich und verständnisvoll gegeben hatte.

Lioras Vater, der zuvor eine väterliche Autorität ausgestrahlt hatte, verfiel in bleiernes Schweigen. Eine lähmende Apathie legte sich über die Familie.

Stimmung 2 ist nicht zwingend mit einem plötzlichen drastischen Abfall des Klimas verbunden. Ruths Mann ging raffinierter vor, um die Atmosphäre auf Minustemperaturen sinken zu lassen. Manchmal setzte er eine beleidigte Miene auf und verweigerte jeglichen Blickkontakt oder er startete eine Diskussion, die alsbald in Anschuldigungen mündete. Das war es, was Ruth so verwirrte. Sie dachte: »Wir hatten es doch so gut? Was ist jetzt los?«

»Wie findest du das, dass die Stimmung von einem Moment auf den anderen kippt?«, frage ich Betroffene. Oft sind sie erst mal ratlos, aber lustig findet das niemand.

Hannah realisierte das Phänomen der drastischen Wechsel erst durch die Arbeit mit den Stimmungen. Sie merkte, dass es diese Unberechenbarkeit, die Willkür waren, die dafür sorgten, dass sie ständig angespannt war. Philip hingegen hatte seine Mutter schon viel früher durchschaut. Er wusste, dass die Stimmung *Scheinwerferlicht* nur Show war, fürchtete sich aber dennoch vor ihren plötzlichen Anfällen. Liora glaubte zu Beginn der Beratung sogar, dass sich alle Menschen nach außen herzlich und freundlich zeigen würden, es aber in Wirklichkeit kaum waren. Sie realisierte, wie sehr sie diese Wechsel auch im Zusammensein mit anderen Menschen fürchtete und sich darum nicht auf Beziehungen einlassen konnte.

Ob die bleierne Stimmung 2 anhält oder in Stimmung 3 mündet, ist unterschiedlich. In Stimmung 3 zeigt sich, wie Manipulierer innere Anspannung loswerden.

Stimmung 3: Entladung – psychische Vernichtung

Wie ein Gewitter in den Bergen, das sich urplötzlich über Wanderern entlädt, wie wenn es ohne Vorwarnung gefährlich blitzt und donnert, wie wenn Regen von einer Sekunde auf die nächste auf die armen Schutzlosen herunterprasselt, so überraschend und heftig kann sich die Rage des Manipulators über Betroffene ergießen. So erging es Philip. Je nach Laune der Mutter traf es ihn oder seinen Vater. Ihre Art, zu kritisieren, war grenzenlos in ihrer Destruktivität, die Betitelungen waren vulgär und beschämend. Die Vorwürfe, was die Beschuldigten getan oder nicht getan hatten, was sie falsch gesagt oder fälschlicherweise *nicht* gesagt hatten, nahmen kein Ende. Sein Vater schwieg. Warum er das tat, verstand Philip erst, als er alt genug war, um sich selbst zur Wehr zu setzen. Nun wechselten sich abstruse Beschuldigungen mit diffusen Behauptungen ab: »Du weiß genau, was du mir antust!« Wann immer er auf eine der Äußerungen seiner Mutter einging, um sich zu verteidigen, wechselte sie die Anschuldigung. Das einzige Unumstößliche schien die »Tatsache«, dass er »böse, undankbar, faul, unaufrichtig, egoistisch und gemein« war. Irgendwann verstummte auch er.

Lioras Vater wurde nicht laut. Er beherrschte die Kunst des Pseudo-Fragenstellens und erniedrigte in sachlichem Tonfall: »Ich frage mich, ob die anderen gemerkt haben, wie undurchdacht deine Ansicht war.« Die beiden Brüder von Liora wurden oft ohne erkennbares Verschulden auf diese perfide Art gedemütigt. Liora selbst wurde vom Vater weitgehend ignoriert. Sie schien keinerlei Bedeutung für ihn zu haben. Die rigiden Regeln verinnerlichte sie trotzdem. Schließlich wollte sie nicht Gefahr laufen, selbst ins Schussfeld zu geraten. Manchmal wurde fürs nächste Mal die Devise durchgegeben: »Ich erwarte von euch, dass ihr euch respektvoll benehmt. Ich will mich nicht mehr für euch schämen müssen.« Spätestens nach einem dieser K.-o.-Sätze fühlte sich Liora schuldig und schämte sich zutiefst. Wofür? Das wusste sie nicht.

Ruths Ehemann wiederum entlud sich auf andere Weise. Die vorwurfsvolle Miene informierte, dass jemand etwas »Furchtbares« zu ihm gesagt hatte. Ob das Ruth, eines der Kinder oder eine außen stehende Person war, variierte. Aber dass ihm unrecht getan wurde, das stand für ihn außer Frage. Wenn Ruth nicht in der Weise reagierte, wie ihr Mann es für angebracht erachtete, dann brach er in Tränen aus, schloss sich in ein Zimmer ein oder verließ ohne Erklärung das Haus und tauchte erst Stunden später wieder auf.

Nicht weniger drastisch ist Hannahs Erinnerung an eine Heimfahrt von einem Gottesdienst, als sie höchstens sechs Jahre alt war: »Meine Schwester, mein Bruder und ich hatten Spaß auf der Rückbank. Auf einmal fuhr der Vater ohne Vorwarnung an den Straßenrand und gebot uns, auszusteigen. Völlig verwirrt stiegen wir aus; mir war keine Schuld bewusst. Meine Eltern brausten mit dem Auto davon. Wir standen da, an einem Ort, den wir nicht kannten. Ich weiß nur noch, dass viel Verkehr war. Ich hatte keine Ahnung, was wir tun könnten. Meine Schwester beschloss, loszulaufen, wohin, wusste ich nicht, sie bestimmt auch nicht, aber wir liefen mit ihr mit. Irgendwann brauste das Auto meiner Eltern heran und blieb neben uns stehen. Meine Mutter blickte aus dem Fenster und befahl uns, einzusteigen. Ich wollte nicht, ich hatte solche Angst. Sie fixierte mich mit stechenden Augen und sagte mit leiser Stimme, dass dies meine letzte Chance sei, danach würden sie uns nicht mehr suchen kommen. Wir stiegen ein und es wurde nie mehr ein Wort über den Vorfall gewechselt.«

Der Haken an Stimmung 3 ist, dass Betroffenen beigebracht wird, dass nicht das schreckliche Verhalten des Manipulators das eigentliche Problem ist, sondern das Kind (der Partner, die Angestellten etc.). Man glaubt, an den schlechten Verhältnissen schuld zu sein und diese Behandlung verdient zu haben. Das wirkt sich auch auf spätere Beziehungen aus. Wenn es auf der Arbeit ein Problem gab, fühlte sich Hannah verantwortlich, auch wenn sie nichts mit dem Problem zu tun hatte. Wenn Philip unfair behandelt wurde, verbrachte er Tage damit, zu überlegen, was er möglicherweise falsch gemacht hatte. Liora glaubte, dass man nur freundlich zu ihr sei, solange man noch nicht gemerkt hätte, wie »mühsam« sie sei. Sie war überzeugt, dass es nur eine Frage der Zeit wäre, bis das Gegenüber sie ablehnen würde. Und Ruth? Sie glaubte, dass sie ihrem Mann keine gute Ehefrau war, weil sie immer wieder »so lieblos zu ihm sei« – wie er sagte.

Ich weiß nicht, ob du so extreme Stimmungswechsel kennst. Möglicherweise nicht so drastisch, aber möglicherweise doch. Für manche sind solche Wechsel normal geworden. Doch das ist nicht gesund. Es ist nicht normal, dass auf Freude ein unerklärlicher Klimaabfall folgt. Es ist definitiv nicht normal oder gesund, wenn jemand andere Menschen erniedrigen muss, um sein Unwohlsein loszuwerden.

Natürlich und gesund ist, dass die Aufregung nach einem Event langsam abklingt. Auf der Heimfahrt erzählt man sich, was einen noch beschäftigt. Eltern fragen nach, was ihre Kinder erlebt oder mit wem sie gespielt haben. Partner knüpfen möglicherweise an ein Thema an, welches während des Besuchs bzw. Events besprochen wurde. Das Erlebte klingt nach und irgendwann ab, bis andere Themen oder Aktivitäten angegangen werden. Das ist normal. Es ist natürlich und gesund, dass sich nach vielen Eindrücken in der

Öffentlichkeit Müdigkeit ausbreitet und die Stimmung abflacht. Säuglinge oder Kleinkinder etwa werden vielleicht weinen, um die Überreizung zu verarbeiten, und brauchen Ruhe und/oder Nähe. Vielleicht sind auch die Erwachsenen schweigsam, aber es ist keine unangenehme Stille. Doch dass sich Erwachsene auf Kosten von anderen abreagieren und wie Kleinkinder einen Wutanfall manifestieren oder mit Gemeinheiten um sich werfen, das ist äußerst ungesund. Für alle Beteiligten.

Aber wenn es immer wieder Zeiten gibt, in denen alle nett oder gar herzlich sind, dann muss man doch nur herauszufinden, was es braucht und wie man sein muss, damit es wieder gut wird, nicht wahr? Vielleicht liegt es ja an mir, die Sache zu beheben? Das ist der fatale Trugschluss der Stimmung 4.

Stimmung 4: Es liegt an dir

Der Übergang von Stimmung *Entladung – psychische Vernichtung* zu Stimmung 4 ist fließend. Jemand muss es wiedergutmachen. Irgendjemand muss das Chaos ordnen, den Manipulierer beschwichtigen und die Beziehung kitten. Jemand muss etwas tun, das hält ja keiner aus! Der Manipulierer, geschickt in der Kunst der Verantwortungsverweigerung, wird jemanden (oder mehrere) im (Familien-)System die Rolle übernehmen lassen, alles wieder zu richten.

Auch Hannah erlebte Zeiten, in denen ihre Eltern zufrieden mit ihr waren (wenn sie ihnen half), und Zeiten, in denen sie für ihre Eltern eine furchtbare Enttäuschung war (wenn sie nicht tun konnte, was von ihr erwartet wurde). Doch weil es diese guten Zeiten gab, schien die Lösung für die schlechten Zeiten offensichtlich: *Wenn ich stets fröhlich, aufmunternd und hilfsbereit bin, dann wird es gut.*

Philip erlebte Momente, in denen seine Mutter nicht ohne ihn sein konnte und er sie lieb haben und trösten musste, und andere, in denen sie ihn regelrecht zu hassen schien. Dann gab es Tage, an denen die Mutter die Kinder allein ließ und Philip und sein Bruder ohne sie zurechtkommen mussten. Ob es Mittagessen gab oder nicht, war Glückssache. Doch weil es die nicht so schlimmen Tage gab, verinnerlichte er: *Wenn ich stets aufpasse, dass ich nichts Falsches mache oder sage, und stets zur Verfügung stehe, wenn man mich braucht, dann kann ich Schlimmeres verhindern.*

Und Liora hoffte: *Wenn ich mich perfekt folgsam benehme; nicht laut, unanständig oder aufsässig bin – dann werde ich geduldet.*

Auch Erwachsene in Partnerschaften oder Arbeitsbeziehungen, die von diesen Stimmungswechseln geprägt sind, glauben: *Ich muss nur herausfinden, was ich falsch gemacht habe, und es das nächste Mal besser machen.*

Die Botschaft in Stimmung 4 ist klar: Es liegt an dir.

Ruth entschuldigte sich während der Trotzanfälle ihres Mannes für alles Mögliche, damit er sich nach langem Hin und Her gnädig stimmen ließ. Sie hatte unbewusst die Aufgabe übernommen, die endlose Leiter der Wiedergutmachung zu erklimmen. *Wenn ich nur…, dann kann er mich wieder lieben.* Stimmung 4 ist wie die Karotte, die am Stab vor dem Kopf des Esels baumelt.

Durch die Auseinandersetzung mit den Stimmungen wurde Ruth bewusst, dass sie ständig versuchte, Stimmung 1 *(Scheinwerferlicht)* wiederherzustellen und Stimmung 2 *(Es kippt! Der Sabotage-Akt)* und Stimmung 3 *(Entladung – psychische Vernichtung)* zu verhindern. Als sie merkte, wie ausgelaugt sie davon war, kamen ihr die Tränen.

Zur Auflockerung

Wenn du von dem Beschriebenen betroffen bist, ist es klug, beim Lesen des Buchs immer wieder Pausen einzulegen. Die folgende Übung kann dir helfen, die Anspannung aufzulockern.

Lege deine Hand auf deinen Brustraum und streiche zart oder kraftvoll (was dir lieber ist) über deine Herzgegend. Atme tief ein und lass den Atem wieder ausströmen. Massiere mit deinen Fingern die Stellen um deine Schlüsselbeine. Gerne zwei Minuten lang. Zum Abschluss klopfe mit lockeren Fäusten deinen Brustraum ab (mindestens eine Minute) und atme dazu tief und hörbar durch.[5]

Stimmung 5: Alles wunderbar und der Tanz auf rohen Eiern

Obwohl Ruth in der vorangegangenen Sitzung gespürt hatte, was die Stimmungswechsel mit ihr machten, kam sie nach zwei Wochen skeptisch zum nächsten Gespräch. Sie meinte, sie habe vielleicht übertrieben und die Situationen zu drastisch dargestellt. Die letzten zwei Wochen seien ruhig verlaufen: »Mein Mann kann ein wundervoller Vater sein. Und auch zu mir war er herzlich und aufgeschlossen.« Als ich Ruth in einer früheren Sitzungen gebeten hatte, ein Haus oder Gebäude zu malen, das zu ihrer Familie passt, wusste sie erst nicht, was sie malen sollte. Sie entschied sich dann für ein ganz normales Häuschen mit einer Tür, zwei Fenstern und einem Dreiecksdach, wie wir das von Kinderzeichnungen kennen. Ihren Mann, die beiden Kinder und sich selbst zeichnete sie neben das Haus. Ich ließ sie nun das Bild vor sich auf den Boden legen. Dann gab ich ihr die Karten mit den vier Stimmungen, die sie das letzte Mal kreiert hatte, und fragte sie, wo die Karten hinkämen. Ruth probierte verschiedene Anordnungen aus. Schließlich legte sie die Stimmungskarten 2 bis 4 unter das A4-Blatt mit dem Häuschen drauf. Oberflächlich betrachtet sieht man nichts mehr von den Karten. Die Stimmung *Scheinwerferlicht* kam neben das Blatt.

Ruth überlegte: »Es stimmt schon, von außen betrachtet gibt es keinen Unterschied zu anderen Familien. Alles scheint normal, manchmal geradezu perfekt.« (Ihr Mann war Fotograf, Ruth Gärtnerin. In ihrer Wohnung hingen wunderbare Bilder, der Garten blühte und die Gemüsebeete waren sorgsam gepflegt.) Ruths Worte beschreiben den einen Teil von *Stimmung 5: Alles wunderbar*. Aber darunter sieht es anders aus, es ist *ein Tanz auf rohen Eiern*.

Ich fragte Ruth: »Hast du dir das so vorgestellt, als ihr geheiratet habt, dass die Angst, etwas falsch zu machen, das Klima eurer

Beziehung bestimmen würde?« Sie schaute stumm aus dem Fenster, dann schüttelte sie beinahe unmerklich den Kopf. Sie wusste, dass ein Zuhause sich anders anfühlen sollte. Sie hatte es in ihrer Kindheit anders erfahren.

Eine Betroffene aus einem narzisstisch-missbräuchlichen Elternhaus hat den folgenden Text und weitere geschrieben, die ich mit ihrem Einverständnis in diesem Buch wiedergebe.

Tiefsee-U-Boot

Es ist, als wären wir in einem U-Boot eingeschlossen.
Das U-Boot sinkt in tiefste Tiefen, weitab von irgendeinem Radar, der uns orten könnte. Ab vom Schirm. Wir haben keine Chance, gefunden zu werden.
UND wir wissen, der Feind hat die Crew infiltriert.
Es ist höchste Gefahrenstufe. Man müsste dringend auftauchen und schnellstmöglich evakuieren.
Doch das darf man nicht.
Denn da ist diese Fassade, dieses »Alles ist normal«.
Alle müssten so schnell wie möglich aus der Gefahrenzone!
Aber wir laufen völlig fahrig und getrieben umher.
Jeder versucht, seine Abläufe aufrechtzuerhalten, als wäre nichts.
Als ob der Feind nicht unter uns wäre. Als ob er nicht jederzeit zuschlagen könnte – und wird.
Ich verharre, als würden in meinem Innen keine ohrenbetäubenden Sirenen heulen.
Ich bleibe, obwohl alle Exit-Lämpchen grell blinken.
Wir machen weiter. Als wäre Fehlalarm.
Es ist wohl ein Irrtum. Wir blenden alles aus.
Ich beame die Sirene weg. Ich muss, ich würde den Verstand verlieren ob dem Lärm. Ich stelle mich taub. Ich zwinge mich

zu glauben, dass ich mich irre. Da ist gar nichts.
Ich werde den Blick kaum mehr bewegen. Starr vor
mich hinschauen, Scheuklappen an, die Peripheriesicht
ausschalten. Sonst würde ich irre von dem Geblinke,
das mich zur Flucht treibt.
Allmählich wird das Blinken am Rande
der Wahrnehmung normal.
Langsam wird das Geheul der Sirenen zum Nebengeräusch.
Okay. So geht's.
So kann ich weitermachen. So geht es, so zu tun,
als ob alles in Ordnung wäre.
So ist es möglich, meine Fluchtimpulse zu unterdrücken.
Mein Atem ist flach.
Meine Sicht ist ungenau, weißlich, verschwommen. Egal.
Mein Gehör taub, entfernt, wie durch Watte. Egal.
Meine Muskulatur angespannt, gebremst. Ist wohl so.
Ich müsste rennen, auf und davon.
Aber ich werde nicht.
Ich werde bleiben. Gegen jeden Impuls.
Ich werde auch nicht atmen. Viel zu gefährlich.
Nichts in mir wird so reagieren, wie es natürlich wäre.
Niemand wird.
Ja, so geht's.
So geht es, zu bleiben, wo ich bin.
Denn ich weiß von keinem anderen Ort.
Dieses U-Boot ist mein Zuhause.

Madelaine F.

Madelaine beschreibt eindrücklich, was mit Betroffenen passiert: Um mit einer toxischen Person unter einem Dach leben zu können, muss einiges ausgeblendet werden. Die eigene Wahrnehmung steht im Konflikt mit der behaupteten »Realität« des Manipulierers und mit dem Bild, das nach außen abgegeben wird.

Weil wir Menschen von Geburt an spüren, dass wir Hilfe, Nahrung und Zuneigung brauchen, setzt sich der Impuls, es sich mit Mama und Papa um keinen Preis endgültig zu verscherzen, bis in die Teenagerjahre gegen alle anderen Impulse durch – auch gegen den Impuls, sich selbst zu schützen.

Wenn man in einem bedrohlichen Umfeld lebt und nichts – und ich meine wirklich *nichts* – an diesem Umfeld verändern kann, dann befindet man sich in einem unlösbaren Dilemma: zwischen dem urmenschlichen Drang nach Schutz und Geborgenheit und der Realität des Ausgeliefertseins.

In der Fachsprache verwendet man den Begriff *kognitive Dissonanz*, um zu beschreiben, dass sich zwei Beurteilungen (Kognitionen) widersprechen und ausschließen. Ein harmloses Beispiel für kognitive Dissonanz: Man will abnehmen, hat aber keine Lust, die Ernährung umzustellen. Um das Dilemma auszumerzen, findet man Umgehungsmöglichkeiten. Man sagt sich: »Körnchenpicker sind unsympathisch! Lieber nehme ich die Tabletten aus der Werbung, die das Fett binden, ohne dass es in den Körper gelangt.« Man findet »Lösungen«, um den Widerspruch auszumerzen.

Kognitive Dissonanz entsteht auch, wenn jemand behauptet: »Der Tisch ist grün«, wenn ich selbst sehe, dass der Tisch braun ist. Diese zwei Beurteilungen, die nicht zusammenpassen, erzeugen einen inneren Konflikt. Dann wird in Sekundenschnelle abgewogen, was sich für mich eher lohnt: das Beharren auf der Tatsache, dass dieser Tisch aus unbehandeltem Holz und braun ist – oder die Beziehung zu der anderen Person. Dann diskutiert man vielleicht einfach nicht mehr über die Farbe des Tischs, weiß aber noch, dass er braun ist. Es kann aber passieren, dass man die Beurteilung der anderen Person als gültig annimmt und die eigene Wahrnehmung überschreibt.

In diesem inneren Konflikt stehen Menschen in toxischen Beziehungen nonstop. Das Unlogische, Widersprüchliche, Unerklärliche, Verwirrende und Bedrohliche wird ausgeblendet, manchmal auch abgespalten: »Bei uns war alles normal.« Oder es wird relativiert und bagatellisiert. Das sind die beiden Nationalsportarten in toxischen Systemen: »Das meint er bzw. sie nicht so. Du hast das völlig falsch verstanden«, oder: »Hab dich nicht so. Du übertreibst maßlos! Wie empfindlich du bist!«

Um in einem solch widersprüchlichen Umfeld nicht den Verstand zu verlieren, muss die eigene Wahrnehmung überschrieben werden. Man versucht, sich die chronischen Widersprüche selbst zu erklären: »Würde Mama mich so beschimpfen/verachten/wegsperren, wenn ich liebenswert wäre? Nein, das kann nicht sein. Meine Mama muss mich doch lieb haben. Also muss ich etwas ganz Schlimmes gemacht haben (oder schlimm sein), dass sie es nicht tut.«

Wie könnte es für ein Kind auch anders sein, wenn kein gesunder Erwachsener da ist, der es auf den Schoss nimmt und erklärt: »Hallo Kleines, du bist schwer in Ordnung! Bei deinem Papa oder deiner Mama stimmt was nicht. Das ist gar nicht schlau, wie sie das Leben anpacken. Und es ist überhaupt nicht in Ordnung, wie sie mit dir reden und dich behandeln. Aber glaub mir, es hat nichts mit dir zu tun. Du bist schwer in Ordnung, mein Kleines.«

Ich hoffe, dass es gesunde Menschen in deinem Leben gegeben hat. Vielleicht eine Lehrerin, die fair und freundlich mit dir umgegangen ist, oder eine Nachbarsfamilie, bei der du dich wohlgefühlt hast. Solche Erlebnisse können reichen, dass man bereits in jungen Jahren merkt: »Das ist schöner so. *Das* will ich.« Dennoch dauert es meistens noch, bis man erwachsen ist, oder noch länger, bevor man wirklich über die Frage nachdenken kann: Wie finde ich denn das, wie mit mir umgegangen wird?

Sich dieser Frage zu stellen, bedeutet einen Paradigmenwechsel für Betroffene aus toxischen, narzisstisch-verbogenen Familien. Denn in diesen Gefügen lernst du, abzuwarten, bis dir gesagt wird, was du denken und fühlen darfst.

In einem gesunden Umfeld kümmern sich die Großen um die Kleinen. Ganz anders in einem kranken Umfeld. Da sind die Rollen verkehrt: Die Kinder achten ständig auf das Wohlergehen der Eltern.* Nach außen mögen die Abläufe dieselben wie in jeder anderen Familie sein. Doch unter den Abläufen liegt Angst. Angst, nach der nächsten Biegung im Labyrinth in eine Falle zu tappen, weil man nicht weiß, was dem Manipulierer in den falschen Hals geraten wird. Angst vor allem und nichts. Weil jederzeit die Stimmung kippen kann und man noch nicht herausgefunden hat, wie man dem Labyrinth entkommen kann.

Die treibende Kraft in Grundstimmung 5 ist Angst, den Manipulierer zu triggern oder zu erzürnen. Doch es sollte nicht normal sein, dass die Angst, etwas falsch zu machen, das Klima der Beziehung bestimmt! Und es ist definitiv nicht gesund und daraus resultiert die Übernahme von falscher Verantwortung.

Diesem Thema widmet sich das nächste Kapitel, doch vorerst möchte ich festhalten: Für Betroffene ist es oft schwer, Worte für das zu finden, was ihnen widerfahren ist. Hauptsächlich, weil in narzisstisch-verbogenen Systemen nach außen alles wunderbar scheint. Doch unabhängig davon, wie großartig die Fassade aus-

* In der Fachsprache nennt man das Parentifizierung. Das Kind muss die Rolle der Eltern übernehmen, weil diese nicht fähig sind, sich angemessen und/oder dem Alter angepasst um dessen Bedürfnisse zu kümmern. Das Kind wird chronisch überfordert und kann die eigenen Entwicklungsschritte nicht durchlaufen.

sehen mag, dahinter versuchen alle, den heiklen Eiertanz um die Launen des Manipulators zu meistern.

Fazit ist:

- In toxischen Systemen wechseln die Stimmungen oft und ohne nachvollziehbare Gründe.
- Man wird zwischen fünf Stimmungen (nicht Tausenden) hin und her gescheucht.
- Die Stimmungen lehren einen das Fürchten und Ausblenden.
- Die Stimmungswechsel werden nicht durch das eigene Verhalten verursacht, sondern sind Ausdruck der inneren Disbalance (Frust, Zerrissenheit etc.) des Manipulierers.

Das Erkennen dieser vier Wahrheiten ist der erste Schritt aus dem vernebelten Labyrinth.

Übung: Die fünf Stimmungen erforschen

Wenn dich das Gelesene in der einen oder anderen Art betrifft, biete ich dir die folgende Übung an.[6] Sie hilft dir, mehr über deine Situation herauszufinden. Ich ermutige dich, deinen Impulsen nachzugehen und zu erforschen, was du dabei entdeckst.

- Nimm zwei leere A4-Blätter und schneide eines einmal quer und einmal längs durch. So erhältst du vier Blätter in A6-Größe und eines in A4.
- Mach eine Skizze oder Zeichnung zu Stimmung 1 (*Scheinwerferlicht*). Was zeichnet die Stimmung aus, wenn ihr in der Öffentlichkeit seid? Mit welcher Farbe startest du? Gibt es bei euch einen Sockel oder eher eine Bühne? Oder merkst du: »Nein, bei uns war das so …«? (Bitte keine Da-Vinci-Ansprüche! Eine Skizze, ein Symbol oder eine Farbe reichen aus.)
- Bleibt die Stimmung 1, nachdem das Scheinwerferlicht der Öffentlichkeit erloschen ist, oder gibt es einen Wechsel wie bei Stimmung 2 (*Es kippt! Der Sabotage-Akt*)? Wenn ja, skizziere, wie sich der Wechsel anfühlt. Was passiert?
- Gibt es eine Stimmung 3 (*Entladung – psychische Vernichtung*)? Wenn ja, mit welcher Farbe startest du? Was entsteht? Oder wie fühlt es sich an?
- Für Stimmung 4 (*Es liegt an dir*) stellt sich die Frage: »Was ist notwendig, damit es wieder gut wird?« Kommt dir ein

Bild oder eine Metapher dazu in den Sinn? Welche Farbe prägt die Stimmung?

- Zur Grundstimmung 5 (*Alles wunderbar und der Tanz auf rohen Eiern*) gehören die Fragen: »Wenn du an deine Familie denkst, was für ein Gebäude oder welche Art von Konstrukt kommt dir in den Sinn? Was für ein Bild passt zu deiner Familiendynamik?« Nimm dafür das A4-Blatt. Weitere Fragen können sein: »Wie fühlst du dich, wenn gerade nichts passiert und alles okay scheint? Wie fühlt sich dein ›Bei uns ist alles normal‹ an? Und wo würdest du dich auf dem Bild platzieren?«
- Ordne zum Schluss die vier kleinen Bilder (Stimmung 1 bis 4) auf oder um das größere Bild (Stimmung 5) an.

Alles ist erlaubt! Ausschneiden, neu anordnen, anders aufkleben etc. Auch Bilder aus Zeitschriften können helfen, die verdeckten Stimmungen ersichtlich zu machen. Kreiere eine Übersicht – deinen eigenen Stimmungs-Stadtplan.

Ägypten ist da, wo wir unseren Sklaventreibern Folge leisten,
weil es nicht anders geht. Weil wir bestraft werden,
wenn wir nicht gehorchen. Die Strafe sind Schläge,
Peitschenhiebe vor allen anderen, und wenn man Pech hat,
wird man zu Tode geprügelt. Das kommt vor.

Glück zu haben bedeutet, keine Strafe zu bekommen, weil
gerade kein Sklaventreiber seine Wut an einem auslassen will.
Und wir haben hier genug zu essen, das ist auch was.

Kapitel 2

Die Wärter des Systems

Im Alten Ägypten hätte der Pharao ohne seine Wärter keine Macht über ein ganzes Volk gehabt. Die Sklaventreiber trieben mit Peitschen zum Frondienst, die Streitmacht bewirkte, dass niemand floh. Wehe dem, der es dennoch wagte!

In toxischen und missbräuchlichen Systemen ist es ähnlich. Manipulierer hätten nicht annähernd so viel Macht ohne die Machtmittel, die die Menschen im System unterwürfig halten. Diese treibenden und gleichzeitig lähmenden Kräfte werden in diesem Kapitel beleuchtet.

Bei emotionalem Missbrauch sind es meist keine realen Peitschenhiebe, die Menschen gefangen halten. Es sind Gefühle, die sie an den Manipulator binden und die als Wärter das missbräuchliche System stützen. Am Anfang einer Begleitung sind Emotionen und Gedanken für Ratsuchende oft ein wildes Kuddelmuddel, und es ist wichtig, zusammen zu erforschen, welche Gefühle sie geißeln.

Zum Erforschen von bedrohlichen Gefühlen gehört, zu gucken, warum es sie gibt, wozu ihre ursprüngliche Form dient und warum sie sich so verändert haben, dass sie nicht mehr lebensfördernd sind. Alle Emotionen haben ursprünglich eine lebenserhaltende Funktion, doch in missbräuchlichen Beziehungen verlieren sie ihre gesunden Fähigkeiten und werden zu Sklaventreibern.

In diesem Kapitel schauen wir uns die vier Hauptwärter von toxischen Beziehungen an:

- lähmende Angst
- falsche Schuldgefühle
- toxische Scham und Ohnmacht
- das listige Wiesel der falschen Hoffnung

Starten wir mit dem Gefühlsmonster, das Liora am stärksten dominiert: lähmende Angst.

Wärter Nr. 1: Lähmende Angst

Die erste Sklaventreiberin ist lähmende Angst. Sie ist raffiniert, denn sie gibt sich immer wieder als Verbündete aus. Und das wäre sie auch, wenn sie in ihrer ursprünglichen gesunden Form und nicht als Sklaventreiberin aufträte. Die Angst ist eigentlich eine Wächterin des Lebens und hat die Funktion, vor Gefahr und Gefährdung zu schützen.

Ganz anders aber verhält es sich, wenn die Angst vom herrschenden Regime als Wärterin gekapert wurde und dafür sorgt, dass dessen Befehle ausgeführt werden. Dann flüstert die Angst möglicherweise Dinge wie: »Sicher, ich bin vom herrschenden Regime angestellt, aber ich meine es im Grunde gut. Ich knalle nur mit der Peitsche, damit dir nichts passiert …« Sie muss zum Glauben aufrufen, dass sie vor Schlimmerem bewahrt.

Als Sklaventreiberin warnt sie aber nicht mehr nur vor den wirklichen Gefahren im Außen. Nein, sie schleicht sich ins Unterbewusstsein und breitet sich aus. Kennst du sie? Die Angst, keine Daseinsberechtigung zu haben? Die Angst vor Zurückweisung, Ablehnung und Ausgestoßenwerden? Die Angst vor Bestrafung? Die Angst, beschämt und verlacht zu werden? Die Angst, nicht willkommen zu sein, keinen Platz zu haben, keinen Wert? Die Angst, ausgelöscht zu werden, wenn du dich nicht fügst?

Ich spreche nicht von einzelnen Momenten, sondern von einem Klima, in dem ständig die Angst herrscht, die Daseinsberechtigung zu verlieren oder gar keine zu haben.

Ich bin der Ansicht, dass all unsere Gefühle (in ihrer Ursprungsform) für unser Leben elementar sind. Das war für Liora in Bezug auf die Angst nur schwer vorstellbar. Deshalb schauten wir uns an, was die Vorboten der Angst sind: Bevor man Angst bekommt, gibt es das Gefühl der Verunsicherung. Die Verunsicherung leitet uns an, Dinge zu überprüfen. Das ist wichtig und gut, damit wir nichts Falsches glauben und nicht in die Irre geführt werden. Wenn aber keine Überprüfung stattfinden kann und keine Beruhigung eintritt, wächst Besorgnis. Die Besorgnis hofft auf eine Lösung. Manchmal braucht es Hilfe von außen oder von jemand Größerem, damit eine Lösung herbeigeführt werden kann. Wenn es keine Lösung gibt und keine Hilfe kommt, geht die Besorgnis in Furcht über.

Schließlich wird einem angst und bange, denn Angst ist die einzige gesunde Reaktion auf Gefahr, Bedrohung oder Gewalt. Und die Angst steigert sich zu Panik, wenn es keinen Ausweg aus Gefahr oder Gewalt gibt.

Im Gespräch mit Lioras Angstmonster fanden wir heraus, dass ihre Angst sie eigentlich davor schützen wollte, genauso vom Vater bestraft und verachtet zu werden wie ihre Brüder. Zu Beginn war diese Angst also durchaus hilfreich, aber mit der Zeit entwickelte sie sich zur Sklaventreiberin.

In toxischen und missbräuchlichen Systemen wird die Angst als Vorarbeiterin auf den Platz geschickt, denn sie treibt an und schaut gleichzeitig, dass niemand ausschert. Wie zweckdienlich, wenn Menschen beherrscht werden sollen!

Dies illustriert das folgende Gedicht von Madelaine F., das während ihres Heilungsprozesses entstanden ist:

die Sehnsucht nach gesund werden
die Sehnsucht nach wahr
die Sehnsucht nach echt
und ehrlich
für einmal
Du hast mir mein Selbst-verständnis geraubt
Wie ein hohler Baum stehe ich da
kralle meine Füße in den Boden
habe Angst vor jedem Wind
Zum ersten Mal spüre ich diese tiefe schreckliche Angst
Ich habe und hatte tiefe schreckliche Angst
Angst materialisiert sich anscheinend
anscheinend zu Härte
Ich habe Angst vor dir
Mutter

Mama
Mam
all die Worte
Namen
passen nicht
Du
Übergroße furchtbare Macht
Du warst
bist
so gefährlich
Mein Leben war ein Wettlauf, dir zu entrinnen
ohne dass du es merkst
weil merken durfte niemand nichts
Wir lächeln
alles wunderbar
pssssst
ganz leise passiert niemandem nichts
hoffentlich
vielleicht
Angst materialisiert sich anscheinend,
wenn man sie nicht spürt
Bei mir zu Härte
Bei dir zu Grausamkeit
Wo war denn diese Angst
Wo bist du in mir
Jetzt nehm' ich dich wahr
Du sitzt tief in meinen Weichteilen
verknotest meine Gedanken und Gedärme
Achtung! Jede Situation auf alle
möglichen Szenarien abchecken
Du warst immer schon da

näher als ich verstand
nun spüre ich dich, du tiefe dunkle Bedrohung
Mein Gott, du Hexe!
du hast mir mein Selbst-verständnis geraubt
Ich hasse dich im Moment
die Furcht, zerstört zu werden
das hasse ich an dir

Madelaine F.

Kennst du das Monster der lähmenden Angst? Möglicherweise war oder ist dein Zuhause (eine andere Beziehung oder dein Arbeitsplatz) nicht so destruktiv wie das von Hannah, Philip, Liora oder Ruth. Möglicherweise hast du noch Ärgeres erlebt. In Systemen, in denen Abwertung »normal« geworden ist, gibt es noch weitere Sklaventreiber und Wärter. Was Philip am meisten zu schaffen machte, waren die elenden Schuldgefühle.

Wärter Nr. 2: Falsche Schuldgefühle

Wenn die Angst die Vorarbeiterin auf den Baustellen der Versklavung ist, dann sind die Schuldgefühle die Fußfesseln. Der Geniestreich von Manipulatoren ist es, ein gesundes Verantwortungsgefühl durch falsche Schuldgefühle zu ersetzen. Ein gesundes Verantwortungsgefühl bedeutet: Wenn ich einen Fehler mache, erkenne ich das und stehe dafür gerade. Dazu gehört, dass ich den Schaden behebe, den ich verursacht habe, so weit mir das möglich ist. Dabei ist es unwichtig, ob ich meinen Fehler selbst erkenne oder erst durch das Feedback von anderen. Nicht immer sind Dinge, auf die mich andere aufmerksam machen, tatsächlich Fehler. Hier gehört zum Verantwortungsgefühl, zu prüfen, ob die Kritik berechtigt ist. Gesundes Verantwortungsgefühl bedeutet auch: Ich erledige meine Aufgaben und belasse den anderen ihre Aufgaben.

Das war Neuland für Philip. In seiner Familie entschuldigte sich niemand, und wer für was verantwortlich sein sollte, wusste keiner, denn beschuldigt wurde jeder.

In manipulativen Konstellationen findet eine verheerende Aufteilung statt (vgl. Stimmung 4: *Es liegt an dir*). Der Manipulator verweigert die Verantwortung für das eigene Tun und Unterlassen, das Gegenüber übernimmt das Geradestehen und Ausbaden für alles. In eine solche Rollenverteilung rutschte auch Ruth, obwohl sie die gesunde Variante, wie mit Schuld und Verantwortung umzugehen ist, eigentlich kannte. Oft sind pervertierte Rollenverständnisse aber schon über Generationen vorhanden, wie wahrscheinlich in den Herkunftsfamilien von Philip und Hannah.

Es gibt verschiedene Möglichkeiten, wie man mit manipulativen Rollenverständnissen umgehen kann. Man nimmt die ungute Rollenverteilung wahr und macht sich an die Auflösung. Oder man nimmt die ungute Rollenverteilung zwar wahr, will oder kann sich aber der Aufgabe des Auflösens nicht stellen. Dann ist die Chance groß, dass man bald selbst die Dinge verharmlost und die Verantwortung fürs eigene Tun und Unterlassen von sich schiebt. Die Selbsttäuschung lässt einen glauben: *Wenn der oder die nur…, dann…* So wird man leicht selbst zum Manipulierer und falsche Beschuldigungen und dubiose Schuldgefühle werden zum festen Bestandteil von Beziehungen und sorgen dafür, dass niemand entkommt.

Vielleicht lebst du aber auch in einer manipulativen Konstellation oder hast darin gelebt und hast die verdrehte Aufteilung bisher nicht wahrgenommen. Dann haben vermutlich falsche Schuldgefühle stets gesunde Verantwortungsübernahme verhindert. Das ruft automatisch Sklaventreiber Nr. 3 auf den Plan: die toxische Scham.

Wärter Nr. 3: Toxische Scham und Ohnmacht

Für Ruth war es das Gefühlsmonster der Scham, das sie schachmatt setzte. Sie hatte alles versucht, um ihren Mann besser zu verstehen. Sie gab sich unendliche Mühe, ein gutes Miteinander zu schaffen, und hatte alles Mögliche ausprobiert. Doch mittel- oder langfristig funktionierte nichts.

Wenn nichts funktioniert oder zum Besseren gewendet werden kann, dann erwächst ein Gefühl der Ohnmacht und der Scham darüber, dass man offensichtlich nicht fähig ist, etwas zum Besseren zu verändern.

Ich kenne niemanden, der von Anfang an mit dem Gefühl der Scham Freundschaft geschlossen hätte, denn kaum jemand kennt ihre wahre Bestimmung. Selbst als gesundes Original ist die Scham ein zutiefst unangenehmes Gefühl. Sie bewirkt, dass man flieht oder sich schrecklich fühlt. Mit Ruth erforschten wir die drei Facetten der gesunden Scham:

1. Die Scham wacht über die eigene Würde, indem sie mein Innerstes schützt. Die Scham schlägt Alarm, wenn meine Identität achtlos, respektlos oder wertlos behandelt wird.

Gesunde Scham reagiert und sagt: »Hör auf! Das geht mir zu weit! Das stimmt nicht!« Sie schützt auch meine Intimsphäre vor Eindringlingen. Dann sagt sie: »Das ist mir zu nah! Das ist mir zu intim (persönlich)! Hör auf!« Scham bewirkt, dass man sich aus dem Staub macht und dadurch in Sicherheit bringt. *Ich muss hier weg!*
Wir Menschen schämen uns, wenn die Grenze der Intimität überschritten und unsere Würde demoliert wird, ob mit Worten oder Blicken. Denn auch Blicke können zum Ausdruck bringen: *Du bist wertlos. Mit dir kann ich machen, was ich will.*

2. In ihrem gesunden Originalzustand ist die Scham die Wächterin der Würde, meiner eigenen und der anderer. Sie zeigt mir auf, wenn ich mich jemandem gegenüber unfair, herablassend, falsch oder gar widerlich verhalten habe. Das Gefühl der Scham bewirkt, dass ich mich in meiner eigenen Haut zutiefst unwohl fühle, damit ich mir meine Schuld eingestehe. Die Scham hat das Ziel, dass ich mich meiner Verantwortung stelle, um Verzeihung bitte und dadurch die Würde des Gegenübers und auch meine wieder aufrichte. Die Scham ist das Alarmsystem, wenn ich die Würde des Menschseins mit Füßen trete, und dazu da, meine Beziehung mit dem Gegenüber wieder in Ordnung zu bringen.

Der deutsche Sozialwissenschaftler Stephan Marks schreibt im Buch *Scham – die tabuisierte Emotion*: »Die Scham hat die Aufgabe, die körperlichen und seelischen Grenzen und die Identität des Menschen zu wahren.«[7] Ruth findet, dass das eigentlich eine schöne Aufgabe ist. Ich auch.

Aber was passiert, wenn man nicht fliehen kann und/oder von der beschämenden Person abhängig ist? Dann wird Scham toxisch.

Toxische Scham lähmt nicht nur die Beine, sondern auch das Denken; man fühlt sich ohnmächtig. Die Scham wird auch zu lähmendem Gift, wenn niemand hilft. Das führt uns zur dritten Facette des Schämens, dem Fremdschämen.

3. Die gesunde Form von Fremdschämen zeigt an, wenn das Verhalten einer Person den Rahmen des guten Geschmacks verlassen hat. Man verspürt die Scham, die eigentlich die andere Person spüren sollte, damit sie wieder zur eigenen Würde zurückkehrt.
   Oder wir schämen uns mit jemandem, wenn er bzw. sie beschämt wird. Im besten Fall ruft die Scham Wut hervor, sodass man interveniert, weil man sich für den Entwerteten wehrt und einsetzt.

Doch wo Menschen die Aufgabe verweigern, fürs eigene Tun und Unterlassen geradezustehen, weisen sie automatisch auch die Scham über ihre Schuld von sich. Leider löst sich Schuld nicht auf, wenn sie von Tätern abgewehrt wird. Nein, die Schuld und die Schamgefühle übertragen sich auf den Nächstbesten im Raum, meist auf die feinfühligste Person. Und plötzlich werden wir Zeugen des Phänomens, dass jemand unfassbare Aussagen macht, jähzornig rumbrüllt oder gar gewalttätig wird, und die Einzigen, die sich dafür schämen, sind die Betroffenen – nicht aber der Aggressor selbst. Bei sexuellem Missbrauch ist es kennzeichnend, dass die Opfer sich für das schämen, was ihnen angetan wurde, manchmal auch noch verstärkt durch die Gesellschaft (»Wer sich so kleidet …«). Der Täter wehrt die Schuld und Scham über das eigene Vergehen ab, und so kleben sich diese hässlichen Gefühle an die Opfer.

Darum können die psychischen Folgen von Beschämung, Demütigungen und falschen Beschuldigungen mit dem (seelischen)

Gefühl des Ausgepeitschtwerdens verglichen werden. Marks schreibt, dass die traumatische, toxische Scham »mit dem wohl schmerzhaftesten aller Gefühle verbunden ist: dem Gefühl, unwert zu sein, ein Objekt, ein Nichts, liebes-unwert, nichtig, wertlos und existenziell bedroht. Nach Peer Hultberg ist diese Scham ›mit einer viel tieferen Angst als derjenigen vor Strafe verbunden, nämlich mit der Angst, aus der menschlichen Gesellschaft ausgestoßen zu werden‹. Scham bedeutet Angst vor totaler Verlassenheit, vor psychischer Vernichtung.«[8] Kate Millett, Frauenrechtlerin und Autorin, schrieb: »Es muss nicht nur der Körper gewesen sein, der gebrochen wurde, sondern der Geist. In dem Augenblick, in dem wir so sehr verachtet werden, dass wir uns selbst verachten. Und das ist die volle Bedeutung von (toxischer) Scham.«[9]

Die toxische (oder traumatische) Scham hebelt das Denken der Betroffenen vollständig aus. Die verheerende Folge ist, dass kein Lernen aus der Situation stattfindet. Betroffene werden zwar dahin gehend konditioniert, sich so zu verhalten, dass am wenigsten Schaden entsteht, doch die Fähigkeit, intrinsisch-motiviert (aus einem inneren Wunsch heraus) zu lernen, wird gelähmt. Wo kein Lernen stattfinden darf, bleibt alles beim Alten und die gleichen destruktiven Wege werden so oft gegangen, bis sie sich tief ins Selbstbild der Betroffenen eingegraben haben. Der Riegel des Kerkers verrostet und lässt sich womöglich nur noch schwer öffnen.

Tatsache ist, falsche Beschuldigungen und Beschämung haben die Macht, Menschen zu zerstören. Ruth schämte sich für die Beschuldigungen ihres Mannes, die sie ihm geglaubt hatte. Sie merkte, dass ihre Scham toxisch geworden war und sie lähmte, weil sie sich nicht traute, Stopp zu sagen. Und sie schämte sich zutiefst, dass sie nicht intervenierte, wenn ihr Mann die Kinder beschämte.

Doch Ruth spürte auch den starken Drang, ihren Mann in Schutz zu nehmen und sein Verhalten zu bagatellisieren. Für diesen

Impuls suchte sie sich aus meiner Plüschtiersammlung ein kuschelig weißes Wiesel. Sie legt es so hin, dass der buschige Schwanz des Wiesels ihr Scham-Monster »umarmte«. Ruth brauchte im Moment etwas Beschwichtigendes, denn sie sah noch keinen Ausweg. Auch wenn die toxische Dynamik nach einer Auflösung schreit – solange nicht über die falsche Verantwortung, die Angst und die Scham gesprochen werden darf, wird – schwups – das listige Wiesel der falschen Hoffnung herbeieilen und die Menschen mit weichem Fell umgarnen.

Wärter Nr. 4: Das listige Wiesel der falschen Hoffnung

In der Geschichte vom Volk Israel versteckt sich das listige Wiesel zwischen den Zeilen. Als das Volk später in die Freiheit geführt wird, trauern die Israeliten stets den »guten Dingen« in Ägypten nach und verdrehen ihre frühere Realität. Sie denken an das leckere Essen in Ägypten und blenden aus, dass sie als Sklaven gedient haben, ihre Frauen vergewaltigt und ihre Kinder in den Nil geworfen wurden.

Wenn also in der Metapher die Angst als Vorarbeiterin auf der Baustelle von Tyrannei regiert, die falschen Schuldgefühle zu Fußfesseln werden und die Scham den Ausgang verriegelt, dann hat das listige Wiesel der falschen Hoffnung die Aufgabe, die Sache erträglicher zu machen. Der Weltmeister im Bagatellisieren und Relativieren schmiegt sich mit samtweichem Fell an den Hals der Betroffenen und flüstert: »So schlimm ist es doch nicht. Vielleicht hatte der Pharao einen schlechten Tag und darum waren heute die Sklaventreiber so angespannt. Ja, die Angst hat heute ordentlich geknallt, aber glaub mir, die Schuldgefühle haben recht: *Wenn du nur…, dann…* morgen wird alles besser. Dann wird dieses und jenes sein. Das wird einiges erleichtern. Versprochen. Jetzt hab dich nicht so.« In Beziehungen raunt das Wiesel der falschen Hoffnung: »Beziehungen sind kein Zuckerschlecken. Das ist nun mal so. Aber so schlimm ist es doch gar nicht. Guck mal, was er/sie letzthin zu dir gesagt hat. Das war doch gar nicht so übel. Sieh doch nicht alles so negativ.«

Und tatsächlich, wenn Manipulatoren zu dem kommen, was sie wollen, dann können sie sehr nett und überzeugend sein. An diese Momente wird dich das Wiesel der falschen Hoffnung immer wieder erinnern.

Es ist erschreckend einfach, sich in solche Beziehungsdynamiken zu verstricken (dazu mehr im nächsten Kapitel). Doch da, wo Beziehungen Parallelen zu Sklaverei aufweisen, läuft einiges falsch.

Übung, um Anspannung zu lockern

Steh auf und mach 25 bis 30 »Hampelmänner« (oder mehr). Wer besonders fit ist, darf auch gerne 20 Liegestützen machen. Schüttle danach deine Hände und Füße aus, als wolltest du Wasser abschütteln (bis zu 3 Minuten). Teste, ob sich dabei deine Körperspannung verändert oder nicht. Nur wenn du's ausprobierst, wirst du feststellen, ob sich etwas verändert!

Eine Anmerkung zu Seelenprozessen

Bücher sind wunderbar, wenn sie fundiert informieren und dadurch Lernprozesse anstoßen. Dieses Buch hat zum Ziel, den Weg in eine gesunde Richtung zu weisen. Doch kein Buch kann gute Therapie, Beratung oder Seelsorge ersetzen.

Wenn man durch eine nahe Bezugsperson bedroht wird bzw. wurde, wird unbewusst Beziehung mit Gefahr gleichgesetzt. Es kann sein, dass die Beziehung zu deiner wichtigsten und prägendsten Person verstörend war. Dann ist es keine Überraschung, dass neue und vor allem tiefe Beziehungen vorbelastet sind und du dich nicht unvoreingenommen darauf einzulassen vermagst.

Wenn es dir ein Anliegen ist, in diesen Bereichen deines Lebens zu gesunden, dann brauchst du neue, heilsame Erfahrungen. Solche Erfahrungen kannst du mit einem gesunden Partner oder durch liebevolle und aufrichtige Freundschaften machen. Doch sie sind keine Experten im Begleiten von seelischen Genesungsprozessen und sind leicht überfragt oder überfordert. Wenn sie selbst ihre »Baustellen« nicht bearbeitet haben, können sie dich sogar mit besten Absichten in die falsche Richtung leiten.

Darum plädiere ich für die Begleitung von seelischen Prozessen, damit du in einem geschützten Rahmen mit professioneller Hilfe das anschauen kannst, was du dich alleine nicht traust. Es soll ein Ort sein, der dich auffordert, dich zu öffnen und ehrlich mit dir selbst zu werden, ohne verurteilt zu werden. (Auch nicht von dir selbst.) Es soll der Ort sein, an dem du mit einem vertrauenswürdigen und kompetenten Menschen die Entwicklungsschritte nachholen kannst, die bis dahin nicht möglich waren, weil die notwendige Unterstützung fehlte. Einer (von verschiedenen Orten), wo du Vertrauen nachholen kannst – wenn du es wagst.

Betroffene von Missbrauch, egal welcher Art, haben oft Angst vor ihren eigenen unverfälschten Antworten, weil sie denken: »Was, wenn ich mit der wirklichen Antwort nicht zurechtkomme oder keine Lösung sehe?« Darum ist es wichtig, gute Begleitung zu haben, wenn man sich in Gewässer wagt, vor denen man sich fürchtet. Wir Menschen wollen uns vor Überforderung und Ohnmacht schützen, doch unsere Gefühle müssen auf den Tisch kommen, wenn es anders werden soll.

Meine Kriterien für gute Begleitpersonen von Seelenprozessen:

- Sie haben Psychologie studiert und ihre Therapieausbildung abgeschlossen oder haben eine anerkannte Ausbildung im Bereich Kunsttherapie oder psychologischer Beratung gemacht, die drei bis fünf Jahre gedauert hat. Wenn du zu den Menschen gehörst, deren Großwerden von stark belastenden Beziehungen und/oder schweren Schicksalsschlägen geprägt war, empfehle ich dir, nach einer Begleitperson mit einer fundierten Fortbildung in Traumatherapie Ausschau zu halten.

- Nun, mit Seelenbegleitern ist es wie mit Lehrern. Sie haben womöglich dieselbe Ausbildung durchlaufen, aber bei den einen lernst du fürs Leben, die anderen vermiesen dir das Lernen. Darum ist es wichtig, dass du dich grundsätzlich in der Gegenwart deiner Begleitperson wohlfühlst.
- Wichtig ist eine Begleitperson, die sich ihre Menschlichkeit bewahrt hat und sich nicht hinter einer sachlich-professionellen Fassade versteckt. Du brauchst jemanden, der fähig ist, mit dir deine Empfindungen und Gefühle anzuschauen, sodass du nichts von dem ausblenden musst, was dir ohnehin schon Angst macht.
- Eine geeignete Begleitperson stellt Fragen, die dich weiterbringen und weiterdenken lassen, als du bisher in der Lage warst. Gute Begleitpersonen geben nicht in erster Linie gute Antworten (manchmal auch das), sondern stellen hauptsächlich ehrliche, ernst gemeinte Fragen und lassen Raum für die unschönen, aber oft befreienden Antworten.
- Die Begleitperson drängt dich nicht zu Dingen, für die du nicht bereit bist, sondern unterstützt dich dabei, dich selbst besser zu verstehen.
- Wenn du Opfer von narzisstischem Missbrauch bist, ist es wichtig, dass die Begleitperson sich damit auskennt. Wenn nicht, frag nach, ob sie bereit wäre, sich mit der Thematik zu beschäftigen. Das zeigt dir, ob die Person bereit ist, auf dich einzugehen und dich auf deinem Weg zu begleiten.
- Noch ein Hinweis für Begleitpersonen: Um einen Menschen gut zu begleiten, ist es unabdingbar, selbst zu gesunden und Heilung zu suchen. Wer die eigenen manipulativen Tendenzen nicht konsequent angeht oder manipulative Personen in seinem Leben duldet, ist die falsche Person, um von toxischen Beziehungen Betroffene zu begleiten.

Ägypten ist da, wo ich lebe.

Vielleicht bin ich hier aufgewachsen.
Dann ist Ägypten da, wo mein Vater und meine Mutter,
deren Vater und deren Mutter und dessen Vater
und dessen Mutter aufgewachsen sind.

Möglicherweise bin ich zugezogen und durch unglückliche
Umstände in der Sklaverei gelandet.

Ägypten bedeutet, dass wir keine Zeit haben,
uns zu liebkosen oder einander liebevoll Zeit zu schenken.
Jeder ist absorbiert von der Knechtschaft,
an die wir uns notgedrungen gewöhnt haben.

Kapitel 3
Das verdeckte Spiel

Es war Ende Oktober und Liora zerbrach sich bereits den Kopf, was sie und ihre Mutter für Weihnachten vorbereiten mussten. »Weihnachten ist heilig und alles muss perfekt sein«, zitierte Liora eine ungeschriebene Familienregel. Unvorstellbar für alle Beteiligten: Der mittlere Sohn der Familie würde dieses Jahr nicht dabei sein. Er weilte beruflich im Ausland und wollte, wie er sagte, nicht für die Feiertage um die halbe Welt fliegen. Doch der Vater wollte diese Entscheidung nicht einfach so hinnehmen. Eine Handvoll Bibelverse sollten den Sohn erinnern, dass man leicht vom Weg abfallen könne und man Vater und Mutter zu ehren habe.

Liora konnte ihren Bruder gut verstehen. Sie hatte auch keine Lust, an der bleiernen Weihnacht ihrer Eltern teilzunehmen. Doch sie hatte keine Entschuldigung, um nicht teilzunehmen, und es sich zur Aufgabe gemacht, Weihnachten trotz allem »zu einem schönen Fest werden zu lassen«. Liora glaubte: »Das schulde ich meiner Mutter, die wegen dem Ärger wegen meinem Bruder schon ganz verzweifelt ist.« Lioras enorme Anspannung war ihrem Körper anzusehen. Sie atmete flach, ihr Blick war starr. Sie glaubte, sie hätte keine andere Wahl, als die Sache durchzustehen.

Ich fragte sie, ob es Weihnachtsfeste gegeben habe, die ihr in guter Erinnerung geblieben seien. Gab es einen Heiligabend, den alle gut überstanden haben? Liora hatte kaum konkrete Erinnerungen an die Zeit, in der sie Kind war: »Als wir noch kleiner waren, war's, glaube ich, ganz okay.« Ob ihr aus jener Zeit Schönes oder

Berührendes in den Sinn komme, wollte ich wissen. »Es ging nie darum, dass wir es miteinander schön oder gut haben. Es ging immer nur darum, dass wir es richtig machen. Und richtig heißt, dem Anspruch von Vater gerecht zu werden.« Das hatte Liora durch die Arbeit mit den fünf Stimmungen realisiert. Inzwischen fand sie es völlig daneben, dass ein Einziger bestimmen sollte, was gut oder falsch ist. Sie wünschte sich etwas anderes. Sie sehnte sich nach Verbundenheit und einer Atmosphäre des Wohlwollens. Aber an diesem Tag »kurz« vor Weihnachten gestand sie sich ein, dass sie nicht wusste, wie das werden sollte.

Doch ihre altbekannte Überlebensstrategie »Augen zu und durch« wollte sie eigentlich nicht mehr anwenden. »Musst du auch nicht!«, war meine Meinung dazu. »Willst du wissen, wie und warum das Herumscheuchen funktioniert? Das hilft zu verstehen, warum es so schwer ist, sich daraus zu lösen.« Liora nickte.

Die Beziehungsspielregeln von Ägypten

Damit eine Beziehung funktioniert, braucht es Regeln, an die sich alle Parteien halten. In Beziehungen mit manipulativen Personen wird jedoch verdeckt nach verschiedenen Regeln gespielt. Im Ägypten zur Zeit von Mose nahm sich der Pharao das Recht, ein Volk für sich arbeiten zu lassen, um es kleinzuhalten. Manipulatoren machen es subtiler als der Pharao, aber sie fordern ebenfalls mehr und mehr ein und tragen immer weniger zur Beziehung bei. Sie machen Rechte für sich geltend, die sie dem Gegenüber nicht zugestehen. Während das Gegenüber von fairen Regeln auf Augenhöhe ausgeht, verändert die manipulative Person die Spielregeln ständig zum eigenen Vorteil. Das heißt nicht, dass der

Manipulierer dies alles bewusst tut. Die meisten Manipulierer sind blind für die selbst eingeführten und ständig wechselnden Spielregeln und ihre verdeckten Ziele. Emotionaler Missbrauch lässt sich sehr leicht übertünchen und weginterpretieren. Täuschung gehört für Manipulatoren zum Tagesgeschäft, angefangen bei der Selbsttäuschung.

Manipulatoren wollen sich gerne als beziehungsfördernd sehen, indem sie Verständnis und Interesse vorspielen und Versprechungen machen. Sie halten diese Versprechen aber meistens nicht, es sei denn, sie haben selbst etwas davon. Trotzdem belassen sie das Gegenüber im Glauben, dass sie seinen Bedürfnissen schon noch nachkommen werden, und täuschen weiter über die verborgenen Ziele hinweg – so lange, wie sie das Gegenüber für die eigenen Zwecke benutzen können.

Das verdeckte Spiel in Stimmung 1: Scheinwerferlicht

Ihr Stimmungs-Stadtplan aus Kapitel 1 half Liora, das verdeckte Spiel und dessen Ziele den jeweiligen Stimmungen zuzuordnen. Ahnungslose durchs Labyrinth zu scheuchen ist einfach, aber Wissende lassen sich nicht mehr so leicht herumjagen. In einer Sitzung legte Liora ihren Stimmungs-Stadtplan weit von ihrem Sessel entfernt auf den Boden. Sie stellte sich vor, dass sie auf einer Burgzinne in sicherer Entfernung auf einer Anhöhe stand und mit einem Fernglas aus der Vogelperspektive auf die toxische Dynamik schaute. Das schaffte Distanz und ein Gefühl von Sicherheit, denn sie konnte jederzeit das Fernglas weglegen und den Blick auf etwas Schönes lenken. Das tat sie in der Sitzung auch einige Male.

Um das versteckte Spiel besser zu verstehen, hilft es, sich die Frage zu stellen: Was sorgt dafür, dass ich immer wieder in Stimmung 1 hineingesogen werde?

Eine toxische Person ist stets bemüht, zu bezaubern, ohne sich selbst einfangen zu lassen.[10] Wer nach beziehungsfördernden Regeln spielt und die Regeln des narzisstischen Spiels nicht kennt, glaubt jedoch, in einer Beziehung zu sein, in der Verbundenheit und gegenseitige Unterstützung das Ziel sind. Wir gehen davon aus, dass Komplimente und Aufmerksamkeit Wertschätzung bedeuten, denn durch Aufmerksamkeit zeigen wir normalerweise unser Interesse an einem anderen Menschen.

Oft fehlt uns die Aufmerksamkeit, dem Gegenüber wirklich zuzuhören. Häufig sind wir eher darauf konzentriert, uns selbst gut darzustellen. Das ist menschlich – nicht gerade »Jesus-like«, aber eben sehr menschlich. Die Tatsache, dass wir uns gerne von unserer besten Seite zeigen, machen sich Manipulatoren zunutze. Sie haben ein Gespür dafür, wie du gesehen werden willst. Einer manipulativen Person geht es jedoch nicht darum, Wertschätzung oder Aufmerksamkeit zu schenken. Sie benutzt Stimmung 1 (*Scheinwerferlicht*) oder »Love Bombing« (vgl. Kapitel 4), um Verbündete zu akquirieren. Sie will oder muss Menschen an sich binden, um sich das zu erfüllen, worum sie nie bitten würde. Die Tragödie einer manipulativen Person besteht in ihrem (meist unbewussten, aber tief verwurzelten) Glauben, dass niemand sie aus freien Stücken lieben würde. Im Lande Narziss gibt es keine Freiwilligkeit. Es gibt ausschließlich Taktiken, die funktionieren oder versagen. Deswegen muss das Gegenüber in Stimmung 1 zum ahnungslosen Komplizen gemacht werden.

Kommt dir das bekannt vor? Wenn du das Herumgescheuchtwerden hinter dir lassen willst, hilft es, zu erkennen, dass nach ungleichen Regeln gespielt wird. In manipulativen Systemen werden zwei menschliche Grundbedürfnisse missbraucht, um dafür zu sorgen, dass der Partner oder die Kinder in Stimmung 1 mitspielen:

- Das *Bedürfnis nach Verbundenheit*. Ohne Verbindung zu anderen Menschen vereinsamen wir.
- Der *Wunsch nach einem Platz im Gemeinschafsgefüge*. Niemand will Außenseiter sein. Niemand will ausgeschlossen oder verstoßen werden. Selbst wenn man sich nie wirklich zugehörig gefühlt hat, zieht die Sehnsucht danach dennoch am Herzen. Darum sind wir Menschen so anfällig für alles, was mit Wertschätzung zu tun hat – selbst mit vermeintlicher.

In Stimmung 1 herrscht ein Gefühl von Verbundenheit zwischen den Akteuren. Die Leuchtreklame für die liebevolle Familie oder die verlässliche Partnerschaft blinkt täuschend echt. Es ist verblüffend einfach, uns Menschen zu steuern, wenn uns das angeboten wird, was wir zum Leben brauchen. Darum wird Stimmung 1 von Manipulatoren so lange kultiviert, bis sich die andere Person an sie gebunden hat. Bindung ist auch die Basis für gesunde Beziehungen, aber der Unterschied liegt darin, was in manipulativen Beziehungen nach Stimmung 1 kommt: der Sabotage-Akt.

Das verdeckte Spiel in Stimmung 2: Es kippt! Der Sabotage-Akt

In Stimmung 2 startet der Sabotage-Akt, um das Gegenüber durch Verunsicherung und Abwertung zu destabilisieren. Auch in Stimmung 2 wird ein Grundbedürfnis pervertiert: das Bedürfnis nach Austausch – ein Grundpfeiler von Beziehung.

In einer Unterhaltung geht es üblicherweise darum, einander besser kennenzulernen oder etwas auszuhandeln. Wenn man miteinander vertraut ist, erzählt man dem Gegenüber, was man erlebt hat und was einen beschäftigt. Oder man möchte eine Abmachung treffen oder eine Lösung finden. Zum Beispiel fragst du eine Arbeitskollegin, ob sie morgen Vormittag das Telefon beantworten könnte, weil du eine halbe Stunde später zur Arbeit kommst. Oder ich frage meinen Mann, wie lange er noch lesen will, weil ich gerne schlafen möchte. Zusammenleben und Zusammenarbeit sind ein ständiges Abgleichen: Wie machen wir das jetzt?

In einer toxischen Beziehung wird diese Regel klammheimlich abgeändert. Man glaubt, es gehe im Gespräch um Beziehungspflege oder um Lösungsfindung. Manipulatoren wollen aber die Beziehungsrealität kontrollieren, weil sie unbewusst meinen, dass sie nur in der Machtposition nicht angreifbar sind und nur dann nicht erniedrigt oder verlassen werden, wenn sie das Gegenüber beherrschen.

Der Austausch wird verdeckt zum Sabotieren des Gegenübers genutzt. Wie wir bereits im ersten Kapitel bei Lioras Vater gesehen haben, können Manipulatoren Fragen oder Bedenken so äußern, dass man über die eigenen Motive, das eigene Können und die eigenen Gefühle zutiefst verunsichert wird. In toxischen Beziehungen unter Erwachsenen werden noch zusätzlich die Qualitäten und Qualifikationen des Gegenübers infrage gestellt.

Manipulatoren verkaufen ihre Aussagen nicht selten als hilfreich: »Ich meine es ja nur gut. Ich will doch nicht, dass du dich zum Affen machst.« Manchmal kommt der Sabotage-Akt in der Verkleidung eines Ratschlags: »Mir ist aufgefallen, dass dein Lachen immer so nervös klingt. Vielleicht solltest du etwas selbstsicherer auftreten.« (Dreimal darfst du raten, wie das Lachen ab dieser Aussage klingen wird …) Hier geht es nicht um echte Ratschläge, die aus Zuneigung resultieren. Solche verkappten Gemeinheiten zielen ausschließlich darauf, das Selbstverständnis des Gegenübers auszuhöhlen.

In der Beratung benutze ich als Anschauungsbild gerne das Jenga-Spiel. Bei diesem Spiel geht es darum, aus einem Turm, der aus je drei Klötzchen pro »Etage« besteht, abwechselnd ein Klötzchen herauszuziehen, ohne dass der Turm umfällt. Der Jenga-Turm entspricht deinem Selbstwert. Vielleicht steht dein Selbstwert recht stabil mit drei Klötzchen pro Etage, vielleicht fehlen ein paar, aber du stehst trotzdem ganz gut, weil du um deine Stärken und Lücken weißt. Manipulatoren klopfen, stoßen oder ziehen im Gespräch mit ihren Fragen oder Aussagen Klötzchen um Klötzchen aus deinem Selbstwert, bis er ganz löchrig und wackelig hin- und herwankt.

Vielleicht reicht das dem einen oder anderen Manipulierer. Andere aber wollen, dass der Turm kollabiert, weil sie glauben, dass sie so die Kontrolle (über sich selbst und den anderen) behalten können. Sadistische Narzissten genießen es geradezu, die Würde des Gegenübers zusammenbrechen zu sehen. Sie erleben Hochgefühle, wenn sie das Gegenüber vernichtend schlagen.

Das verdeckte Spiel in Stimmung 3: Entladung – psychische Vernichtung

Stimmung 3 dient in toxischen Systemen einerseits der Entladung des Manipulators und andererseits dazu, das Gegenüber auszuschalten. In den Augen des Manipulators geht es nicht mehr um seine Kinder oder um seinen Partner (Freund, Mitarbeiter etc.), sondern ausschließlich um einen Gegner, den es unschädlich zu machen gilt. Jetzt wird das grobe Geschütz aufgefahren. Die Waffen dafür sind vielfältig. Hannahs Vater benutzte die offensichtlichste

Waffe. Er versetzte die Familie durch Wutausbrüche, Jähzorn oder Gewaltanwendung in Angst und Schrecken. Alle zitterten, keiner sprach, die Herrschaft war wieder aufgerichtet. Manche Täter erschrecken selbst über ihr Verhalten und schämen sich dafür. Sie stellen sich aber weder der Scham noch dem, was sie angerichtet haben. Sie verdrängen möglichst schnell oder interpretieren das Geschehene so um, dass es dem Bild, das sie von sich selbst haben wollen, mehr entspricht als der Realität.

Philips Mutter hatte neben den Beschämungstiraden noch eine weitere Taktik auf Lager. Sie missbrauchte erbarmungslos das Gewissen ihres Mannes und der Kinder. Immer mit dem Subtext: »Was bist du nur für ein Monster!« Sie sagte Sätze wie: »Ich hätte nie gedacht, dass du so egoistisch und skrupellos sein kannst«, nicht selten mit Tränen in den Augen. Das ist eine perfide Taktik, denn sie beruht darauf, das eigene skrupellose und beziehungsschädigende Verhalten dem Gegenüber anzuhängen. In Sekundenschnelle dreht die toxische Person den Spieß um, macht das Gegenüber zum Täter und stellt sich als Opfer dar.

Gerissene Manipulatoren piesacken oder provozieren das Gegenüber, bis es ausrastet oder weint. Dann hat die manipulative Person ihr Ziel erreicht und wird völlig ruhig. Denn sie reguliert die innere Spannung nicht selbst, wie gesunde Menschen das tun, sondern lässt das Gegenüber die eigenen unliebsamen Gefühle ausagieren. Manche Manipulatoren schlüpfen dann in die Tröster-Rolle. Damit wollen sie sich beweisen, dass nicht sie selbst psychisch geschädigt sind, sondern das Gegenüber. Das kann so weit reichen, dass das Opfer tatsächlich an seiner eigenen psychischen Gesundheit zweifelt.[11]

Was wäre ein gesundes Verhalten in Konflikten oder bei Meinungsverschiedenheiten? Wie würde ein beziehungsfördernder Umgang miteinander aussehen? Liora hatte beim besten Willen keine wirkliche Vorstellung davon. Darum nahmen wir uns die Zeit, einen Blick auf eine förderliche Art der Konfliktbewältigung zu werfen.

Nehmen wir an, ein Paar bespricht eine Sache miteinander und findet keine Lösung. Die Argumente verlieren an Sachlichkeit, die Gemüter erhitzen sich, keiner fühlt sich vom anderen verstanden, die Emotionen drohen zu überborden. Was dann? Passiv-aggressive Gemeinheiten verteilen, rumbrüllen, Zeugs rumschmeißen oder dreinschlagen? Hilft das? Sicher nicht.

In nüchternem Zustand ist das jedem Menschen klar. Diese Nüchternheit ist in Konfliktsituationen aber nicht vorhanden, darum braucht es eine Pause voneinander und Abstand zum Thema, das den Konflikt ausgelöst hat. Dann kann jeder für sich sortieren: Was geht bei mir ab? Warum habe ich so reagiert? Was ist mir wichtig in der Thematik? Wie möchte ich behandelt werden?

Jeder für sich kann sich eingestehen, dass man das wichtigste Ziel, füreinander da zu sein, aus den Augen verloren hat. Wenn beide nach dem Innehalten wieder zusammenkommen, mit dem Wunsch, den anderen zu verstehen, wird es ruhiger. Das Problem, das Missverständnis, auch die Fehler kommen auf den Tisch. Anders geht's nicht. Wenn es gut läuft, versteht *jeder* nun das Gegenüber besser als im ersten Versuch. *Beide* erweitern den eigenen Horizont für mögliche Lösungen. *Jeder* gesteht vor sich und dem anderen ein, was er oder sie Verletzendes gesagt hat oder wo unfaires Handeln im Spiel war. So kann Groll losgelassen und die Liebe zum Gegenüber wieder wahrgenommen werden.

Es lohnt sich, den Fokus auf die Beziehung zu erneuern und dem Gegenüber aufmerksam zuzuhören. Nur so können die Umwege über Missverständnisse und chaotische Streitigkeiten weniger werden. Nur durch konstruktive Auseinandersetzungen wächst das Vertrauen ineinander, dass der nächste Missstand miteinander bewältigt werden kann. Wahrscheinlich nicht ohne inneren Aufruhr und schon gar nicht ohne Auseinandersetzung mit sich und der Thematik, aber doch so, dass der Beziehungsboden für beide Halt gebend und nährend wird.

Wir Menschen glauben oft, dass wir einander einfach so verstehen sollten, ohne Auseinandersetzung miteinander und ohne wirkliches Einlassen auf ungelöste Themen. Doch das ist ein Irrtum. Konstruktive Konfliktbewältigung muss gewollt und eingeübt werden. Abhängig vom Klima und den Gewohnheiten der Herkunftsfamilie ist der Weg zu beziehungsstärkendem Verhalten unterschiedlich lang.

Menschen, die sich in gesunder Konfliktbewältigung üben, bemühen sich darum, nicht mit Gemeinheiten um sich zu werfen, selbst wenn die Emotionen hochkochen. Wenn das Gespräch zum Kampfplatz geworden ist, wird keine Lösung mehr gefunden. Auf Kampfplätzen gibt es ausschließlich Sieger und Besiegte und nicht selten Tote.

Für Manipulatoren ist die Kampfplatzsituation unbewusst immer präsent. Deshalb tendieren sie dazu, die Pause während eines Konflikts zu nutzen, um ihre kugelsichere Weste zurechtzurücken (ihr Verhalten zu relativieren und zu bagatellisieren) und Munition nachzuladen (neue Anschuldigungen gegen das Gegenüber zu finden). Möglicherweise kennen sie nichts anderes. Solange das Gegenüber aber glaubt, dass es um eine gemeinsame Lösung geht, wird es versuchen, dem Manipulierer entgegenzukommen, um die Beziehung zu retten. Liora meint: »Ja, so macht das meine Mutter, seit ich sie kenne – und ich habe es ihr nachgemacht.«

Das Problem an dieser Art der »Lösungsfindung« ist: Durch die offene oder verdeckte Entladung in Stimmung 3 geht die Fähigkeit, zu vertrauen, verloren.

Können wir ohne Vertrauen in andere leben? Jedes Kind will sich aufgehoben fühlen. Jeder Mensch geht durch die Welt, in der leisen oder lauten Hoffnung, einen oder mehrere Menschen zu treffen, bei denen er ganz er selbst sein kann. Es ist schlimm, wenn man das Vertrauenswürdige nie kennengelernt hat und Missgunst die einzige Atemluft war. Doch selbst unter diesen Voraussetzungen kann die Sehnsucht nach Vertrauen noch immer ein starker Antrieb sein, Beziehungen nicht gänzlich abzusagen.

Unschön wird es, wenn man dem Partner, den Eltern oder dem Vorgesetzten blind vertraut, obwohl er oder sie ein verdecktes Spiel spielt. So wie man in Stimmung 2 (*Es kippt! Sabotage-Akt*) glauben möchte, dass man im Austausch ist, so will man in Stimmung 3 (*Entladung – Vernichtung*) daran festhalten, dass der Manipulator im Grunde nur das Beste für einen will. Mit dieser Einstellung gäbe es schließlich noch Hoffnung für die Beziehung und man würde doch geliebt.

Wie wir in Kapitel 1 gesehen haben, ist mit Stimmung 3 die ungute Reise nicht zu Ende. Noch heißt es: »Aussteigen verboten«. Nächste Haltestelle: Stimmung 4.

Das verdeckte Spiel in Stimmung 4: Es liegt an dir

Manipulatoren wissen, dass niemand von sich behaupten wird, dass er unfehlbar ist. Daher geben sie manchmal aus taktischen Gründen Fehlbarkeiten zu, allerdings so, dass ihre verborgenen Motive im Nebel bleiben. Diese Kunstfertigkeit, die ihnen oft nicht bewusst ist, erschwert es, die Sache anzugehen. Manipulatoren machen fortlaufend die Erfahrung, dass das Gegenüber an sich zweifelt und die Verantwortung für die Rettung der Beziehung übernimmt, wenn sie nur hartnäckig genug auf sein vermeintliches Fehlverhalten oder »Falschsein« pochen.

Stark manipulativen Personen fehlt die Motivation, ihren Part an der Lösung des Problems zu übernehmen. Anpacken? Sich verändern? Umlernen? Das macht Angst. Und es ging bisher auch ohne. Wozu also? Es ist viel einfacher, zu behaupten: »*Wenn du nur…, dann hätten wir es gut zusammen. Aber weil du…, reagiere ich so.*« Die Weigerung, die Verantwortung für das eigene Verhalten zu übernehmen, macht eine gesunde Beziehung unmöglich und schadet dem Gegenüber nachhaltig.

Das war der Moment, in dem Liora protestierte: »Mein Vater sagt aber ständig, dass er sich um unser Wohlergehen kümmert und dass wir ohne ihn auf der Straße gestanden hätten.« Genau. Nach dem Motto: »Ich verdiene das Geld, das euch am Leben hält. Also habt ihr euch gefälligst darum zu kümmern, dass der Rest so läuft, wie ich will. Und ich will nun mal eine nette Familie präsentieren können, basta! Darum: Es liegt an euch…« Deshalb antwortete ich Liora: »Die Eltern sind für das finanzielle Auskommen der Familie verantwortlich. Sie stehen von Gesetzes wegen unter der Unterhalts-, Fürsorge- und Erziehungspflicht[12]! Dich zu versorgen und in deiner körperlichen und seelischen Entwicklung zu unterstützen ist weder ein besonderer Gefallen noch eine Bürde, sondern das absolute Minimum von Elternschaft. Selbst Kinderheime sind verpflichtet, für ausgewogenes Essen, ein Dach über dem Kopf, Erziehung und Förderung zu sorgen.« Diese Fakten zu hören, bewegte etwas in Liora. Sie wurde still und eine Träne kullerte über ihre Wange.

Nach einer Zeit gemeinsamen Schweigens fügte ich an: »Die Eltern tragen auch die Verantwortung dafür, wie sie ihre Beziehung zu den Kindern gestalten. Da müsste dein Vater, meiner Meinung nach, einiges an seinem Verhalten ändern, damit er deiner seelischen Entwicklung nicht weiter schadet. Das ist aber nicht möglich, solange er uneingeschränkte Akzeptanz seiner Autorität und absoluten Gehorsam einfordert. Was er will, bestimmt das Klima eurer Beziehung. Aber auch das, was du willst, trägt dazu bei, dieses Klima aufrechtzuerhalten. Als Kind hattest du keinen Einfluss darauf. Da konntest du nicht wählen, ob du es ihm recht machst oder nicht. Ob du bleibst oder gehst. Aber jetzt bist du erwachsen. Darum ist es wichtig, neu mit dir zu verhandeln, ob du weiterhin deine ganze Kraft und Konzentration darauf verwenden willst, deinen Vater zufriedenzustellen, obwohl das nicht zu einer guten Beziehung führen kann. Du probierst das nun seit Jahren. Wie lange wirst du es noch auf die gleiche Weise versuchen?«

Zu hören, dass man als Erwachsener einen Teil dazu beiträgt, dass der Missbrauch weitergeht, ist nicht einfach für Betroffene. Doch diese Erkenntnis ist wichtig, denn solange die ganze Kraft darauf verwendet wird, den Missbraucher zu besänftigen, wird keine übrig sein, um sich aus dem Missbrauch zu befreien.

In jeder Stimmung geht eine gesunde Fähigkeit zu Bruch. In Stimmung 4 wird die Fähigkeit zum gesunden Maß pervertiert. Zum einen das Maß an gesundem Engagement in Beziehungen (»Es liegt gänzlich in meiner Verantwortung und an meinem Verhalten, ob die Beziehung gut ist oder nicht«), zum anderen das gesunde Maß an Arbeit. Wenn man ständig besser sein muss, als man sein kann, ständig etwas erreichen muss, was nie gelingt, reicht die eigene Leistung nie. Das pervertiert eine gesunde Einstellung zur Arbeit. Aus einem solchen Überanspruch entwickeln sich stille Überzeugungen.

Liora dachte, dass sie unnütz und lästig sei. Sie meinte, sie könne sich glücklich schätzen, wenn man sie am Arbeitsplatz toleriert. Ihre negative Selbsteinschätzung unterschied sich nur formal vom Sklaventum. Nun verstand ich, warum Liora trotz abgeschlossener

Ausbildung ständig den Arbeitsplatz wechselte und oft in Lebensmittelketten arbeitete, obwohl sie dafür überqualifiziert war.

Auch bei Hannah und Philip hatte sich der narzisstische Missbrauch auf ihre Arbeitsfähigkeit ausgewirkt: Hannah ist Diplomierte Pflegefachfrau und stellvertretende Abteilungsleiterin auf der Neonatologie. Obwohl sie ein ganzes Team um sich hatte, flüsterte eine Stimme in ihr: *»Es liegt einzig an dir, ob die Babys überleben oder nicht. Du musst alles im Griff haben, sonst stirbt eines, und du bist schuld daran.«* Wenn doch etwas Tragisches passierte, was auf solchen Stationen unvermeidlich ist, stürzte eine Welt zusammen, weil Hannah meinte, dass sie unfähig sei, »das Unglück abzuwenden«. Nach außen gab sie sich professionell, aber im Innen kasteite sie sich und ging in Gedanken Situationen hundertfach durch, weil der vermeintliche Fehler nie wieder passieren durfte. Sie war das perfekte Arbeitstier. Aber wie lange würde sie diese Belastung aushalten, ohne auszubrennen?

Unter dem narzisstischen Regime gilt: »Nur wer über weitreichende Kenntnisse, außergewöhnliche Fähigkeiten (und unter Christen zusätzlich über einen makellosen Charakter) verfügt und in der Lage ist, seine Ziele in vollem Umfang zu erreichen, kann für sich in Anspruch nehmen, etwas zu gelten.«[13] Diese übersteigerte Maxime resultiert in einem krank machenden Perfektionismus, dem niemand entsprechen kann.

Dieser unerreichbare Anspruch lähmte Philip während der ganzen Schulzeit. Egal, wie sehr er versuchte, sich zu konzentrieren, der Dauerstress machte es ihm unmöglich. Obwohl er intelligent ist, musste er sein Wirtschaftsstudium wegen zu hoher Belastung abbrechen. Er machte eine kaufmännische Ausbildung, in der er sich kaum konzentrieren konnte, und jobbte danach bei der Post in der Logistik, um sich über Wasser zu halten. In Philip wurzelte der Glaubenssatz: *Du bist unfähig. Du wirst nie Unter-*

stützung oder Hilfe erhalten, weil du sie nicht verdienst. Gleichzeitig gab es eine andere Stimme, die große Angst davor hatte, doch etwas auf die Reihe zu kriegen. In der Beratung ließen wir diese Stimme zu Wort kommen und verstanden, dass Philip nie genügen *durfte!* Denn ein Teil in ihm glaubte, dass er seine Mutter nie mit dem übertreffen dürfe, was er kann oder erreicht. Das ist eine andere Seite der Perversion in manchen narzisstischen Systemen. So hoch die Ansprüche des Manipulators an das Umfeld auch sein mögen, eine Regel bleibt: *Du darfst mich nie mit deinen Fähigkeiten übertreffen! Wehe dir!* Übertroffen zu werden, verstehen die meisten narzisstisch-verbogenen Personen als Demütigung; und Demütigungen werden im Lande Narziss gerächt – auch wenn es um die eigenen erwachsenen Kinder geht. Zum einen wird es nie genügen, was der Nachwuchs erreicht, zum anderen fühlt sich die narzisstische Person durch deren Erfolg bedroht (siehe dazu auch Kapitel 4, »Double Bind«).

Andere Manipulierer erleben dagegen die eigenen Kinder als Verlängerung ihres eigenen Ich und bringen sie dazu, das, was sie selbst nicht erreicht haben, stellvertretend für sie zu erreichen. Diese Manipulierer fühlen sich durch mangelnden Erfolg des Kindes bedroht. Ihre Kinder stehen unter extremem Erfolgsdruck in einer Laufbahn, die nicht die eigene, sondern die verpasste des Narzissten ist.

Bei Ruth sah es anders aus. Für sie war die Arbeit ein regelrechter Erholungsort. Sie arbeitete ein paar Stunden pro Woche in einer Gärtnerei und es tat ihr gut, mit den Händen und der Erde zu schaffen. Da sie nicht narzisstisch aufgewachsen war, kannte sie die überhöhten Ansprüche »nur« in Bezug auf den Standard der Haushaltsführung. Ruth putzte regelmäßig, aber nicht pedantisch. Ihr Mann machte häufig spitze Bemerkungen und fragte, »was sie den ganzen Tag treibe, während er arbeite, dass die Wohnung so aussähe«. Für ihn war es »ein Saustall«, lange bevor es dreckig war.

Die Folgen von Stimmung 5: Alles wunderbar – der Tanz auf rohen Eiern

Die Stimmung 5, in der alles wunderbar scheint, gleichzeitig aber der Tanz auf rohen Eiern gemeistert werden muss, kann sehr unterschiedlich aussehen. Das »Alles wunderbar« war in Lioras Familie ausschließlich in der Öffentlichkeit wichtig, zu Hause herrschte eine leblose Distanziertheit. Es gab kein Zugehörigkeitsgefühl. Keiner passte auf den anderen auf oder war unterstützend da. Sie waren eine Ansammlung von Personen ohne Verbindung zueinander, und trotzdem hatte Liora immer das Gefühl, sich auf rohen Eiern zu bewegen, weil es keine Vertrauensbasis gab.

In Hannahs Herkunftsfamilie gab es dagegen ausgeprägte Phasen von »Alles wunderbar«. Deswegen war die Arbeit mit den fünf Stimmungen für sie elementar. Erst als wir die Stimmungen mit dem Augenmerk auf die verdeckten Spielregeln durchgingen, stellte sie fest: »Meine Familie ist ein Flipperkasten mit fünf Kugeln. Immer wieder knallt eine quer durch alle Stimmungen hindurch und reißt alle anderen mit. Irgendwann tritt totsicher einer auf ein rohes Ei.« Manchmal war es eine Augenbraue, die einer angeblich zur falschen Zeit angehoben hatte, ein anderes Mal atmete sie zu laut durch die Nase, was eines der Familienmitglieder zur Weißglut trieb. Solche Kleinigkeiten konnten endlose Dramen auslösen.

Als Philip etwa sieben Jahre alt war, war es für ihn »normal« geworden, dass seine Mutter völlig willkürlich austickte und ihm niemand half. Irgendwann gelang es ihm, die Angst aus seinem Empfinden zu verbannen. Oft ist das notwendig, um in einem vergifteten Umfeld zu überleben. Das bedeutet leider nicht, dass die Angst weg ist, sondern nur, dass das Hirn sie bereits einige Male erfolgreich geblockt und ins Unterbewusstsein abgeschoben hat. So konnte sich Philip aus Situationen wegbeamen, wie er es nannte: »Es ist, wie wenn ich aus dem Körper gehe. Ich blicke dann von hinten oben auf das Geschehen herab.« Er habe sich schon gewundert, dass er schlimme Situationen wie von außen betrachten könne, ohne sich beteiligt oder involviert zu fühlen. Dies ist eine Form der Dissoziation.*

Doch was ihn damals als Notfalllösung rettete, wurde zu einem Automatismus. Selbst wenn es um Beziehungen ging, die Philip wichtig waren, konnte er Gefühle nicht so wahrnehmen, wie das anscheinend für andere natürlich war.

Philip entschied sich, den Weg der Genesung zu gehen. Es war kein leichter oder kurzer Weg, aber mit der Zeit war er sich selbst dankbar dafür, dass er ihn gewagt hatte.

Auch Ruth begann, klarer zu sehen: »Mein Mann kann sehr gemein zu unserem Sohn sein. Letzte Woche schrie er ihn an, dass einem Sehen und Hören verging. Der Junge machte seine Hausaufgaben nicht so, wie mein Mann es sich vorstellte. Unser Bub geht in die 2. Klasse. Am Abendbrottisch schäkerte mein Mann wieder mit ihm, als ob nie etwas geschehen sei. Als ich ihm später sagte, ich fände es nicht in Ordnung, wie er unseren Sohn anbrüllt, meinte er, er habe nicht rumgebrüllt, sondern ihm bei den Hausaufgaben geholfen.« Ich fragte Ruth, wie ihr Sohn beim Abendbrot auf sie gewirkt habe. Ruth meinte: »Es ging ihm nicht gut. Er lachte zwar verlegen mit, hob aber kaum den Kopf.«

So normal eine Familienmahlzeit auch aussehen mag, wenn die vermeintlich guten Zeiten einem Tanz auf rohen Eiern gleichen,

* Dissoziation bedeutet »Spaltung« oder »Auseinanderdriften« und bezeichnet das Auseinanderfallen von psychischen Funktionen, die normalerweise zusammenhängen. Zwei dissoziative Erscheinungen heißen Depersonalisation und Derealisation. Bei der Depersonalisation erleben sich Betroffene als fremdartig oder unwirklich. Bei der Derealisation wird die Umwelt verfremdet wahrgenommen oder wirkt nicht mehr vertraut.

wird das elementarste Grundbedürfnis des Menschen zerstört: sich sicher zu wissen.

In der Folge ist es auch nicht mehr möglich, sich zu erholen. Denn selbst wenn alles normal scheint, herrscht ständig Gefahr. Die Bedrohung lacht zwar gerade, aber sie kann auch ganz anders. Auch wenn es zuweilen richtig lustig sein kann, zur Ruhe kommen, entspannen und loslassen ist nicht drin. Viel zu gefährlich wäre eine solche Unachtsamkeit. So sein, wie ich bin, im Hier und Jetzt, das ist ein Luxus, den man sich im Lande Narziss nicht leisten kann. Denn alles kann gegen dich verwendet werden.

Die verdeckten Ziele der fünf Stimmungen und die Folgen daraus findest du zusammengefasst in der vorderen Buchklappe.

Bevor wir uns im nächsten Kapitel die Taktiken und Verhaltensweisen anschauen, die Menschen von einer Stimmung in die nächste jagen, tut dir sicherlich eine kleine Pause gut.

Spazieren gehen

Gönn dir einen Verarbeitungsspaziergang, damit sich das Gelesene setzen kann. Das ist eine der günstigsten und heilsamsten Übungen für dein Wohlbefinden!
Jeden Tag 30 Minuten spazieren gehen hat den gleichen Effekt wie ein leichtes Antidepressivum.[14] Am besten ohne Handy!

In Ägypten ist mein Überleben abhängig von meinem momentanen Sklaventreiber. Ich tue, was von mir verlangt wird, versuche, möglichst unsichtbar zu bleiben und nicht aufzufallen. Abends falle ich todmüde und erschöpft auf meine Matte. Morgen ist wieder ein Tag. Auch morgen darf ich mir keinen Fehler und keine Unachtsamkeit erlauben. Denn die Folgen könnten mich vernichten.

Kapitel 4

Das Arsenal manipulativer Verhaltensweisen und Taktiken

Die fünf Stimmungen zu erforschen und das verdeckte Spiel zu durchschauen, half Ruth, die Abläufe in der Beziehungsdynamik mit ihrem Mann zu erkennen. Doch sie steckte in einem Dilemma, es ging ihr nicht gut. Sie merkte, dass sie sich ihrer Verantwortung stellen musste, für den Schutz ihrer Kinder zu sorgen (und auch für ihren eigenen, aber das erkannte sie erst später). Die manipulativen Verhaltensweisen schädigen die Beziehungsfähigkeit und die Persönlichkeit von Kindern und Erwachsenen, egal ob sie vom Manipulierer absichtlich oder automatisiert verübt werden. Wie Ruth die nächsten Schritte anging, sehen wir in Teil II.

Für Hannah war es ein Befreiungsschlag, zu erkennen, nach welchen Spielregeln gespielt wurde. Da sie schon sehr früh aus dem Elternhaus ausgezogen war, hatte sie in ihrem Alltag mehr Abstand zur toxischen Dynamik als Ruth, die mit ihrem Manipulierer unter einem Dach lebte.

Ich bot Hannah an, gemeinsam den »Katalog« von manipulativen Verhaltensweisen durchzugehen, damit sie sortieren konnte, welche Taktiken sie betrafen und welche nicht. Emotionaler Missbrauch funktioniert gerade aufgrund seiner Unbegreiflichkeit. Die Verhaltensweisen in Begriffe zu fassen, ermächtigt dazu, sich dagegen zu wehren.

Eine Möglichkeit, die Verhaltensweisen durchzugehen, ist, die in diesem Kapitel aufgeführten Taktiken auf Karten zu drucken und sie wie ein Kartenspiel zu mischen. (Der Übersichtlichkeit wegen sind die Taktiken im Folgenden aber den Stimmungen zugeordnet.) Das taten wir und Hannah ordnete eine Karte nach der anderen der jeweiligen Stimmung ihrer Collage zu (Übung am Ende von Kapitel 1). Diese Arbeit brauchte Zeit und erstreckte sich über mehrere Beratungstermine. Es geht nicht um schnelle Ergebnisse, denn schon die Gespräche darüber, welche Erlebnisse gemacht wurden, sind hilfreich. Die Betroffenen finden Worte, wo zuvor womöglich Wortlosigkeit herrschte. Gleichzeitig beginnt die Verarbeitung von Belastendem, die ebenfalls Zeit braucht.

Ich habe die Taktiken in der stark missbräuchlichen Form geschildert. Zum einen, weil das die Erfahrungen von Hannah, Philip, Liora und Ruth sind, zum anderen, weil die Verhaltensweisen dadurch gut verständlich werden. Wichtig ist mir, zu betonen, dass es nie darum gehen darf, Verhaltensweisen zu dramatisieren, genauso wenig wie darum, diese zu bagatellisieren. Weder das eine noch das andere würde Betroffenen helfen. Wir alle sind Menschen und machen Fehler, aber wir alle tragen auch die Verantwortung, zu lernen und daran zu arbeiten, ungute Verhaltensweisen abzulegen.

Wenn du als Betroffene oder Betroffener dieses Kapitel durchgehst, hilft es dir vielleicht, Situationen aufzuschreiben, die du mit den jeweiligen Taktiken erlebt hast. Kaum ein Manipulator wendet alle Taktiken an, stattdessen haben die meisten ein Arsenal an bevorzugten Strategien. Ziel dieses Kapitels ist es, dass du manipulative Verhaltensweisen in Zukunft erkennst und dadurch vermehrt zum Beobachter wirst, statt von den Taktiken gekapert zu werden.

Starten wir mit der wichtigsten Taktik aus Stimmung 1, die am Anfang jeder Beziehung steht und in manipulativen Beziehungen immer wieder anzutreffen ist.

Taktiken in Stimmung 1: Scheinwerferlicht

Love Bombing und Honigtöpfe

Love Bombing bedeutet »mit Liebe bombardieren«. Es regnet Komplimente oder Liebesbekundungen, vielleicht sogar Zärtlichkeiten und Geschenke. Es regnet »Liebe«.

Zum *Love Bombing* gehört auch der *Honigtopf*, den Hannah nur zu gut kennt. Von ihrer Mutter hörte sie oft, sie könne sich ein Leben ohne ihre Unterstützung nicht vorstellen. Wie wenn man in einen Topf voller Honig getunkt würde, wird man als Empfänger solcher Komplimente in Wichtigkeit und Bedeutung gebadet. Gerade verdeckte Manipulatoren (Kapitel 8, *Seelenschleicher*) versuchen immer wieder, Menschen in ihre stille Verschwörung einzubinden. »Nur wir zwei! Du und ich (gegen den Rest der Welt).« Der Haken am Honigtopf ist: Hannah klebte an der Mutter. Und genau das ist das Ziel dieser Taktik: Man klebt am Wohlwollen des Manipulators und an der Bedeutung, die er oder sie einem gibt. Betroffene glauben oft, dass sie ohne den Honig, ohne süße Komplimente oder ohne übersteigerte Wichtigkeit keine Bedeutung haben und als Menschen wertlos seien.

Manipulative Identitätszuschreibung

Stark manipulative Personen konditionieren das Gegenüber mit schmeichelnden Attributen oder Charaktereigenschaften, damit diese sich ihrem Wunsch gemäß verhalten. Lioras Mutter sagte dauernd, wie pflegeleicht und hilfsbereit sie als Kind gewesen sei. Das hatte zur Folge, dass Liora immer mithalf und sich nie querstellte. Ob die Mutter sie wirklich wertschätzt, wird sich zeigen, wenn Liora sich auf gesunde Weise von der Mutter ablöst und eigenständig wird. Die Dynamik um manipulative Identitätszuschreibungen und die Folgen daraus werden im übernächsten Kapitel vertieft.

Future Faking oder der Haken in der Karotte

Future Faking kann mit Zukunftsschwindel übersetzt werden. Im Deutschen haben wir die Redewendung: »Das Blaue vom Himmel versprechen«. Es sind Versprechen oder Köder, die wie eine Karotte am Stab vor der Nase des Esels baumeln. Die Karotte ist nicht dazu da, ihn zu nähren, sondern lockt lediglich mit der Aussicht auf eine baldige Belohnung oder eine bessere Zukunft. Und oft steckt ein verborgener Haken in der Karotte.

Future Faking erlebt Ruth immer dann, wenn ihr Mann bei den Kindern zu weit gegangen ist. Statt sich zu entschuldigen und einen Weg zu suchen, in Zukunft angemessener zu reagieren, kommt er mit einer Idee, die Kinderherzen höherschlagen lässt, z. B. am Wochenende in einen Vergnügungspark zu fahren oder ins Kino zu gehen. So schützt sich der Manipulierer davor, verlassen zu werden. Er oder sie legt einen Köder aus, dem das Gegenüber nicht widerstehen kann oder den es womöglich wirklich braucht (Behausung, finanzielle Unterstützung etc.).

Auch in Anstellungsverhältnissen wird oft *Future Faking* betrieben. Ein Beispiel einer anderen Ratsuchenden: Karin arbeitet mit einer 40-Prozent-Stelle für ihre Glaubensgemeinde. Die Zusammenarbeit mit dem Leiter ist äußerst schwierig. Dennoch wird dieser nicht müde, absolute Loyalität einzufordern, indem er betont: »Ich will von jedem von euch sehen, dass er die Extrameile[15] geht. Es geht schließlich um das Reich Gottes.« Immer wenn es Karin zu bunt wird und sie sich ernsthaft Gedanken macht, eine andere Arbeitsstelle zu suchen, schlägt der Gemeindeleiter mit großem Elan ein neues Projekt vor. Einmal wollte er, dass sie einen Secondhandladen für Bedürftige aus dem Boden stampft, danach kam die Idee einer Suppenküche. Karin blieb, doch keines der Projekte wurde je verwirklicht. Karin erhielt als Projektleiterin weder Unterstützung, noch wurden Finanzen zur Verfügung gestellt. Es ging immer nur darum, ihr eine Illusion anzubieten, die sie bleiben ließ.

Future Faking ist eine typische Form der Täuschung in manipulativen Systemen und wir finden es ebenso in der freien Marktwirtschaft. Die psychischen, körperlichen und geistigen Schäden, die dadurch entstehen, können nur schwer ignoriert werden. Das Gravierende bei dieser Art von Manipulation im geistlichen Bereich ist, dass Gott selbst gegen uns zu sein scheint.

Drei Haken verbergen sich in diesen »Future-Faking-Karotten«:

1. Entweder bringt der Vorschlag der manipulativen Person selbst einen größeren Gewinn, als sie zugeben würde, auch wenn dieser nicht auf Anhieb ersichtlich ist.
2. Sollte der Deal der manipulativen Person keinen Vorteil bringen, ist die Wahrscheinlichkeit hoch, dass sie die Abmachung nicht einhalten wird. Es geht lediglich darum, das Gegenüber von der vermeintlichen Güte zu überzeugen, um es wieder folgsam und lenkbar zu machen.
3. Zieht die manipulative Person keinen Nutzen aus dem Deal und erfüllt ihr Versprechen tatsächlich, dann wird vom

Gegenüber a) große Dankbarkeit erwartet und b) bald eine Gegenleistung eingefordert. Manipulierer werden das Gegenüber (subversiv oder offen) in die Pflicht nehmen, Dankbarkeit damit zu beweisen, dass sie dies oder jenes für ihn bzw. sie tun. Das Gegenüber wird erpressbar, und der Manipulator zieht als Einziger wirklich Gewinn aus dem Handel.

Fast Forwarding

Eine weitere Variante ist das »schnelle Vorspulen«. Mit *Fast Forwarding* ist gemeint, dass der Manipulator viel zu früh auf weitreichende Entscheidungen drängt. Dahinter steckt sein Drang, das Gegenüber langfristig an sich zu binden. Sinnvolle oder gesunde Entscheidungsfindungsprozesse werden abgekürzt, denn wenn man erst verheiratet ist, das Kind da ist, das Haus gekauft oder die Firma gegründet hat, wird der andere einen nicht mehr so einfach verlassen.

Das Diktat von WOW

Das *Diktat von WOW* ist eine schwer durchschaubare Taktik. Was soll verkehrt sein an Positivität oder guter Laune? In diesem Fall geht es aber um die Pflicht zur guten Laune. Ruths Mann hasst es, wenn seine Weltanschauung durch differenzierte Meinungen oder andere Empfindungen infrage gestellt wird. Wenn er sich großartig fühlen will, muss sich auch seine Familie großartig fühlen! Denn die ist dazu da, seine Gefühle zu bestätigen, nicht aber, um eigene zu haben.

Manipulatoren haben zudem einen toxischen Humor und machen gerne und oft Witze und Sprüche auf Kosten anderer. Wer da nicht mitmacht, bekommt den Stempel verpasst, ein Spaßverderber, Miesepeter, verklemmt oder völlig humorlos zu sein. Das führt dazu, dass Betroffene gezwungen werden, über ihre eigenen ethischen und moralischen Grenzen hinwegzugehen, was ebenfalls eine Form des Missbrauchs ist.

Die Taktiken, die in Stimmung 1 von Manipulierern eingesetzt werden, verhindern bei Betroffenen gesunde Reifungsprozesse und die natürliche Abgrenzung des Selbst. Die unausgesprochene, aber latente Nachricht ist: »Liebe und Spaß gibt es nur in Verschmelzung mit mir! Du hast keine Existenzberechtigung ohne mich oder außerhalb meiner Ansichten.«

Taktiken in Stimmung 2 und 3

Die Taktiken aus Stimmung 2 und 3 (*Es kippt! Der Sabotage-Akt* und *Entladung – psychische Vernichtung*) gehen ineinander über. Daher ist es nicht notwendig, sie fein säuberlich auseinanderzuhalten. Wenn du erkennst, dass der Sabotage-Akt begonnen hat und der Manipulator dein Schachmatt anstrebt, um die Oberhand in der Beziehung wiederzuerlangen, ist schon viel gewonnen.

Neben Pseudofragen und unbegründeten oder perfiden Vorwürfen erkennst du manipulative Gesprächsführung am Fehlen von aufrichtigen oder brauchbaren Antworten auf direkte Fragen. Du wirst ständig getäuscht. Um sich nicht der eigenen Verfassung oder den verdeckten Beweggründen stellen zu müssen, locken Manipulierer auf falsche Fährten, weichen Fragen aus und schlagen Haken.

Ausweichen – Das Karussell der Adjektive, Verben und Nomen

Eine erfolgreiche Taktik, um den eigenen Beweggründen auszuweichen, ist, vom Gegenüber benutzte Worte so zu verändern, dass deren Aussagen im Sinn komplett überzeichnet oder entstellt werden. Beispielsweise äußerte Ruth den besorgten Gedanken: »Ich bin mir nicht sicher, ob wir uns eine solch teure Anschaffung im Moment leisten können.« Ihr Mann blaffte: »Wie kannst du nur behaupten, dass ich immer alles Geld für Luxus zum Fenster rausschmeiße, wenn ich derjenige bin, der sich hier um alles kümmert!« Die Adjektive werden vom Manipulator zu Superlativen gesteigert, Verben und Nomen durch drastischere ersetzt – die geäußerte Überlegung wird zu einer Anschuldigung verdreht.

Das sind keine Missverständnisse im ursprünglichen Sinn, wie sie in jeder Beziehung vorkommen können. Diese Art von verdrehter »Kommunikation« legt jede Verhandlung lahm und soll dazu führen, dass dem (verdeckten) Wunsch des Manipulators schlussendlich entsprochen wird oder bei Weigerung ein massives schlechtes Gewissen bleibt.

Ausweichen – Scheinbare Erinnerungsverluste und plötzliche Alzheimerschübe

Manipulatoren haben wenig Skrupel, sich Abmachungen zu entledigen, wenn sie ihnen nicht mehr dienen. Philips Mutter hatte ihm versichert, dass sie den Selbstbehalt einer Operation, die er brauchte, übernehmen würde. Nach Erhalt der ersten Mahnungen fragte er bei der Mutter nach, wann sie die Rechnungen bezahlen würde, die er ihr bereits vor Wochen hatte zukommen lassen. Sie behauptete, dass sie nichts von der Abmachung wisse und sie jetzt kein Geld für solche Dinge hätte.

Ruth hatte ihren Mann verpflichtet, mit der Anschaffung noch zu warten, bis sie das Geld zusammenhätten, doch plötzlich hatte er sie gekauft. Als Ruth ihren Mann zur Rede stellte, behauptete er achselzuckend: »Das hatte ich anders verstanden. Du musst dich halt das nächste Mal deutlicher ausdrücken.« Ruth musste die nächsten Monate jeden Cent am Essensbudget absparen.

Solches Verhalten hat weder mit schlechtem Erinnerungsvermögen noch mit unklaren Ansagen zu tun, sondern bringt lediglich zum Ausdruck, dass Manipulierer letztlich tun, was sie wollen, und man sich auf ihre Versprechen nicht verlassen kann.

Hakenschlagen

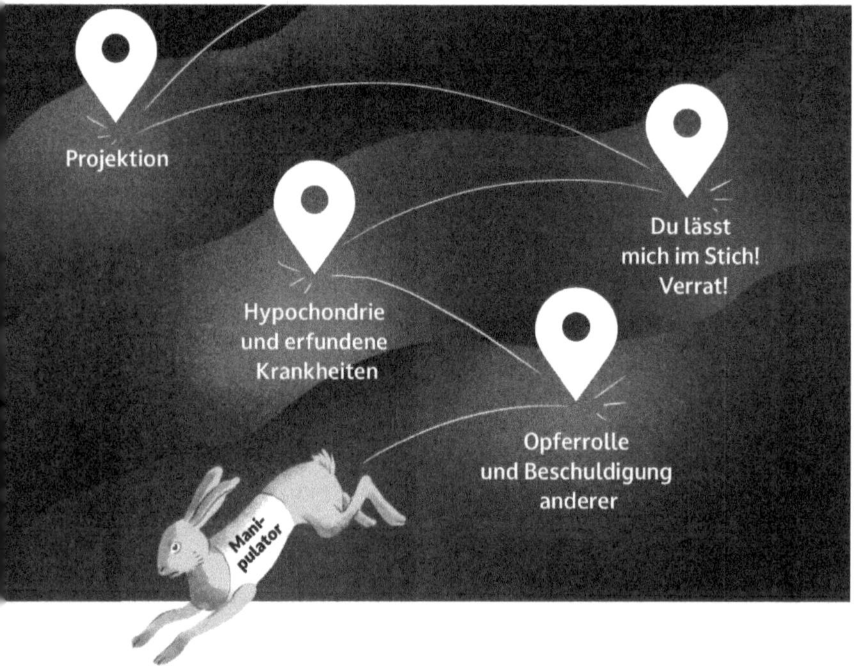

Eine weitere Methode sind blitzschnelle Strategiewechsel. Wird ein Hase gejagt, versucht er, durch blitzschnelle Richtungswechsel den Verfolger abzuschütteln. Das *Hakenschlagen* ermüdet den Verfolger, selbst wenn er dem Hasen durch reine Geschwindigkeit oder Kraft überlegen wäre. Blitzschnelle Strategiewechsel setzen Manipulatoren zum Beispiel ein, wenn das Gegenüber sich nicht mundtot machen lässt. Gehen ihnen die Argumente aus oder das Gegenüber lässt sich nicht durch eine fadenscheinige Ausrede abwimmeln, dann wechseln sie blitzschnell die Strategie. Zum Hakenschlagen gehören: Projektion, Opferrolle und Beschuldigung anderer, Hypochondrie und der Schrei: »Verrat!«

Projektion

Bei der Projektion unterstellen Manipulatoren dem Gegenüber die Haltungen, die sie bei sich selbst nicht wahrhaben wollen, oder sie dichten ihm die Strategie an, die sie gerade selbst anwenden. Hannahs Schwester behauptete, das Klärungsgespräch mit Hannah sei nicht möglich gewesen, weil Hannah geweint habe. Das hätte sie aus der Bahn geworfen. In Wahrheit hatte Hannah die Schwester auf ihr mühsames Verhalten angesprochen, worauf diese anfing, unkontrolliert zu weinen, sodass Hannah sie trösten musste und deshalb das Gespräch nicht geführt werden konnte.

Opferrolle und Beschuldigung anderer

»Alle sind gegen mich!« Die »Arme-Sau«-Karte wird gezückt, wenn Manipulatoren darauf hingewiesen werden, dass sie eine Arbeit nicht gemacht, ein Versprechen nicht eingehalten oder schlicht gelogen haben. Die Taktik lautet: Mitleid ergaunern statt Schuld eingestehen. Die Verweigerung, die Verantwortung fürs eigene Tun und Unterlassen zu übernehmen, geht Hand in Hand mit dem Beschuldigen anderer. Projektion und Angriff werden kombiniert mit dem Ziel: »Wenn es mir nicht gelingt, dich zu beherrschen, dann mache ich dich durch angedichtete Schlechtigkeit fertig.« Es folgen Anschuldigungen mit dem Subtext: »Was bist du nur für ein schlechter Mensch!«

Hypochondrie und erfundene Krankheiten

Eine perfide, aber sehr wirkungsvolle Taktik, vor allem bei weiblichen Manipulatoren, sind erlebte oder behauptete Krankheits- und Schwächezustände, üblicherweise mit schwer überprüfbaren Symptomen wie Kopf-, Rücken- oder Unterleibsschmerzen sowie Erschöpfungszuständen. Das heißt nicht, dass diese somatoformen Schmerzen nicht wirklich vom Manipulierer empfunden werden.[16] Jedoch liegt bei stark manipulativen Personen die Vermutung nahe, dass die (realen oder behaupteten) Beschwerden die Funktion übernommen haben, den Manipulator ohne Gesichtsverlust aus dem Gefecht zu ziehen.

Philips Mutter klagte regelmäßig über Krankheit oder Schmerzen und forderte absolute Ruhe ein. Sie setzte ihre Beschwerden als Druckmittel ein, um die Familie zu Arbeiten zu zwingen, die sie nicht erledigen wollte. In anderen Phasen stellte sie Philip während seiner Kindheit als schwer erkrankt dar und drängte Ärzte zu aufwendigen Untersuchungen, um ihre Sucht nach Aufmerksamkeit zu befriedigen. Auch dies ist eine Form des Kindesmissbrauchs.[17] Eine Zeit lang wurde Philip von der Mutter auch zu diversen Psychologen geschleppt. Sie stellte sich jeweils als die schwer besorgte und verzweifelte, aber fürsorgliche Mutter dar. Dadurch glaubte Philip, psychisch völlig gestört zu sein. Wenn der Arzt oder Psychologe ihre mutmaßlichen Diagnosen nicht übernahm, wechselte die Mutter den Behandler.

»Du lässt mich im Stich! Verrat!«

Früher oder später werfen alle Manipulatoren einem vor, man ließe sie im Stich, ob als offene Anschuldigung oder verdeckt, nicht selten mit der Ergänzung, dass sie einem nie hätten vertrauen dürfen. Damit erreichen sie in der Regel ihr Ziel. Die wenigsten Menschen wollen andere im Stich lassen. Mir sind noch nie Betroffene begegnet, denen es leichtgefallen wäre, die Beziehung zu einer nahestehenden missbrauchenden Person aufzulösen, sei sie auch noch so krank und destruktiv. »Du lässt mich im Stich!«, »Du verrätst mich!« und »Du bist nicht vertrauenswürdig!« sind Totschlagargumente schlechthin, denn sie binden Betroffene für immer an die toxische Person, wenn sie die Aussagen nicht bestätigen wollen. Die Antwort: »Ja, ich gehe tatsächlich«, braucht einiges an Mut.

In Stimmung 3 (*Entladung – psychische Vernichtung*) wird zudem der moralische Kompass von Betroffenen weiter fehlgeleitet. Es werden ihnen niedere Beweggründe unterstellt, um den Eindruck zu erwecken, mit ihnen sei etwas ganz und gar nicht in Ordnung.

Grooming[18] – Grenzen auflösen

Grooming bedeutet im sozialen Kontext, dass man mit jemandem einen Kontakt anbahnt mit der Absicht, diese Person in ihrem Denken und Handeln abhängig zu machen. Das beinhaltet das sukzessive Auflösen der persönlichen Grenzen des Gegenübers. Zug um Zug wird seine Integrität abgetragen, bis der Manipulator die betroffene Person durch den Gewöhnungseffekt so weit hat, dass seine Verhaltensweisen akzeptiert werden und seinen Forderungen entsprochen wird, auch wenn man sie vor Kurzem noch als »Jenseits von Gut und Böse« erkannt hätte. *Grooming* beinhaltet den fatalen Nebeneffekt von »Mitgehangen, mitgefangen«. Aussagen wie »Das haben wir doch zusammen beschlossen«

oder »Was hast du bloß? Das hat dich bis dahin auch nie gestört« brachten Ruth jeweils so in Erklärungsnot, dass sie ihre Gegenwehr fallen ließ.

Double-Bind-Nachrichten

Die *Double-Bind-Kommunikation* zeichnet sich dadurch aus, dass man in eine Falle tappt, egal wie man entscheidet. Eine Form ist, dass sich verbale und nonverbale Kommunikation widersprechen.

Hannahs Vater sagte am Telefon: »Lass dir ruhig Zeit, die Dinge bei uns abzuholen.« Sein Tonfall zeugte aber von großer Gereiztheit. Also versuchte sie, es so schnell wie möglich zu erledigen. Als sie telefonisch ankündigte, dass sie ihre Sachen abholen wollte, behauptete der Vater jedoch, dass sie dann nicht da wären und sich nicht immer nach Hannahs Zeitplan richten könnten.

Double Bind geschieht auch, wenn sich widersprechende Aufträge erteilt werden. Lioras Vater herrschte die Kinder an, wenn sie lachten, und er wurde gemein, wenn über seine »lustig gemeinten Kommentare« nicht gelacht wurde. Philip wurde von seiner Mutter als Schwein bezeichnet, weil er an einem Tag nicht geduscht hatte. Am nächsten Tag platzte sie ins Badezimmer und stellte ihn zur Rede, weil er »so viel Wasser fürs Duschen verschwendete«.

Double Bind bedeutet, auf zwei Seiten gebunden zu werden, die sich ausschließen. Die Betroffenen finden sich aufgespannt zwischen zwei unvereinbaren Polen in einem unlösbaren Konflikt: Wenn ich lache oder täglich dusche, bin ich falsch, wenn ich nicht lache oder täglich dusche, bin ich auch falsch.

Gaslighting – Zersetzung der Psyche

Gaslighting ist für Außenstehende und Betroffene schwer fassbar und bedarf oft einer tief greifenden Auseinandersetzung. Namensgeber ist der britische Film *Gaslight*[19] (1940). Der Plot: Ein Mann bringt seine Frau zum Glauben, dass sie schwer gestört sei und in die Nervenanstalt gehöre. Er verbirgt Gegenstände, redet ihr ein, dass sie für deren Verschwinden verantwortlich sei, und lässt die Dinge in ihrem Zimmer oder ihrer Handtasche wieder auftauchen. Darum spricht man von *Gaslighting*, wenn jemand seine eigenen Motive verbirgt, dem Gegenüber unlautere Motive anhängt und impliziert, dass etwas mit ihm nicht in Ordnung sei. Narzissten erzählen mit großer Überzeugung eine alternative Realität, bombardieren mit falschen Behauptungen und verwirren mit gefälschten oder absurden »Beweisführungen«, um die Wahrnehmung ihrer Opfer infrage zu stellen. Obwohl das Bauchgefühl den Betroffenen sagt, dass da etwas nicht stimmt, beginnen sie an ihrer akustischen, visuellen und emotionalen Wahrnehmung zu zweifeln. *Gaslighting* startet mit »logisch wirkenden« Sätzen: »Du bist überempfindlich.

Mit dir stimmt doch was nicht. Das kann ich nicht brauchen, dass du aus jeder Kleinigkeit ein Drama machst. Du bist wahrscheinlich krank. Ich mache mir wirklich Sorgen, so wie du dich benimmst.«

Bösartige Manipulatoren (Kapitel 8, *maligne Manipulatoren*) reiten erst subtil, dann immer stärker auf wunden Punkten und vermeintlichem Fehlverhalten herum oder verdrehen Begebenheiten so, bis das Gegenüber die Fassung verliert und sich dadurch die Behauptungen des Manipulierers zu bewahrheiten scheinen. Durch wiederholte Beschuldigungen und das Infragestellen der psychischen Verfassung sind Betroffene schließlich so dünnhäutig, dass die dunkle Prophezeiung des Manipulators Wirklichkeit wird. Bösartige Manipulatoren versuchen, solche Situationen vor anderen Menschen zu inszenieren, um zu »beweisen«, dass der Partner (das Kind etc.) in die Klapse gehört und es an ein Wunder grenzt, dass sie es noch mit der »psychisch gestörten« Person aushalten. Im Opfer erwächst die Panik, den Verstand zu verlieren,[20] und es wird ohne körperliche Gewaltanwendung schwer traumatisiert!

Opfer von malignen Narzissten können irgendwann nicht mehr zwischen Schein und Realität unterscheiden und glauben möglicherweise der Darstellung des Manipulators. Denn oft werden sie erst aus dem Klammergriff (den Endlosdiskussionen) entlassen, wenn sie den Behauptungen des Manipulators zustimmen und dessen Sicht übernehmen – selbst wenn das bedeutet, zu glauben, dass die eigene Psyche defekt, krank oder schwer gestört sei.

Folgendes Beispiel macht uns das Ganze etwas greifbarer: Ein Mann fährt auf einer Landstraße. Plötzlich wird er durch ein Polizeiauto mit Blaulicht und Sirene verfolgt. Er schaut auf seinen Tacho: 85 km/h, alles okay, keine Geschwindigkeitsüberschreitung. Nach dem Anhalten eröffnet ihm der Polizist, er sei 120 km/h gefahren.

Polizist: »Was haben Sie dazu zu sagen?«

Fahrer: »Ich bin maximal 85 km/h gefahren. Ich habe den Tacho im Blick gehabt.«

Polizist: »Unsere Radarkontrolle meldet aber, dass Sie 122 km/h gefahren sind. Sie wollen also behaupten, dass unser Messgerät kaputt ist?!«

Fahrer: »Nein, das sage ich nicht. Ich kann mir nicht erklären, warum es eine so hohe Geschwindigkeit angegeben hat. Ich bin sicher nicht so schnell gefahren.«

Polizist: »Ach so, der Herr denkt, er könne die Geschwindigkeit besser einschätzen als ein Präzisionsmessgerät?«

Fahrer: »Natürlich nicht, ich …«

Polizist: »Sie denken also, ich habe Sie zum Spaß angehalten!«

Fahrer: »Nein, das ist doch Unsinn, ich meine …«

Polizist: »Aha, ich erzähle also Unsinn. Beamtenbeleidigung ist strafbar.«

Der Fahrer wird nur noch aus der Situation herauswollen und den Strafzettel annehmen. Passiert das nur einmal, ist der Fahrer vermutlich sehr wütend und legt vielleicht sogar Widerspruch ein. Wird der Fahrer aber in den nächsten Tagen immer wieder angehalten und die Story wiederholt sich, dann wird der Fahrer sein Auto früher oder später in die Werkstatt bringen, weil er zu dem Schluss kommt, dass sein Tacho defekt sein muss.

Genau das geschieht beim *Gaslighting*: Die verdrehten Behauptungen von Manipulatoren lassen Betroffene glauben, ihr Verstand sei »defekt«.

Narzisstische Wut und verschiedene Arten von Gewaltanwendung

Manche Manipulatoren haben kaum Impulskontrolle*, andere setzen ihre jähen Wutanfälle gezielt ein, um das Umfeld in Angst und Schrecken zu versetzen. Die narzisstische Wut bedient sich oftmals obszöner Sprache und vernichtet Dinge, die anderen lieb sind.

Für Opfer narzisstischer Wutanfälle ist selbst die eigene natürliche und gesunde Wut meist ein No-Go, das sie tunlichst verdrängen, was oft zu schwerwiegenden psychischen Konsequenzen führt. Denn Wut ist eine wichtige Lebenskraft, die in ihrer gesunden Form dazu befähigt, sich gegen Unrecht zu wehren. Doch die Angst vor dieser Wut kann verhindern, dass sich Betroffene in Sicherheit bringen (vgl. Kapitel 2: *Lähmende Angst*).

Wenn sich Menschen nicht selbst regulieren können, kann es zu körperlicher Gewaltanwendung kommen. Bei Manipulatoren geschieht dies immer gepaart mit emotionalem oder auch geistlichem Missbrauch, wie in Hannahs Pfarrfamilie. Sie erzählte: »Was die Auslöser waren, weiß ich nicht mehr. Nur dass ich immer mal wieder mit dem Ledergurt verprügelt wurde. Mein Vater war nicht zimperlich. Danach musste ich ihm lange in die Augen schauen, in denen Tränen standen. Ich musste den Vater um Vergebung bitten für mein schwarzes Herz und dass ich ihn zum Zorn gereizt hatte, was eine Sünde ist. Es war klar, dass es meine Schuld war, wenn ich geschlagen wurde.«

Hannah und ihre Geschwister wurden von klein auf geschlagen und ihr Vater missbrauchte auch den Glauben, um seine Kinder zu

---

* Impulskontrolle ist die Fähigkeit, die eigenen Impulse zu überdenken und nicht ungefiltert an anderen auszulassen. Eine gestörte Impulskontrolle zeigt sich in wiederholten Handlungen ohne vernünftige Motivation, die nicht kontrolliert werden können und die dem Patienten oder anderen Menschen schaden (ICD-Code: F63).

bedingungslosem Gehorsam zu erziehen. Hannah wurde glauben gemacht, dass sie geschlagen würde, weil sie ein »schwarzes Herz« habe. Mit den Worten, sie habe ihn zum Zorn gereizt, hängte ihr der Vater seine Gewaltausübung als Schuld an. Die Tränen des Vaters dienten dazu, dem Mädchen einzuimpfen, wie schlimm es um sie stehe. Und wenn sie sich nicht für das »Vergehen« entschuldigte, würde sie durch ihre Sünde von Gott verstoßen …

Mich schmerzt zutiefst, wenn ich sehe, wie »fromme« Eltern den Willen und den Geist ihrer Kinder brechen und ihre Fähigkeit, an einen guten, liebenden und gerechten Gott zu glauben, vernichten. Religiöse Gewalt ist besonders perfide und zerstörerisch. Dem Kind wird nicht nur eingeredet, im Hier und Jetzt etwas falsch gemacht zu haben, sondern es wird suggeriert, dass es sich sein Seelenheil für immer und ewig verspielt.

Wer mit Betroffenen dieser Art von Missbrauch arbeitet, muss erklären können, dass diese Form der Darstellung Gottes der Versklavung ihres Geistes dient, damit sie ihre Eltern (oder Ehegatten oder geistlichen Leitungspersonen) nicht hinterfragen. Christliche Berater und Seelsorger müssen erklären können, dass diese Personen ernsthaft gestört sind und ihr Gottesbild nichts mit dem lebendigen Gott zu tun hat, sondern ein pervertiertes Bild von Gott dazu missbraucht wird, ihr Umfeld zu absolutem Gehorsam zu konditionieren! Jesus wählte drastische Worte für Personen, die Menschen vom Glauben (Gottesvertrauen) abbringen: »Es kann nicht ausbleiben, dass Dinge geschehen, die Menschen vom Glauben abbringen … Aber wehe dem, der daran schuld ist! Es wäre besser für ihn, mit einem Mühlstein um den Hals ins Meer geworfen zu werden, als dass er einen dieser kleinen, unbedeutenden Menschen zu Fall bringt.« (Lukas 17,1-2; HFA).

Welches Kind wird sich einem allmächtigen Gott zumuten, wenn es sich schon gegenüber den Eltern ohnmächtig vorkommt?

Sollten Kinder, wenn auch möglicherweise erst im Erwachsenenalter, es dennoch irgendwann wagen, die Eltern zu hinterfragen, werden sie meist offen oder verdeckt an das Gebot erinnert: »Du sollst deinen Vater und deine Mutter ehren.« Darum werden wir in Kapitel 9 diverse fromme Hypnosesätze unter die Lupe nehmen und erforschen, wovon die Bibel wirklich zeugt.

Beschämung, Erniedrigung und Demütigungen

Philip erzählte, seine Mutter habe ihm oft gesagt, er stinke aus dem Mund, manchmal bevor er zur Schule musste oder auch wenn er zu Hause in ihrer Nähe war. Das hatte zur Folge, dass Philip sich nicht traute, mit Gleichaltrigen zu sprechen oder ihnen zu nahe zu kommen, weil er glaubte, sie würden sich wegen seines Mundgeruchs von ihm abwenden. Dabei achtete Philip zwanghaft auf seine Mundhygiene und außer seiner Mutter sagte ihm nie jemand, er würde aus dem Mund stinken.

Non-Apologies – Nicht-Entschuldigungen, Sarkasmus und Bußdramen

Manipulatoren entschuldigen sich nicht. Möglicherweise werden sie so tun, als täte ihnen etwas leid, wenn für sie ohne ein »Sorry« negative Konsequenzen entstünden. Doch sie werden meistens zu *Non-Apologies* (Nicht-Entschuldigungen) greifen: »Es kann schon sein, dass du meinst, ich hätte…« oder »Tut mir leid, dass du glaubst…« Das sind keine Entschuldigungen, sondern zeigt auf, wie sehr Manipulatoren sich winden, die Verantwortung für ihr Tun und Unterlassen zu übernehmen.

Dann gibt es noch die »Bußdramen«. Ob sich ein Manipulator vor die Füße des Gegenübers schmeißt und winselnd um Verzeihung fleht oder sich auf eine andere Art übertrieben reumütig zeigt, für Betroffene ist das verstörend und nötigt sie, zu vergeben und zu vergessen. Es ist eine erfolgreiche Taktik, um darüber hinwegzutäuschen, dass der Manipulierer kein ernst zu nehmendes Interesse an der Veränderung seiner Verhaltensmuster hat.

Eine weitere Option der *Non-Apologies*: Wenn Hannah es wagte, ihren Vater auf sein unfaires Verhalten anzusprechen, dann bekam sie eine sarkastische Selbstkasteiungstirade zu hören: »Du Arme! Wie schrecklich für dich, mich als Vater zu haben. Wie hältst du es nur mit mir aus? Was für ein Scheusal muss ich sein, dass ich dir all das antue.« Die völlige Entwertung all ihrer Argumente ließ sie völlig entleert zurück.

Falsche Fährten und Aussagen aus längst vergangenen Tagen

Eine weitere Methode ist es, falsche Fährten zu legen und Aussagen aus der Vergangenheit falsch auszulegen. Ein Erlebnis von Ruth verdeutlicht diese Taktik. Nachdem Ruth mit einer Freundin essen gewesen war, erzählte sie daheim fröhlich, wie gut es ihr getan hatte, aus dem Haus zu kommen. Etwa zwei Monate danach kam ihr Mann viel später als vereinbart nach Hause. Ruth fragte, wo er gewesen sei und warum er ihr nicht Bescheid gegeben habe. Er wich aus. Ruth verstand nicht, was vor sich ging, und hakte nach. Schließlich antwortete er mit weinerlicher Stimme: »Du hast gesagt, dass du es mit mir unter einem Dach kaum aushältst. Aber wenn ich dir daheim Zeit für dich alleine gebe, ist das auch nicht gut! Weißt du eigentlich, was du willst?« Ruth tappte prompt in die Falle und fragte so lange nach, bis er den Ursprung seiner Aussage preisgab. Sie entschuldigte sich für ihre Worte von vor zwei Monaten, die ihn angeblich verletzt hatten.

Manipulierer merken sich Aussagen, die sie zu einem späteren Zeitpunkt völlig verdreht gegen das Gegenüber verwenden können. Ruths Mann fügte noch an, dass es ihm wichtig sei, dass Ereignisse, die ihre Beziehung kaputt machen, angesprochen und geklärt würden. Mit diesem Schachzug katapultiert er Ruth gekonnt in Stimmung 4: Es liegt an dir.

Diese perfiden Verhaltensweisen sind sehr verstörend und wirken sich auch auf gesunde Beziehungen von Betroffenen aus. Die Angst, dass alles gegen einen verwendet werden kann, hat zur Folge, dass Betroffene nicht mehr wagen, sich auszudrücken. Es erwächst eine verschlossene und auf Selbstschutz ausgerichtete Haltung, die nahe Beziehungen zu gesunden Menschen schwierig macht und Betroffene mit der Zeit isoliert.

Der Gorilla-Tanz

Zeit für eine kleine Pause, bevor wir zu den Taktiken in Stimmung 4 gehen.

Mein Vorschlag: Steh auf, leg dein Lieblingslied auf (mit tüchtigem Beat) und stampf so breitbeinig wie möglich zum Rhythmus durchs Zimmer. Deine Arme »tanzen« oder schwingen mit, »Headbangen« ist herzlich willkommen. Ich nenne das den Gorilla-Tanz.

Nach dem Lied kannst du mit deinen Fingerkuppen oder lockeren Fäusten deinen Brustkorb abklopfen (etwa eine Minute). Zum Abschluss trommelst du sanft mit deinen Fingerkuppen die Region unter deinen Augen, Backenknochen und Stirn ab.

Ich hoffe, du hast dir eine Auszeit gegönnt. Denn jetzt wechselt die Atmosphäre, wir kommen zu den Taktiken in Stimmung 4.

Taktiken in Stimmung 4 – Es liegt an dir

Um in toxischen Systemen die schlimmsten Landminen zu umgehen, müsste man Hellseher sein. Genau das ist der latente Anspruch manipulativer Personen an ihr Umfeld. Die Mitmenschen müssten »riechen«, was Manipulatoren brauchen.

Schuldgefühle auslösen statt Bedürfnisse kommunizieren

Vielleicht wünscht sich Ruths Mann, dass sie auch mit ihm Spaß hat und nicht nur mit ihrer Freundin. Doch er bittet sie nicht darum. Im Lande Narziss würde das als Schwäche angesehen. Darum induzieren Manipulatoren bei ihren Mitmenschen Schuldgefühle, um das zu erhalten, was sie wollen.

Vergleichen und Triangulieren

Manipulierer vergleichen ihre Opfer stets mit jemandem, der besser oder erfolgreicher ist als sie. Diese Vergleiche dienen dazu, die Erwartungen an das Gegenüber stetig zu steigern. Dieses Triangulieren[21] sabotiert zusätzlich die Beziehung zu der Person, mit der man verglichen wird. Elterliche Manipulatoren sind Meister darin, die Kinder gegeneinander auszuspielen. Hannahs Mutter lobte sie, um ihre Schwester bloßzustellen. Die versteckte Nachricht an die Schwester war stets: »So wie Hannah bist du nicht. Du wirst nie genügen.« Oder sie missbrauchte ein Kind, um dem Vater eins auszuwischen.

Emotionale Erpressung

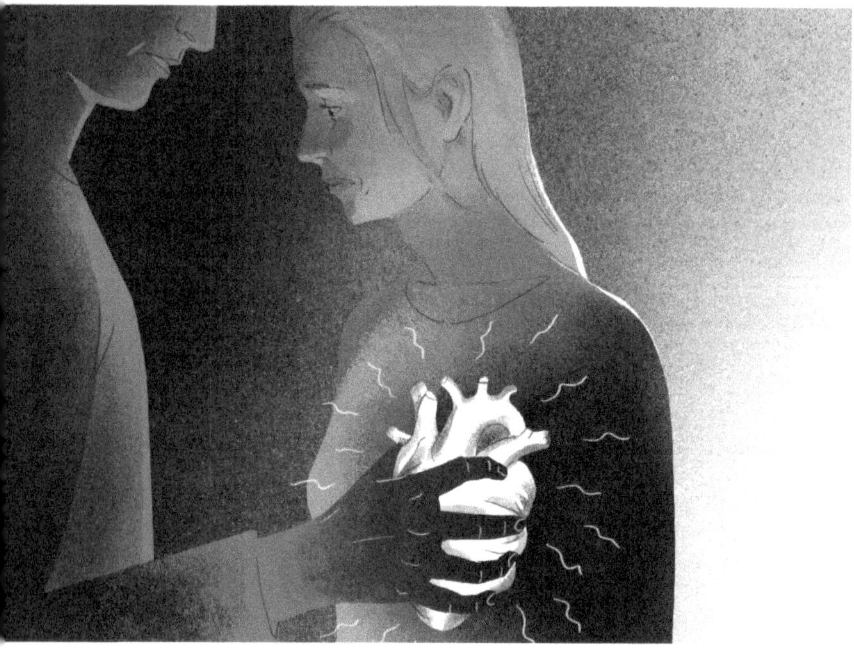

Liebe ist für Manipulatoren kein Geschenk, sondern etwas, das ständig eingefordert werden muss und stets neuer Beweisführung bedarf. Ruths Mann kann sich nicht eingestehen, was ihn umtreibt, und wird es deshalb auch nicht kommunizieren. Lieber zieht er sich zurück, belastet die Atmosphäre mit bleiernem Schweigen und bellt irgendwann: »Wenn du mich lieben würdest, dann würdest du …«

Betroffene müssen zum Teil außerordentliche Beweise für ihre »Liebe« erbringen und die Messlatte verändern die Manipulierer je nach empfundener Notwendigkeit.

Eine weitere Form von emotionaler Erpressung ist die latente Einforderung von Dankbarkeit und die Beschuldigung, undankbar zu sein, wie bei Lioras Vater. Dafür verwenden Manipulatoren verdeckte Drohungen oder offene Erpressung. Lioras Mutter weinte bei Telefonaten mit dem Bruder, der im Ausland weilte, und sagte: »Ich verstehe schon, dass deiner Generation der Beruf wichtiger ist als die Familie.« Andere drohen offen: »Wenn du daran denkst, dich scheiden zu lassen, kannst du dir sicher sein, dass ich dir die Kinder wegnehme.« Die Formen von emotionaler Erpressung sind vielfältig.

In diese Kategorie fällt auch die narzisstische Enttäuschung: Liora versuchte alles, um nicht aus der Gunst der Mutter zu fallen. Doch als sie anfing sich auf gesunde Weise abzunabeln, kam der Satz: »Kinder bringen nicht nur Freude, manchmal sind sie einfach nur eine Quelle der Enttäuschung.«

Bread Crumbing

(*Bread Crumbing* bedeutet, dass man sich mit Brotkrümeln begnügt. Das typische an narzisstischem Missbrauch ist, dass in den anderen Stimmungen immer wieder ein Krümel Stimmung 1 (*Love Bombing* & Honigtöpfe) gestreut wird, zum Beispiel in Hannahs Familie der Satz: »Du weißt, dass ich dich liebe.« Leider schmeckt dadurch jeder Krümel »Liebe« wie ein Zuckerstück und das macht hochgradig abhängig von der destruktiven Person, während man gleichzeitig ausgehungert wird, denn von Brosamen allein wird man nicht satt!

In Stimmung 5 kommen keine speziellen Verhaltensweisen zum Zug, weil scheinbar alles »ganz normal« ist. Sobald jemand versehentlich ein »rohes Ei« zertritt, findet man sich in Stimmung 3 wieder und der Teufelskreis geht in die nächste Runde.

Fazit

Ich weiß nicht, ob du solch gravierende Taktiken kennst oder eher abgeschwächtere Formen erlebst oder ob du dich vielleicht selbst in der einen oder anderen manipulativen Verhaltensweise wiedererkennst.

Das Verheerende an vergiftenden Beziehungen ist, dass gesunde Liebe bald nicht mehr als solche erkannt wird. Betroffene glauben, dass sie von Menschen, die sie nicht ständig hochleben lassen, loben oder ihnen übertriebene Aufmerksamkeit und Anerkennung schenken, nicht wirklich geliebt werden. Oder sie glauben, dass der Partner kein wirkliches Interesse an ihnen hat, wenn dieser nicht ständig die Ansprüche des Zusammenseins in die Höhe schraubt.

Viele Betroffene geraten dadurch immer wieder an Partner, Freundschaften, Vorgesetzte und Leitungspersonen, die ihrer »Konditionierung« von Beziehung, Liebe oder Verbundenheit entsprechen. So binden sich Betroffene öfter an manipulative Menschen, die sie ebenfalls für ihre Zwecke missbrauchen.

Die gute Nachricht ist: Es muss nicht so bleiben! Nicht, wenn du es nicht willst.

Die nüchterne Nachricht ist: Es ist ein Weg ohne Abkürzungsverfahren, es gibt keine Instant-Lösung.

Aber: Du kannst es schaffen! (Mehr dazu in Teil II, *Exodus.*)

Das Ziel dieses Kapitels war es, dass du vermehrt zum Beobachter des Dramas wirst, weil du erkennst, welche Taktik dich in welche Stimmung treiben will. Dadurch gewinnst du eine gewisse Distanz zu den Geschehnissen im Labyrinth.

Die folgende Übung hilft dir, vom Herumgescheucht werden zum Beobachter zu werden.

Körperübung mit einer Begleitperson: Herumscheuchen im geschützten Rahmen

Die folgende Körperübung ist für Betroffene, die sich mit den Taktiken bereits eingehend beschäftigt haben und wissen, welche bei ihnen noch immer angewendet werden.

Du benötigst dabei die Unterstützung von einer Person, die die manipulativen Dynamiken selbst gut kennt und vertrauenswürdig ist. Die Übung sollte ausschließlich bei ausreichender emotionaler Stabilität gemacht werden und nur, wenn du dich mit einer Prise Humor im geschützten Rahmen herumscheuchen lassen kannst!

Ich empfehle diese Übung im therapeutischen Setting, weil ich dich ermutigen will, dir kompetente Unterstützung auf deinem Weg zu suchen.

Im Freien oder in einem sehr großen Raum werden die fünf Stimmungen als Felder auf den Boden markiert oder geklebt (ein ausreichend großer Abstand ist wichtig). Die Begleitperson nennt in wechselnder Abfolge die Titel der verschiedenen Taktiken oder hält das entsprechende Bild in die Höhe. Deine Aufgabe ist es, in das Stimmungsfeld zu rennen, in dem die Taktik angewendet wird. Das Tempo wird dabei stetig erhöht, sodass du ständig zwischen den Stimmungen hin und her rennen musst und richtiggehend ins Schwitzen kommst.

Die Begleitperson scheucht dich mit Ausrufen aus den Taktiken (mit den Überschriften von diesem Kapitel) und von den Wärtern aus Kapitel 2 (lähmende Angst, falsche Verant-

wortung, toxische Scham, das Wiesel der falschen Hoffnung) zwischen den Stimmungsfeldern herum: »Nur noch diesmal!«, »*Emotionale Erpressung*!«, »Nein, doch *Benching*!«, »So schlimm ist es doch nicht!«, »Das hast du nur falsch verstanden!«, »Wenn du nur …, dann …«, »Das schaffst du nie!«, »Du hast mich so enttäuscht« etc.
Der Sinn der Übung ist, dass du spürst, wann du die Nase voll hast, und deinem ureigenen Körperimpuls folgst, der aus der Hetze resultiert. Lasst dich überraschen! Handle diesem Impuls entsprechend, nimm ihn wahr und feiere ihn bitte gebührend!

Für Begleitpersonen: Der Effekt der Übung ist, dass das Herumgescheuchtwerden körperlich ausagiert wird. Die körperliche Erstarrung, die Betroffene von narzisstischem Missbrauch lähmt, wird dadurch im geschützten Rahmen aufgebrochen und ihr körpereigener Impuls freigesetzt
Im Anschluss reden Betroffene mit der Begleitperson darüber, wie ihr körpereigener Impuls helfen kann, sich vom Manipulator nicht mehr in das Stimmungskarussell (oder Labyrinth) saugen zu lassen. Um sich nicht mehr einsaugen zu lassen, braucht es vermutlich mehr als eine Übung oder ein Gespräch, aber zu durchschauen, was läuft, nimmt dem verdeckten Spiel seine Macht.

Als Nächstes werfen wir einen Blick auf die vier Phasen toxischer Beziehungszyklen. Denn nicht nur innerhalb der Beziehung laufen die fünf Stimmungen in der Wiederholungsschleife, sondern auch dann, wenn es zu einem vermeintlichen Beziehungsende kommt.

Ein Pharao ging, der nächste kam. Der Glaube, »Gott spielen zu dürfen«, blieb und mit ihm die Versklavung der Israeliten, von Generation zu Generation.

Kapitel 5

Die vier Phasen toxischer Beziehungszyklen

Im letzten Kapitel haben wir gesehen, wie toxische Beziehungen, ob in Paarbeziehungen, Beziehungen zwischen Eltern und ihren (erwachsenen) Kindern, Freundschaften oder auch im Arbeitsumfeld, immer wieder die fünf Stimmungen durchlaufen, ob chronologisch oder wild durcheinander. Ähnlich verhält es sich, wenn du lernst, manipulative Taktiken in die Schranken zu weisen, oder den Ausstieg aus der destruktiven Beziehung schaffst. Daher ist es sinnvoll, sich mit den vier Phasen toxischer Beziehungszyklen auseinanderzusetzen.

Die toxischen Beziehungszyklen erlebst du auch, wenn du dem Manipulierer keinen Nutzen mehr bringst. Dann wirst du aus dessen Leben aussortiert oder der Manipulator verschwindet spurlos aus deinem.

Das Wissen um die Phasen toxischer Beziehungszyklen hilft dabei, weiter zum Beobachter zu werden und aus dem Nebel der Verwirrung herauszutreten.

Phase 1: Ich liebe dich über alles!

Zu Beginn einer Beziehung (wie bei Ruth) oder auch nach einem vermeintlichen Beziehungsende werden Betroffene zum Teil wieder mit »Liebe« überschüttet. Hier kommen die Taktiken *Love Bombing* und *Honigtopf* zum Einsatz, die bereits ausführlich beschrieben wurden.

Tatsache ist: Komplimente der Superlative lösen eine Welle an Glückshormonen aus. Und Aussagen im Stil von »Wo warst du nur mein ganzes Leben lang? In dir finde ich meine Seelenverwandte« oder »Nur mit dir kann ich mich auf diese Art austauschen« (im Beruf oder beim Engagement in der Gemeinde: »Sie sind unersetzlich« u. Ä.) fühlen sich erst einmal wunderbar an, denn sie versprechen, dass eine tiefe Verbindung zu diesem Menschen möglich ist (bzw. man in dieser Gemeinde/in diesem Beruf Erfüllung finden wird). Zuwendung, Aufmerksamkeit und Geliebtwerden machen glücklich, ohne Frage. Doch sie werden zur Droge, wenn Glücksmomente das einzige Ziel sind und kein Fundament für eine tragfähige Beziehung gelegt wird. Das Bedürfnis, für jemanden das Wichtigste und Wertvollste auf der Welt zu sein, trägt seinen Teil dazu bei, dass sich Menschen in toxischen Beziehungen verstricken.

Doch auf Phase 1 folgt in toxischen Beziehungszyklen Phase 2.

Phase 2: Sabotage, Entfremdung und Isolation

Neben den bereits beschriebenen Selbstwert-Sabotage-Taktiken, welche Betroffene von sich selbst entfremden, werden sie zusehends durch Neid- und Eifersuchtsszenen, durch das Säen von Zwietracht oder durch die schleichende Abwertung anderer isoliert. Das alles geschieht womöglich mit dem Unterton: »So wie ich, so liebt dich keiner.« Im ersten Schritt stellen Manipulatoren die Motive von Freunden infrage. Im zweiten suggerieren sie, dass diese aus unlauteren Beweggründen handeln (Projektion). Sicher ist: Wenn Freunde oder Bekannte Bedenken zur manipulativen Person äußern, wird die Beziehung zu diesen Freunden bald gekappt sein. Ruth merkte erst aufgrund meiner Frage nach stärkenden und Halt gebenden Freundschaften, wie sehr sie sich von ihren gesunden Freundschaften entfernt hatte, oft, weil es deswegen Konflikte mit ihrem Mann gegeben hatte.

Phase 2 geht schleichend in Phase 3 über.

Phase 3: Benching, plötzliche Beziehungsabbrüche und Ghosting

Benching bedeutet »auf der Ersatzbank geparkt werden«. Anfragen werden nicht beantwortet, auf Anrufe oder Mails wird nicht reagiert. Man wird eine längere Zeit völlig ignoriert, bis der Manipulator wieder Verwendung für einen hat. Solche On-off-Beziehungen können Jahrzehnte andauern.

Wenn eine Person für den Manipulator nicht mehr zweckdienlich ist, wird sie ausgestoßen und entsorgt, als hätte sie in dessen Leben nie eine Bedeutung gehabt. Dies bezeichnet man als *Discard.*

Oder der Manipulator verschwindet ohne Ankündigung oder Anzeichen gänzlich von der Bildoberfläche, dann spricht man im Kontext toxischer Beziehungen von *Ghosting.* Die Person verschwindet, als wäre sie kein Mensch gewesen, sondern ein Geist. Das Phantom hinterlässt die Verlassenen im Nebel völliger Verwirrung.

Ohne Kenntnis der toxischen Beziehungszyklen ist das für Betroffene völlig verstörend, unverständlich und meist extrem schmerzhaft. Der Schmerz des Verlassenwerdens wird als unaushaltbar empfunden, auch wenn das Ende der Beziehung im Endeffekt das Beste ist, was Betroffenen passieren kann – vorausgesetzt, man lässt sich nicht wieder in die Beziehung hineinsaugen (Phase 4), sollte der Manipulierer wieder »Sehnsucht« (Verwendung) nach einem haben.

Und vorausgesetzt, man lernt etwas aus der letzten Beziehung und holt sich keinen neuen Manipulator ins Haus!

Phase 4: Hoovering – Einsaugen

Phase 4 im Beziehungszyklus sorgt dafür, dass das Gegenüber (wieder) in die Beziehung gesaugt wird. (*Hoover* ist eine bekannte amerikanische Staubsauger-Marke.) Noch bestehende Überschneidungen der Lebenswege werden von Manipulatoren benutzt oder gar inszeniert, damit Betroffene wieder mit ihnen in Kontakt kommen. Manche Manipulatoren tun auch einfach so, als wäre man noch zusammen, obwohl die Beziehung vom Partner beendet wurde. Natürlich zeigen sie sich in der charmanten Version von *Love Bombing*, und so geht der Teufelskreis nicht selten in die nächste Runde, möglicherweise gespickt mit Zeiten, in denen »alles wunderbar« scheint.

Nach dem Tod: Die Hand aus dem Grab

Noch ein Blick über die Lebensspanne hinaus: Die Devise »Über Tote soll man nicht schlecht reden« wird im Allgemeinen hochgehalten. Im Fall von verstorbenen Manipulatoren wäre es jedoch heilsam, endlich Tacheles zu reden. Aber zahlreiche Berichte belegen, dass Manipulatoren scheinbar noch aus dem Grab an unsichtbaren Fäden ziehen, um nahestehende Menschen zu schikanieren.

Die Inszenierung von Stimmung 5 *Alles wunderbar* kennen wir von Beerdigungsreden zuhauf, beim Leichenschmaus danach muss man aufpassen, dass man nicht auf rohe Eier tritt.

Um anderen Menschen zu schaden, benutzen Manipulatoren oft ihr Testament, um noch jemandem (oder möglichst vielen) eins auszuwischen. Vielleicht stehen Dinge im Nachlassschreiben, die die Erben noch lange grübeln lassen, wie der Manipulierer das wohl gemeint hat, oder die Nachlassregelung ist gänzlich ungerechtfertigt – das ist die Hand aus dem Grab mit der Erinnerungsnotiz zwischen den Fingern: »So schnell wirst du mich nicht los.«

»Ein Pharao ging, der nächste kam.« – Und die destruktiven Beziehungsmuster werden von Generation zu Generation weitergegeben.

Dass der Wechsel von »Ich liebe dich« und »So wie du bist, kann ich dich nicht brauchen« – also »heiß/eiskalt« – in Beziehungen ungesund und zerstörerisch ist, ist sicher klar geworden.

Aber wir können den Temperaturwechsel von heiß/kalt auch nutzen, um präsenter zu werden, in den Körper zu kommen und uns selbst besser zu spüren.

Heiß/kalt im Wechsel

Am einfachsten geht das in der Dusche. Gib dir die Schocktherapie von »Warm duschen, dann ganz kalt abspritzen, dann wieder warm« (den ganzen Körper oder zumindest die Beine, bei den Füßen angefangen). Vielleicht machst du den Wechsel mehrere Male ganz bewusst durch. Du wirst merken, dass deine Durchblutung aktiviert wird und deine Haut (die Abgrenzung deines Körpers) dadurch besser spürbar wird.

Im nächsten Kapitel geht es um die Rollen, die Manipulatoren an ihr Umfeld verteilen, damit das abgedeckt wird, was sie selbst nicht bewältigen wollen oder können, und darum, welche Auswirkungen die Rollen auf die Identität von Betroffenen haben.

Das Volk der Israeliten wurde immer größer trotz
der Sklavenarbeit. Das missfiel dem Pharao, denn er hatte Angst,
dass ihm jemand sein Reich streitig machen könnte.
Eines Tages rief er die leitenden Hebammen der Israeliten
zu sich und gebot ihnen: »Wenn ihr von den hebräischen
Frauen zur Geburt gerufen werdet und seht,
dass ein Junge zur Welt kommt, dann tötet ihn sofort!
Die Mädchen könnt ihr am Leben lassen!«
In den Augen Pharaos konnten ihm offenbar nur die
Männer gefährlich werden; die Frauen waren wohl ungefährlich –
oder »verwendbar«?
Aber aus Ehrfurcht vor Gott hielten sich die Hebammen nicht
an den königlichen Befehl, sondern ließen die Jungen am Leben.

Da gebot der Pharao den Ägyptern: »Werft alle
neugeborenen hebräischen Jungen in den Nil,
nur die Mädchen lasst am Leben!«[22]

Kapitel 6

Die Rollen in narzisstischen (Familien-)Systemen

Manipulierer projizieren nicht nur ihre eigenen verborgenen Motive oder ihr eigenes Verhalten auf andere, sondern sie vergeben auch gezielt Rollen an ihr Umfeld, damit das abgedeckt wird, was sie selbst nicht bewältigen können oder wollen. Wie im Alten Ägypten soll das Zweckdienliche zur Verfügung stehen, das Lästige wird ausgemerzt.

Dass in manipulativen Systemen Rollen vergeben werden, die wenig mit der eigenen Identität zu tun haben, erschloss sich Hannah außerhalb der Beratung. Sie war in einem Schreibwarengeschäft auf der Suche nach Grußkarten, als ihr das Bild *Das Gesicht von Mae West* von Salvador Dalí (1935) ins Auge stach. Oberflächlich betrachtet sieht man das Gesicht einer Dame. Bei genauerem Hinsehen erkennt man jedoch, dass es kein wirkliches Gesicht ist, sondern alles nur Dekor: Die Augen sind zwei Bilder an der Wand, die Haare sind in Wirklichkeit Vorhänge, der Mund ist ein Sofa in Form von Lippen.

Hannah erkannte durch die Betrachtung dieses Bildes, dass sie gar nicht so ist, wie ihre Familie sie »porträtierte«. Sie hatte sich von den »Beschreibungen« ihres Charakters täuschen lassen. Ihr war eine Rolle übergestülpt worden, die zwar für die anderen praktisch war, die aber wenig mit ihrer wirklichen Persönlichkeit zu tun hatte. Hannah kaufte sich die Karte. Draußen auf der Straße liefen ihr

Tränen über die Wangen und ein Beben durchzog ihren Körper. Tief in ihrem Innern passierte etwas: Hannah begriff, dass sie nicht die Person war, die ihre Familie stets gezeichnet hatte!

In den Tagen danach formte sich in Hannah eine neue Gewissheit: Sie würde nicht mehr mithelfen, die falsche Fassade der Familie aufrechtzuerhalten. Sie wollte wahrhaftig sein und sich *ihrem* Leben stellen.

In der Beratung bemerkte Hannah, wie sehr ihr dieser Beschluss Angst machte. Wer war sie denn? Wer war sie ohne die Identitätszuschreibung der anderen? Sie würde sich dieser Ungewissheit stellen müssen. Gleichzeitig spürte sie aber auch, dass ihre wirkliche Identität nur besser sein konnte als das, was ihr ständig angehängt wurde. Und: Das erinnerte mich an den berührenden Satz von Salome Müller, eine Schweizer Autorin, der mich selbst auf meinem Weg begleitet hatte: »Irgendwann erhob ich mich, weil die Sehnsucht zu heilen mich trieb.«[23] Hannah war von dieser Sehnsucht erfasst worden, das war spürbar.

Ich lege mein Augenmerk bei der Beschreibung der Rollen auf die Eltern-Kind-Beziehung, weil die Dynamik in dieser Beziehungsform am verheerendsten ist und am klarsten zutage tritt. Sie sind aber auch auf andere Beziehungsverhältnisse übertragbar (Partner, Vorgesetzte etc.).

Rollenverteilung und Doppelrollen

In diesem Kapitel betrachten wir, was narzisstisch-geschädigte Eltern ihren Kindern anhängen und ihnen abverlangen, ob bewusst oder aus der eigenen Herkunftsfamilie übernommen. Unabhängig davon, ob du in einem toxischen Umfeld aufgewachsen bist oder nicht, wird dich dieses Kapitel anregen, über deine eigenen Rollen nachzudenken. Denn auch in intakten Familien gibt es Rollen im Familiengefüge und als Erwachsene ist es gut, zu überlegen, ob wir diese weiterhin ausfüllen wollen. Vielleicht wird dir auch bewusst, dass du selbst Rollen verteilst. Wenn wir den Blick auf die zum Teil gravierenden Auswirkungen legen, dann spielt es keine Rolle, ob die Rollen bewusst oder die eigene Prägung wiederholend verteilt werden. Die schädigenden Auswirkungen sind dieselben.

Wir haben gesehen, dass es in toxischen Systemen jeweils eine Aufgabe pro Stimmung zu erfüllen gibt. In Stimmung 1 erwartet der Manipulierer, dass geglänzt oder durch Makellosigkeit beeindruckt wird. Darum braucht es mindestens ein Scheinwerferlicht-Kind, das die erwünschte Fassade nach außen vertritt. Stimmung 2 *(Es kippt! Der Sabotage-Akt)* erleben meistens alle Kinder, manchmal auch die Scheinwerferlicht-Kinder. In Stimmung 3 *(Entladung – psychische Vernichtung)* lässt der Manipulierer die eigene Gereiztheit an jemandem aus, um die innere Spannung loszuwerden. Dafür braucht es einen Schuldigen oder eine Schuldige, und nicht selten wird jemand als »Taugenichts« verurteilt. Außerdem muss jemand die Aufgabe aus Stimmung 4 *(Es liegt an dir)* übernehmen, alles wieder richten und den Manipulierer glücklich machen oder wenigstens ablenken, damit Stimmung 5 *(Alles wunderbar)* gemimt werden kann.

Daraus resultieren folgende Rollen:

- Das Vorzeigekind
- Der Sündenbock
- Eventuell: Der Taugenichts
- Das Helferkind

Wenn es im System nicht genug Kinder oder »Untergebene« gibt, werden Doppelrollen verteilt. Ein Einzelkind muss vielleicht alle

Rollen erfüllen. Wenn beide Elternteile (oder zwei Vorgesetzte) stark manipulativ sind, werden Betroffene meist von jedem mit einer anderen Rolle betraut. In Hannahs Familie mussten beim Vater alle Kinder die Rolle des Vorzeigekinds ausfüllen. Bei der Mutter war Hannah zusätzlich die Dienstmagd und Seelentrösterin (Helfer-Rolle). Die ältere Schwester von Hannah war das Lieblingskind des Vaters und musste studieren, ob sie wollte oder nicht. Die Mutter verachtete die Schwester deswegen und ließ ihren Frust und Groll an ihr aus, sie war für die Mutter der Sündenbock. Beim jüngsten Bruder war es umgekehrt: Er war das Lieblingskind der Mutter und der Sündenbock des Vaters: Sie verhätschelte ihn, dafür bekam er stets die Wut des Vaters ab. Die Gewaltanwendung bei ihm war noch ungehemmter als bei den Mädchen. Statt sich zwischen den Vater und den Sohn zu stellen und ihn zu beschützen, verschmolz die Mutter mit ihrem Sohn, so als hätte der Vater sie und nicht den Sohn verprügelt. Die Kinder wurden nicht nur ständig gegeneinander ausgespielt, was ihrer Geschwisterliebe schadete, sondern sie dienten den Eltern auch abwechslungsweise als Munition, um den Partner zu attackieren.

Manipulative Eltern haben keine Skrupel, die Kinder in ihre Konflikte hineinzuziehen, nicht selten geschieht dies mit dem unterschwelligen Auftrag: Jemand muss vermitteln. Das Fatale daran: Oft verbünden die Streitenden sich bald darauf gegen das Kind, damit sie wenigstens wieder eine Gemeinsamkeit haben, nämlich den Sündenbock. Und nicht selten fällt einem Kind die Aufgabe zu, nach dem Konflikt die Mutter oder den Vater zu trösten und zu stabilisieren.

Um von einer Kindheit sprechen zu können, müsste man Kind gewesen sein. Doch Kinder gibt es in hochtoxischen Familien nicht. Erwachsene auch nicht. Es gibt nur Stärkere und Schwächere. (Und im Alten Ägypten wurden die Kinder den Krokodilen im Nil vorgeworfen.)

Wenn die drei bis vier Rollen vergeben sind, gibt es im System keine weiteren Aufgaben zu erfüllen und ein eventuell »überzähliges« Kind wird sich selbst überlassen. Meist ist es das jüngste Kind, das regelrecht vergessen wird, denn die Rollen sind bereits verteilt und es ist schlicht nicht relevant für die Aufrechterhaltung des manipulativen Gefüges. Das klingt vielleicht zunächst positiv, aber für die Betroffenen ist es ein verheerendes Los.

Nun möchte ich mit dir anschauen, was die verschiedenen Rollen mit sich bringen und welche Auswirkungen sie auf ihre Träger haben können. Vielleicht hattest du mehrere Rollen und findest dich in verschiedenen Beschreibungen wieder. Wie erwähnt: In jeder Familie (und in jedem anderen Gefüge, ob Partnerschaft, Freundschaft oder auf der Arbeit) gibt es eine Reihenfolge, Aufgaben und Rollen, in die man rutschen kann. Für Betroffene von narzisstischem Missbrauch ist es besonders wichtig, die übergestülpten Rollen ersichtlich zu machen, damit die eigene Identität von der Rolle getrennt werden kann. Und es stellt sich die Frage: Will ich weiterhin die Rolle einnehmen, die mir im System zugeteilt wurde?

Sobald die falsche Identitätszuschreibung als Betrug erkannt wird, wird es leichter, zur eigenen ursprünglichen Persönlichkeit zu finden. Das ist viel schöner, als zu versuchen, jemand zu sein, dessen DNA man nie hatte. Es ist auch eine Voraussetzung für gesunde Beziehungen, zu erkennen, dass man man selbst sein darf (und damit niemandem schadet).

Wer sich vertiefter mit den Rollen auseinandersetzen möchte, wird im Netz und in der Literatur unter den englischen Bezeichnungen fündig, die ich deshalb ebenfalls nenne. Starten wir mit der Rolle aus Stimmung 1: Das Vorzeigekind.

Die Rolle des Vorzeigekindes (The golden child)

Hannah hatte viele Seiten des Vorzeigekindes übernommen, obwohl sie zu Hause vor allem die Helfer-Rolle ausfüllen musste. Das Vorzeigekind ist »auserkoren«, die unerreichten Ziele oder Ambitionen der Eltern zu verwirklichen. Scheitern darf nicht sein, und Erfolge reichen selten aus, denn es geht darum, dass etwas im Scheinwerferlicht präsentiert werden kann, was andere zum Staunen bringt, und nicht um das Kind.

Die Perfektionsansprüche der meisten narzisstisch-verbogenen Menschen beziehen sich nicht nur auf berufliche, akademische oder, im frommen Kontext, auf religiöse Aspekte, sie legen oft auch einen übersteigerten Wert auf Statussymbole, Äußerlichkeiten und

Schönheitsideale. Das führt bei Betroffenen häufig zu Essstörungen und/oder Sportsucht.

Auch bei Hannah entwickelte sich ein gestörtes Verhältnis zu ihrem Körper: Er musste perfekt sein oder perfekt werden. Sie konnte ihren Körper nicht als ihr leibliches Zuhause erleben, was eigentlich der Sinn unseres Körpers ist, sondern beäugte sich ständig und äußerst verurteilend. Hannah war zwanghaft bezüglich ihres Essverhaltens und dachte wie eine Magersüchtige.

Wenn der Körper nicht zum Selbst gehört, sondern immer nur von außen kritisch beäugt wird, ist ein gesundes Selbstbewusstsein nicht möglich. Die deutsche Psychotherapeutin Bärbel Wardetzki schreibt in ihrem Buch *Weiblicher Narzissmus*: »Es gibt kein Selbstbewusstsein ohne Körperbewusstsein. Der Körper gehört nicht nur zu mir, sondern ich bin mein Körper. So, wie ich meinen Körper betrachte und bewerte, so betrachte und bewerte ich mich selbst, und umgekehrt.«[24] Für Betroffene von narzisstischem Missbrauch ist es oft ein langer Weg, im eigenen Körper wohnhaft zu werden und einen gesunden Umgang mit Essen und Aussehen zu finden.

Vorzeigekinder sind nicht ausschließlich in narzisstisch-missbrauchenden Familien anzutreffen. Auch stark auf Leistung und Erfolg ausgerichtete Familien mit wenig emotionaler Nähe sind anfällig für die Folgen dieser Rolle.

In narzisstisch-krankhaften Familien erfahren Vorzeigekinder einen zweifelhaften Vorteil: Sie sind oft das Lieblingskind des Manipulierers und werden nicht nur bevorzugt behandelt, sondern erhalten größere finanzielle Unterstützung und mehr Förderung als ihre Geschwister. Betroffenen, denen diese Rolle auferlegt wurde, ist das selten bewusst und sie koppeln ihren Selbstwert an ihre vom Manipulator geforderte Leistung und/oder ihr Aussehen. Dabei besteht die Gefahr, selbst eine verbogene Persönlichkeit zu entwickeln und Vorzugsbehandlungen ständig einzufordern, womöglich im Glauben, das sei ihr gutes Recht. (Bei Hannah war das anders, sie nahm die unfaire und teils brutale Behandlung ihrer Geschwister wahr und fühlte sich anstelle der Eltern schuldig.)

Vielleicht erkennst du dich in der Rolle des Vorzeigekindes oder vielleicht war eines deiner Geschwister für »Höheres« bestimmt. Wenn man schon früh bessere Karten ausgeteilt bekam und dadurch bessere Startbedingungen erhielt, um im Leben erfolgreich zu sein, fällt es manchmal schwer, sich dies einzugestehen. Doch es lohnt sich, zu erkennen, dass der eigene Wert nicht von diesen Erfolgen abhängt. In Kapitel 10 schauen wir uns an, wie ein gesunder Selbstwert wachsen kann und ein *Bei-sich-Wohnen* Wirklichkeit wird.

Als Hannah beschloss, aus ihrer Rolle auszusteigen, erlebte sie eine Art von *survivor guilt* (Schuldgefühle, weil man [besser] überlebt hat), da sie weniger einstecken musste als ihre Geschwister. Dies machte es ihr zunächst schwer, sich von der manipulativ gewordenen Schwester zu distanzieren.

Wenn du dich in dieser Rolle wiederfindest oder aus einem anderen Grund* eine Art *survivor guilt* empfindest, ermutige ich dich, falsche Schuldgefühle sorgsam auszusortieren. Denn falsche Schuldgefühle werden genauso wie falsche Verantwortung zu Fußfesseln, die niemandem (auch nicht den Geschwistern) etwas von dem zurückgeben, was sie gebraucht hätten. Für die Unterlassungen und Vergehen der Eltern müssen diese geradestehen, nicht Mitbetroffene – auch wenn das in manipulativen Systemen kaum je geschieht.

---

* Evtl. als Geschwisterkind eines verstorbenen, behinderten oder chronisch kranken Kindes

Ebenso wenig hilft es Geschwistern von Vorzeigekindern, wenn sie missgünstig und eifersüchtig auf den bevorzugten Bruder oder die bevorzugte Schwester blicken. Gefühle von Missgunst und Eifersucht vergiften die eigene Lebensqualität nur noch weiter. Im Optimalfall können *alle* ihre übergestülpten Rollen ablegen. Leider zeigt die Realität, dass dies selten der Fall ist.

Die nächste Rolle, die sich aus dem Ausagieren von Stimmung 3 ergibt, ist die Rolle des Sündenbocks.

Die Rolle des Sündenbocks (The scape goat)

Der Ursprung der Bezeichnung »Sündenbock« liegt im 3. Buch Mose.[25] Dem Sündenbock wurde alle Schuld des Volkes Israel angehängt und er wurde in die Wüste gejagt. Der Bock würde sich verirren und irgendwann sterben, denn in der Wüste konnte er nicht überleben. Diese symbolische[26] Handlung sollte die Israeliten im Herzen ansprechen und ihnen bewusst machen, dass sie sich genauso verirren konnten und sterben würden, wenn sie sich in Schuld verstrickten. Dies diente nicht dem Vertuschen, sondern im Gegenteil dem Offenlegen und Bewusstmachen von Schuld.

Manipulatoren dagegen (miss)brauchen Menschen, die ihnen nahestehen, um die eigene Schuld oder Unzulänglichkeit auf sie abzuwälzen, und machen sie zum Sündenbock – zum Blitzableiter, an dem sie ihre Unzufriedenheit, Frust, Wut, Verachtung oder gar Hass auslassen. Philip hatte die Rolle des Sündenbocks übergestülpt bekommen. Alles, was seiner Mutter nicht passte, was sie selbst verbockte oder ihr in irgendeiner Form in die Quere kam, wurde ihm angehängt.

Alle Rollen sind zerstörerisch, doch die Rolle des Sündenbocks ist ohne Zweifel die schädlichste für eine Kinderseele, selbst wenn die Verachtung nicht durch Worte, sondern nur durch Blicke präsent ist. Menschen, für die Beziehungen auf Augenhöhe ein Gefühl von Bedrohung auslösen, haben oft einen starren Blick oder sie vermeiden Augenkontakt völlig. Philip spürte das sehr deutlich und fragte sich unbewusst: »Wie schrecklich muss ich sein, dass Mama mich nicht einmal anschauen kann?« Wenn der Blick der Eltern ständig signalisiert: »Du bist falsch oder verachtenswert«, ist es einem Kind kaum möglich, dieses Urteil als unwahr zu erkennen. Die Eltern fungieren als erste Zeugen für das Ich des Kindes und sein Selbstwert gleicht sich dem Urteil der Eltern an.

Oft projizieren Manipulierer ihre Verachtung für das eigene oder andere Geschlecht auf das Opfer. Nicht selten triggert ein

Kind, was dem Manipulierer selbst als Kind angetan wurde. (Unsere Kinder erinnern uns körperlich und emotional in jeder ihrer Entwicklungsphase daran, was wir in ihrem Alter erlebt haben.) Häufig beruht aber die Vergabe der Sündenbock-Rolle auf Zufall, etwa weil das Kind als Zweites geboren wird und die Rolle des Sündenbocks noch nicht vergeben ist. Das ist zwar einfach zu verstehen, aber schwer zu verdauen.

Ein schwacher Trost und doch Grund zur Hoffnung: Wenn Träger der Sündenbock-Rolle begreifen, dass die abwertende Behandlung des Manipulierers nichts mit ihrem wahren Wert als Mensch zu tun hat, fällt es ihnen etwas leichter, aus dem Missbrauchssystem auszusteigen, als Trägern anderer Rollen. Philip erkannte schneller als sein Bruder, dem die Rolle des vergessenen Kinds zugefallen war: »Denen schulde ich nichts!«

Wenn sich Träger der Sündenbock-Rolle allerdings zu stark mit der Opferrolle identifizieren, laufen sie Gefahr, dass die Option »Aussteigen« nicht mehr infrage kommt. Das war vermutlich bei Philips Mutter der Fall. (Das führt zu den Fragen: »Wer ist schuld?«, »Wer ist verantwortlich?«, mit denen wir uns im nächsten Kapitel befassen.)

Die Rolle des Taugenichts

Nicht selten wird in toxischen Systemen jemand als »Taugenichts« abgestempelt, oft das Sündenbock-Kind, möglicherweise auch die anderen, wenn sie den unberechenbaren Ansprüchen des Manipulators nicht gerecht werden. Der Manipulator betrachtet den angeblichen Taugenichts als nutzlos und daher wertlos. Dieses niederträchtige und gemeine Urteil hat einen erheblichen Einfluss, obwohl es überhaupt nicht der Wahrheit entspricht.

Eltern haben erheblichen Einfluss auf die verschiedenen Entwicklungsphasen ihrer Kinder. Jedes Kind braucht Geborgenheit, Schutz und Unterstützung, damit sich seine Persönlichkeit entwickeln kann. Ein Kind muss gesehen werden als das, was es ist, und es muss sich als *selbstwirksam* erleben. Es muss erleben können: »Wie ich bin und was ich mache, hat einen Wert.« Nicht nur für sich selbst, sondern auch für andere. Das beginnt schon ganz früh: Ein Kind malt und zeigt das Bild Mama oder Papa. Ein bejahendes Feedback kann sein: »Oh, du hast ein Bild gemalt. Mir gefallen die Farben, die du gewählt hast.« Für das Kind bedeutet das: »Jemand bestätigt mein Werk, also *ist* es.« Es erfährt: »Das habe ich gemacht, also *bin* ich.« Wie aber soll ein Kind »sich selbst wert sein«, wenn es stattdessen ignoriert oder gar abgewertet wird?

In toxischen Familien werden die Versuche des Kindes, mitzuhelfen oder einen Beitrag zu leisten, oft abgeschmettert, chronisch beschnitten oder destruktiv kritisiert. Philip erinnert sich, dass er als Kind das Gießen der Topfpflanzen nachahmte und dabei eine Pfütze entstand. Die Mutter wurde rasend und schimpfte: »Du nutzt jede Gelegenheit, um mir Mühe zu bereiten!« Philip folgerte aus der Situation: »Mein Beitrag richtet nur Schaden an.« Die Verurteilung als »Taugenichts« formt in Kindern die Glaubenssätze: »Mich kann man nicht gebrauchen«, »Ich bin unfähig und nutzlos«, »Es bringt nichts, dass ich mich bemühe«, »So wie ich bin, ist es falsch«.

Wenn Betroffene dem Urteil der Eltern mehr Glauben schenken als ihren Impulsen, die Dinge zu erforschen, dann wird die Entwicklung der Selbstwirksamkeit stark beeinträchtigt. Sind diese Kinder wirklich unfähig? Natürlich nicht! Auch sie haben die Anlage eines ganzen Menschen und können die gesunden Impulse wiederentdecken und ihre Fähigkeiten ausgraben, lieb gewinnen und entwickeln! Es gibt keine wertlosen Kinder und keine wertlosen Menschen! Es gibt auch keine unfähigen Kinder und keine unfähigen Menschen! Das Feedback destruktiver Eltern wird von ihren eigenen Nöten beeinflusst und hat nichts mit den Qualitäten des Kindes zu tun! Eltern sind aber lange Zeit die Hauptzeugen für das Selbstverständnis des Kindes und formen entsprechend dessen Sicht auf sich selbst. Dominiert ein Lebensgefühl von Unfähigkeit oder Wertlosigkeit die Entwicklung, hindert das Menschen auch im Erwachsenenalter daran, sich auszuprobieren und neue Erfahrungen zu wagen.

Kate Millett, eine amerikanische Literaturwissenschaftlerin, spricht vom »Augenblick, in dem wir so sehr verachtet werden, dass wir uns selber verachten«[27]. Immer wieder erlebe ich in meiner Praxis, dass sich die Überzeugung »Verachtenswert zu sein« bei Betroffenen hartnäckig hält. Lieber klammern sie sich an diese unheilvolle Beurteilung, als der Tatsache ins Auge zu sehen, dass ihre Eltern schwer beziehungsunfähig waren, sie als Blitzableiter missbraucht haben und ihnen niemand geholfen hat.

Dennoch gehen zahlreiche Betroffene mit ihren Mitmenschen anders um, als mit ihnen umgegangen wurde. Niemand ist gezwungen, Sklave seiner Prägung zu bleiben. Gewiss, es ist keine leichte Sache, sich aus den selbstverachtenden Mantras zu schälen. Dennoch hoffe ich, dass auch du es anpackst, wenn du diese Rolle innehattest. Mit dir und deiner Art war alles in Ordnung. Mit dem, was toxische Eltern auf ihre Kinder abwälzen, ist dagegen nichts in Ordnung. Es ist nicht leicht, aber lernbar, den verachtenden Blick auf sich selbst durch einen wertschätzenden zu ersetzen.

Die größte Herausforderung ist möglicherweise, sich wieder auf Menschen einzulassen. Denn wenn einen die eigenen Eltern ohne Skrupel mit Blicken, Worten oder Taten (vernichtend) geschlagen haben, warum sollten das andere Menschen nicht auch tun? Ich ermutige dich, Biografien über Menschen zu lesen, deren Leben gewaltvoll startete, die aber die Umstände ihrer Kindheit nicht als Fesseln ihrer Lebensrealität beibehalten haben. Zu erfahren, dass ein leidvoller Start ins Leben nicht das letzte Wort behält, ist kraftvoll.

Dieser Weg ist nicht leicht, ungeachtet der oft sehr einseitigen Zeugnisse in christlichen Kreisen. Die Aussage »Alles war ganz schlimm und schrecklich, aber plötzlich, als ich Jesus kennenlernte, war alles gut« macht mich stutzig. Kein Weg? Kein Umlernen? Kein Scheitern? Keine Versuchungen mehr? Da ist in der Regel was faul. Mich beeindrucken Menschen, die sich nicht von den Lebensumständen haben kleinkriegen lassen und ihre Wege gehen, mögen sie auch noch so steinig sein. Mich berührt, wenn Gottes Liebe und sein *Logos* (sein umfassender Sinn, seine ursprüngliche Sicht und, ja, auch sein Wort) in zerschlagene Lebensrealitäten kommen und dadurch Menschen in allen Schichten ihres Seins nach und nach verändert werden, bis sie zu ihrer ureigenen DNA finden. Denn wonach wir uns alle sehnen, ist Identität.

Mach doch eine kurze Pause und hör dir das Lied *Dieser Weg wird kein leichter sein* von Xavier Naidoo[28] an (die Studioversion).

Nun wenden wir uns der nächsten Rolle zu: den Helfern.

Die Rolle des Helfers (The handmaid and the fixer)

Helfer fühlen sich garantiert für jeden und alles verantwortlich, ob gewollt oder nicht, sie wollen das Chaos ordnen[29] und betätigen sich als Seelentröster. Denn die unmögliche Aufgabe in Stimmung 4 lautet: »Alles zum Guten wenden«. Oft übernimmt die feinfühligste Person im Gefüge die Helfer-Rolle, weil sie Stimmung 2 und 3 (*Sabotage-Akt* und *Entladung – psychische Vernichtung*) am schlechtesten aushält.

Hannah tat alles dafür, das Leid abzufangen, so gut es ging. Sie entwickelte Ultrafühler und Superantennen[30], um wahrzunehmen, wann Mama aufgeheitert werden sollte und wann Papa beschwichtigt werden musste. Aus der Perspektive des Kindes kann das zuweilen überlebenswichtig sein. Darum sorgte Hannah dafür, dass sich alle so benahmen, dass die Eltern möglichst wenig getriggert wurden.

Die meisten Kinder in toxischen Familiensystemen spalten Erlebtes ab oder sie depersonalisieren – das Chaos-Ordner-Kind kann sich das weniger leisten.

Wer Kinder im Alter zwischen zwei und vier Jahren kennt, hat wahrscheinlich schon gemerkt, dass diese kleinen Menschlein sehr gerne helfen. Sie wollen bei allem dabei sein und einen Beitrag leisten. Diese Entwicklungsphase liebevoll zu begleiten, ist sehr wichtig. Eltern aus dem Spektrum der Narzissmus-Störung können sich aber nicht auf ihre Kinder einlassen und missbrauchen beim Helferkind die Entwicklungsschritte für ihre Bedürfnisbefriedigung. Sie benutzen die Hilfsbereitschaft des Kindes, um ihm

Arbeiten und Verantwortung zu übertragen, die in keiner Weise seinem Alter oder seinem Zuständigkeitsbereich entsprechen. In einem Artikel zu den Auswirkungen auf parentifizierte, das heißt in eine Elternrolle gedrängte Kinder, in der Fachzeitschrift *Psychologie Heute* heißt es: »Wenn Eltern ihren Kindern nicht die Nähe und Liebe geben, die sie brauchen, dann schließen die Kinder diese Lücke, indem sie den Eltern helfen oder sich ihre Probleme anhören. Jeder Akt, der verbindet, ist dafür recht. Und sei es, dass sie dafür ihr Kindsein aufgeben.«[31]

Hannah sorgte sich um den sechs Jahre jüngeren Bruder mehr, als es die Mutter tat. Sie wurde zur Nanny ihres Bruders, zum Mediator zwischen den Eltern und zur Seelenstütze für alle schlechthin, kochte und putzte, um etwas Stabilität zu schaffen. Daraus erwuchs der Selbstanspruch: »Ich bin nicht nur hier und jetzt verantwortlich, dass nichts passiert, sondern muss voraussehen können, was passieren könnte. Ich bin verantwortlich, alles zu tun, damit nichts Schlimmes geschieht. Wenn ich das nicht schaffe, ist es an mir, das Chaos wieder zu ordnen.«

Ein zweifelhafter Gewinn für Kinder in der Helfer-Rolle besteht darin, dass sie sich eine gewisse Stellung erarbeiten, denn sie werden zu einer unverzichtbaren, stützenden Komponente des Gefüges, was ihnen wiederum einen Platz im System sichert. Wenn sich die Träger dieser Rolle aus ihrer Aufgabe verabschieden, werden sie postwendend zur Persona non grata. Sie werden verstoßen oder es werden ihnen fehlende Belastbarkeit oder psychische Probleme angedichtet. Helfer spüren das unbewusst und leisten meist Übermenschliches, um nicht in der Verbannung zu landen.

Als Erwachsene haben Träger dieser Rolle große Mühe, sich gesund von den Erwartungen anderer abzugrenzen, ihnen die eigene Verantwortung zu überlassen und gut für sich selbst zu sorgen. Ein Vorteil für Kinder in dieser Rolle besteht darin, dass sie sich den Aufgaben des Lebens anzunehmen wissen und so meist besser durchs Leben kommen als Träger der Sündenbock-Rolle oder das vergessene Kind.

Wenn du die Ablösung vom manipulativen System angehst, kann es sein, dass du dich als Verräter oder gar Mörder gegenüber den Manipulierern fühlst. Wardetzki erklärt:

> »Wenn es das Leben nur in der Einheit, in der Symbiose, gibt, wird Loslösung wie Sterben erlebt. Auch wenn die (Betroffenen) intellektuell wissen, dass sie niemanden töten können, nur weil sie sich von ihm entfernen, erleben sie es gefühlsmäßig doch als Realität. Solange sie sich nicht von diesem Gefühl frei machen, wird sie die Angst immer daran hindern, autonom zu werden und ihr eigenes Leben zu leben.«[32]

Dennoch, irgendwann reicht es. Es ist schlicht nicht deine Lebensaufgabe, deine Familie zu retten. Sosehr du dich auch bemühst, besser wird es erst, wenn alle aus ihren Rollen aussteigen und aufhören, zu manipulieren oder sich manipulieren zu lassen. Aber darauf zu warten empfehle ich nicht, denn wenn keiner den ersten Schritt tut, wird dies nie geschehen. Stattdessen empfehle ich dir, aus deiner übergestülpten Rolle auszusteigen. Das lohnt sich allemal.

Für Lieblingsdienstmägde, Handlanger und Seelenstützen ist der Ausstieg aus dem System besonders schwer, denn keiner will sie gehen lassen – sie sind schlicht zu praktisch. Wie Hannah trotz allem ihren Weg fand, erfährst du in Teil II.

Bevor wir zu den Kindern kommen, denen keine Aufgabe übertragen wurde und die im Tohuwabohu vergessen werden, tut dir vielleicht eine körperliche Auflockerung gut.

Lockerungsübung

Stell dich gut hüftbreit hin und lass dein ganzes Gewicht in deine Füße sinken. Zieh deine Arme, Hände und Finger über die Seiten und strecke sie gegen oben zum Himmel. Stell dir vor, an deinen Mittelfingern wäre je ein Faden befestigt, der dich und dein ganzes Skelett in die Länge zieht. Tief einatmen. Dann lässt die Fadenspannung nach und du lässt deine Arme fallen, deine Kniegelenke sind weich und beweglich. Das wiederholst du ca. fünfmal.

Boxeinlage

Wie wär's noch mit einer kleinen Boxeinlage? Stell einen Fuß etwas vor den anderen und bleibe weich in den Knie- und Hüftgelenken. Halte deine Arme mit leicht geballten Fäusten schützend vor Gesicht und Oberkörper. Und jetzt ein Boxhieb mit der Rechten! Deine Füße bleiben in Bewegung. Dann ein Boxhieb mit deiner Linken! Befreiend, nicht? Box noch ein paarmal in die Luft. Vielleicht versuchst du dich auch im Kickboxen. Warum nicht? Niemandem wird dabei geschadet, und du verbindest dich mit deiner Kraft und deinem Atem.

Ohne Rolle: Das vergessene Kind (The forgotten child)

Von klein an, und wahrscheinlich bis ans Lebensende, schlummert der Wunsch in uns, gesehen und erkannt zu werden. Denn nur wer gesehen wird, erlebt sich als Teil des Ganzen. Wer nicht gesehen wird, fühlt sich unsichtbar, unwichtig, nicht dazugehörend oder gar inexistent. Wir Menschen können nicht sein, ohne eine gewisse Wichtigkeit (Relevanz) zu haben. Bei Kindern wendet sich dafür der Blick den Eltern zu: »Was sagen deine Augen, wer ich bin?« Doch was, wenn es niemanden zu interessieren scheint, wie es dem Kind geht? Wenn es tatsächlich vergessen wird?

Das Los der Unsichtbaren fiel in ihrer Herkunftsfamilie Liora zu. Die Mutter war oft überfordert, zeitweise apathisch und nur darauf fixiert, es dem Vater recht zu machen, sie hatte keine Zeit und keinen Blick für die Kleine. Und für den Vater hatte sie als Mädchen keine Bedeutung.

Obwohl das vergessene Kind oft weniger Gewalt abbekommt als die Geschwister, befindet es sich in einer fatalen Situation – es spielt nämlich gar keine Rolle. Nicht gesehen zu werden, keine Bedeutung zu haben, ist ein Urteil, das es Betroffenen sehr schwer macht, überhaupt im Leben anzukommen. »Wenn ich nicht bin …, dann … ja was?«

Betroffene haben oft Mühe mit den praktischen Aspekten des Lebens. So auch Liora. Sie hatte keinen Willen, sie wusste nicht, was sie wollte. Es war, als wäre ihre Seele nie wirklich im Körper angekommen. Sie konnte auf dieser Erde nicht wohnhaft werden. Wer die Rolle des vergessenen Kindes innehatte, hegt nicht selten eine tiefe Todessehnsucht und wünscht sich, diese Welt endlich verlassen zu dürfen, um dahin zurückzukehren, wo alles gut ist. So hing auch Liora in der Schwebe, mit der latent nagenden Unsicherheit: »Sag mir, wer ich bin.«

Wenn in deiner Familie beide Elternteile beziehungsunfähig waren und es außerhalb der Familie keine nährenden Beziehungen gab, dann hast du wahrscheinlich wichtige Entwicklungsschritte nicht durchlaufen, die für das Erdenleben wichtig sind. Das Sich-selbst-überlassen-Sein ist für ein Kind eine immense Überforderung. Nicht angeleitet zu werden in dem, was man für ein gelingendes Leben lernen muss, verursacht Versagensgefühle. Lernerfahrungen brauchen einen Rahmen. Ein Kind braucht Menschen, an denen es sich orientieren kann. Keine Überbehütung, aber Orientierung!

In toxischen Familiensystemen gibt es jedoch kaum Platz für Lernerfahrungen oder Entwicklung. Entweder bleibt das Kind sich selbst überlassen oder es wird ihm das, was es ausprobieren oder anpacken will, aus den Fingern gerissen und fertig wieder hingestellt. Daraus erwächst nicht selten der Glaube, dass es unfähig sei, zu langsam und zu viel Raum einnehme. Diese Kinder laufen Gefahr, unselbstständige Erwachsene zu werden, die darauf warten, dass ihnen von außen gesagt wird, was und wie sie die Dinge tun sollen. Wenn aber in oder außerhalb der Familie eine liebevolle Bezugsperson da war, übersteht das vergessene Kind die lieblose Kindheit oft besser als die »Rollen-Träger« und kommt mit weniger Schäden davon.

Die größte Herausforderung für alle Betroffenen, aber im Besonderen für »vergessene Kinder«, liegt meines Erachtens darin, sich auf Menschen einzulassen. Die meisten Betroffenen sind es gewohnt, unsichtbar zu sein und sich mit den Krümeln, die vom Tisch fallen, zu begnügen.

Falls du dich besonders in der (Nicht-)Rolle des vergessenen Kindes erkennst, will ich dir ein paar Fragen mit auf den Weg geben: Soll hier Endstation sein? Bleibst du bei dem Glauben: »Das ist die Reaktion, die ich als Kind erfahren habe, darum wird es für immer und ewig so bleiben«? Oder willst du noch etwas anderes erfahren? Wie soll dein Leben verlaufen? Welche Sehnsüchte sollen sich erfüllen, welche Fähigkeiten musst du dafür erlernen?

Mit dem Ausstieg aus alten Mustern entwickeln sich neue Fähigkeiten. Einige Entwicklungsschritte darfst du nachholen. Du lernst, deine Bedürfnisse, Wünsche und Nöte wahrzunehmen. Du wagst es, dich auf Menschen einzulassen und sie sogar darum zu bitten, dir zuzuhören. Und du wirst erleben, dass es Menschen gibt, die dir gerne zuhören, weil du ein Gewinn für sie bist. Deine Fragen und deine Gedanken kannst nur *du* äußern. Du wirst entdecken, dass es Menschen gibt, die es schön finden, die Pilgerschaft des Lebens mit dir zu teilen.

Es ist wegweisend, ob du ins Leben einsteigst oder nur darauf wartest, dass es zu Ende geht. Es ist entscheidend, ob du mit dir in Beziehung trittst oder nicht. Ob du lernen willst, vertrauenswürdigen Menschen zu vertrauen, oder stets auf der Hut bleibst. Denn wenn du in einer Beziehung leben willst, ist es wichtig, Vertrauen zu erlernen. Sonst wird man leicht selbst zum Manipulator, weil das Liebesmanko an der Seele nagt und die entstandenen Löcher gestopft werden wollen.

Jetzt, wo du die verschiedenen Rollen kennst, die in manipulativen Systemen verteilt werden, verstehst du wahrscheinlich besser, warum du (wenn du betroffen bist) ganz widersprüchliche Gemütszustände erlebst und wieso du so unterschiedlich fühlst, denkst oder auch sich widersprechende Impulse hast. Zum einen sind da die fünf Stimmungen, die je nach Situation deine Gefühle kapern, zum anderen gibt es die verschiedenen Rollen mit gegensätzlichen Anforderungen. Es kann ganz schön anstrengend sein, sich mit so verschiedenen Seins-Zuständen durchs Leben zu schlagen.

Ich wünsche mir, dass du mitglauben kannst: Frieden mit dir selbst zu schließen, ist möglich. Auch wenn man erniedrigt wurde, man behandelt wurde, als hätte man keine Bedeutung, oder immer nur für die Ansprüche anderer zu leben schien, muss man die Fehler der Eltern ja nicht unbedingt bei sich selbst wiederholen. Es ist absolut möglich, aus diesen krankmachenden Scheinidentitäten auszusteigen und ein Leben außerhalb der zugeschriebenen Rolle zu führen. Wie das gehen kann, erfährst du in Teil II des Buchs.

Vorher schauen wir noch, was es bedeutet, Rollen loszuwerden oder zu behalten.

Die Rolle loswerden bedeutet realistisch werden

Die österreichische Gerichtspsychiaterin Dr. Heidi Kastner sagte in einem *GEO Wissen*-Interview: »Der gefährlichste Ort für (manche) Kinder ist das eigene Zuhause. Die Leute verdrängen das gern, denn sie haben ein irrsinniges Bedürfnis nach heiler Welt und Familie. Die gute Mutter ist der Archetyp, so wie die Geborgenheit in der Familie. Und wir lassen uns unsere Ideale nicht ruinieren.«[33] Tatsächlich sind manche Familien schlimme Orte, um aufzuwachsen. Das ist traurig und öfter der Fall, als uns lieb ist. Ich habe größte Hochachtung vor jedem, der heute trotz einer leidvollen Kindheit sein Leben lebt!

Auch in vermeintlich christlichen Familien war oder ist mancherorts das Zuhause ein gefährlicher Ort. Da gibt es nichts schönzureden. Es ist nicht leicht, sich mit dieser Wahrheit auseinanderzusetzen. Dennoch müssen wir uns immer wieder fragen: Stelle ich mich der Realität oder verwende ich meine Kraft darauf, ihre leidvollen Aspekte in Richtung meiner Wunschvorstellung zu verbiegen?

Ich möchte nicht missverstanden werden: Ich bin vollkommen für Ehen, Familien und Glaubensgemeinschaften, aber ich bin entschieden gegen das Aufrechterhalten von Scheinbildern und verlogenen Fassaden, wenn dahinter Kindern, Frauen und Männern großes Leid angetan wird und sie in ihrer Beziehungsfähigkeit geschädigt werden!

Die Rolle loswerden bedeutet einen gesunden Umgang mit Gefühlen erlernen

Wenn man sich dem Leben und Beziehungen gewachsen fühlen will, muss man außerdem einen gesunden Umgang mit Gefühlen erlernen, denn dieser existiert in kranken Systemen nicht. Betroffene von *narzisstischem Missbrauch* entwickeln zuweilen eine regelrechte Phobie vor Gefühlen, Verbindung und Nähe. Das ist zwar verständlich, aber wir sind von Mutterleib an auf Verbindung und Nähe angewiesen.

Körperempfindungen und daraus resultierende Gefühle gehören schon vor der Geburt zum Erleben. Wenn nach der Geburt niemand da ist, der das Kind hält, es sieht und reguliert, wächst die Überforderung bezüglich der eigenen Empfindungen und Gefühle in den Panikbereich. Panik ist besonders für Säuglinge und Kinder ein unaushaltbares Gefühl, darum werden die eigenen Körperempfindungen und Gefühle abgespalten und weggesperrt. Das »Wegmachen« von unaushaltbaren Gefühlen (Dissoziation) ist ein sinnvoller Stress- und Traumabewältigungsmechanismus, der intuitiv aus der Not geboren wird. Andere Betroffene finden sich in einem ständigen Gefühlschaos, in dem ein überbordendes Gefühl das nächste jagt. Ob Gefühlstaubheit oder Gefühlschaos: Beides behindert eine gesunde Beziehung zu sich selbst, zu den Mitmenschen und zu Gott.

Die gute Nachricht ist: Ein gesunder Umgang mit Gefühlen kann erlernt werden. In uns Menschen ist die Fähigkeit dazu angelegt! Und mit den eigenen Gefühlen Frieden zu schließen, stabilisiert den Selbstwert ungemein. Aber nicht nur den Selbstwert, auch die Gedanken und Impulse kommen dadurch zur Ruhe. Natürlich gibt es große Unterschiede, wie stark oder offen Menschen ihre Gefühle empfinden und zeigen; die Verschiedenartigkeit von uns Menschen ist wunderbar. Dennoch glaube ich, dass es zur Lebensaufgabe eines jeden Menschen gehört, einen lebensfördernden Umgang mit Gefühlen zu erlernen, wie Salome Müller schreibt: »Irgendwann erhob ich mich, weil die Sehnsucht zu heilen mich trieb.«[34]

Die Rolle behalten bedeutet kleben bleiben

Ob wir wollen oder nicht: Die automatisierten Regeln, wie Beziehungen funktionieren, lernen wir von unseren ersten Bindungspersonen. Toxische Verhaltensweisen und narzisstische Prägungen sind Muster, die schon sehr früh Einfluss auf das Denken, Fühlen und Wollen von Kindern haben. Trotzdem gibt es viele Menschen, die in toxischen Verhältnissen groß geworden sind, aber die manipulativen Taktiken aus Kapitel 4 nicht anwenden, weil sie sehen, dass es auch anders geht. Das kann ich nicht oft genug betonen.

Jedoch haben narzisstisch-verbogene Eltern nicht nur große Schwierigkeiten, ihre Kinder ohne überhöhte Ansprüche zu lieben, sondern sie halten sie auch von Menschen fern, die ihre Kinder aufrichtig mögen. Oft werden stärkende Beziehungen zu Verwandten und Freunden gekappt oder stark unterbunden. Wahrscheinlich fühlen sich Manipulatoren bedroht, wenn sie sich im »Bereich der Liebesfähigkeit« unterlegen sehen und spüren, dass sie ihre Kinder letztlich nicht durch Beeinflussung an sich binden können, wenn von anderen aufrichtige Liebe ins Spiel kommt.

Womöglich fragst du dich, warum stark narzisstische Menschen überhaupt Kinder haben. Meistens haben sie Kinder, weil die aus ihrer Sicht zu einem erfolgreichen Lebensentwurf gehören oder gar als Statussymbol gelten. Dennoch wollen diese Eltern ihre Kinder oft möglichst schnell loswerden. Sie sollen irgendwo eine Fremdsprache erlernen, eine Ausbildung machen, egal was, einfach nichts, was die Eltern zu viel Aufmerksamkeit, Energie oder Geld kostet. (Außer beim Vorzeigekind.)

Meist gilt die Devise des raschen Auszugs. Nicht aber für alle, denn eines muss bleiben! Häufig ist es das letzte Kind, welches vielleicht den größten Teil seiner Kindheit ignoriert wurde. Wenn alle anderen ausgeflogen sind, rückt das vergessene Kind in den Blick der Eltern. Dann soll es die Eltern lieben!

In der Hoffnung, doch noch zu bekommen, was es gebraucht hätte, bleibt dieses Kind an den Eltern kleben, selbst wenn es erwachsen ist und es geschafft hat, von zu Hause auszuziehen. Es ist leicht, erwachsene Kinder durch manipulative Taktiken wieder in die Symbiose zu saugen, auch wenn die Taktiken bei den verschiedenen Rollen oft unterschiedlich aussehen. Die alten Muster greifen noch, und nicht selten wird eine weitere Runde im narzisstischen Beziehungszyklus (Kapitel 5) eingeläutet.

Nach diesen vielen und wahrscheinlich auch aufwühlenden Informationen solltest du dir eine Ablenkung gönnen. Wie wäre es, einen Schokoladenkuchen zu backen? Vielleicht lässt du dir danach bei Kaffee und Kuchen das Gelesene noch mal durch den Kopf gehen. Oder du diskutierst das Thema mit einer Vertrauensperson. Das Rezept für den Kuchen liefere ich.

Schokokuchen backen

Bitte jeden Arbeitsschritt langsam und liebevoll ausführen. Es macht einen großen Unterschied für die eigene Befindlichkeit, ob man hektisch oder langsam und lustvoll arbeitet.

Rezept für einen einfachen Schokokuchen:

- 50 g Mehl oder gemahlene Nüsse mit
- 180 g Zucker und
- 1 Prise Salz vermischen;
- 200 g dunkle Schokolade mit
- 200 g Butter schmelzen;
- 4 Eier verquirlen.
- Sämtliche Zutaten verrühren und die Masse in eine mit Backpapier ausgelegte runde Kuchenform gießen (ca. 26 cm Durchmesser).
- Bei 180 °C Umluft in der Mitte des Backofens 20 bis 25 Minuten backen.

Bon appétit!

Die Sklaven des Pharaos sollten keinen anderen Gedanken fassen können, als nur ihm allein zu dienen. Ein Pharao ging, der nächste kam. Der Kurs, Menschen zu beherrschen, wurde beibehalten – er war erfolgreich.

Kapitel 7

Wie wird man zum Manipulator?

An einem Morgen in der Beratung rang Philip frustriert nach Worten, dann fragte er: »Macht meine Mutter das alles extra oder unbewusst?« Am Sonntag war er mit einem Freund auf einer Zugreise gewesen, als seine Mutter anrief. Philip nahm den Anruf nicht an, weil ihre Telefonate stets lange dauerten. Sie probierte es im Dreiminutentakt. Als er sie am Abend zurückrief, hörte er die Mutter weinen. Sie fragte schluchzend, was sie falsch gemacht hätte, dass er sie so verachtete. Da Philip es von klein auf gewohnt war, die Mutter zu trösten und zu beruhigen, versuchte er das auch diesmal. Es stellte sich heraus, dass an diesem Sonntag Muttertag gewesen war. Da Philip sie nicht besucht und nicht einmal angerufen hatte, ging die Mutter davon aus, dass sie eine schreckliche Mutter gewesen sei, so ihre Litanei.

Philip war wütend auf sich selbst, weil er in sein altes Muster geraten war. Er hatte die Mutter beschwichtigt und ihr gut zugeredet. Was er eigentlich hätte sagen wollen, war jedoch: »Du warst mir nie eine Mutter, wie es Kinder brauchen. Aber den Muttertag habe ich schlicht vergessen und mich deswegen nicht gemeldet. Das ist alles.«

Philip war vor drei Jahren bei den Eltern ausgezogen. Die Versuche der Mutter, weiterhin Macht über ihn auszuüben, hatten nicht nachgelassen. Nach jedem Kontakt mit der Mutter verfolgten ihn die immer gleichen Fragen: Was hätte ich sagen sollen? Was hätte ich anders oder gar nicht sagen sollen? Was hätte ich tun sollen, damit sie mich nicht für ihre Dramen verantwortlich machen kann? Benimmt sie sich absichtlich so?

Manchmal sah er ihr regelrecht an, dass sie eine nächste Attacke starten würde, und dann wiederum war er überzeugt, dass seine Mutter tatsächlich in großer Not sei und dringend Hilfe brauchte. Philip wollte wissen: »Ist sie schuld an ihrem Verhalten oder kann sie nichts dafür?«

Wie gut ich diese Fragen kenne, die den Umgang mit manipulativen Personen zu einem ewig drehenden Karussell verdammen. Meistens können wir die Sache mit der Schuld nicht durch Theorien über machtbesessene, aus purem Kalkül agierende Pharaonen, Diktatoren oder Psychopathen abtun. Aber was dann? Alles eine Frage der Kindheit? Die Großeltern waren schon so, er bzw. sie kann gar nicht anders? Sollten sich Manipulierer ihres destruktiven Verhaltens wirklich nicht bewusst sein? Ganz so einfach ist es nicht.

Die Frage nach dem Ursprung

In Kurzform kann man die Antwort auf die Frage, wie man zum Manipulierer wird, etwa so zusammenfassen:

- Durch das Aufwachsen mit rigiden Regeln, willkürlichen Strafen und der Unmöglichkeit, sich zu entwickeln. Sprich: durch eine toxische Kindheit.
- Durch das Aufwachsen ohne ernst zu nehmende Regeln bezüglich des Umgangs mit anderen Menschen und Verpflichtungen und ohne ernst zu nehmende Konsequenzen bei asozialem Verhalten.

- Und: weil Manipulation funktioniert! Sie ist viel zu oft erfolgreich und entfaltet nicht selten einen diabolischen[35] Sog, obwohl manipulative Taktiken zahlreiche, offensichtlich negative Auswirkungen auf den Selbstwert, die Beziehungen und nicht selten auch auf den Beruf und Lebensunterhalt haben.

Es lohnt sich, die erwähnten Gründe genauer zu betrachten, um keine zu vereinfachte Theorie für »manipulative Karrieren« zu liefern.

Toxische Kindheit

Jeder Mensch will gesehen, gehört, erkannt, verstanden und geliebt werden – als der Mensch, der er ist. Doch es gibt Faktoren, die dieses Bedürfnis nach Gesehenwerden pervertieren. Der größte Risikofaktor, zu einer manipulativen Person zu werden, liegt darin, selbst in einem toxischen Umfeld groß zu werden. Wenn man von klein auf abgelehnt und verkannt wird, wenn der Blick oder gar die Worte der Erwachsenen ständig sagen: »So wie du bist, ist falsch!«, wenn die Regeln rigide oder willkürlich und die Strafen unverständlich sind, dann kann sich der Selbstwert des kleinen Wesens nicht entfalten. Das Kind denkt, dass es so ist, wie es die Eltern spiegeln.

Eine Möglichkeit, mit dieser verachteten Seele umzugehen, ist der Versuch, sie in die hinterste Ecke oder ins tiefste Verlies auf Erden zu sperren – eine trügerische Angelegenheit, denn dieses Verlies liegt niemals fern, sondern noch immer im eigenen Körper, in der eigenen Psyche[36]. Ein weiteres Problem stellt die Verliestür dar: Sie ist undicht! Ständig schwappen Unsicherheit, Frust, Wut, Verachtung, Minderwertigkeit und die Furcht, verlacht, verstoßen oder verlassen zu werden, über die Schwelle. Die Seele kann nicht überleben, ohne zumindest gesehen zu werden, was wenigstens Ähnlichkeit mit Liebe hat. Und wir Menschen sind erfinderisch und erkennen, welche Attribute Anerkennung und Ansehen einbringen. Es ist leicht, diese zu mimen, um sich selbst und andere glauben zu machen, dass alles wunderbar ist.

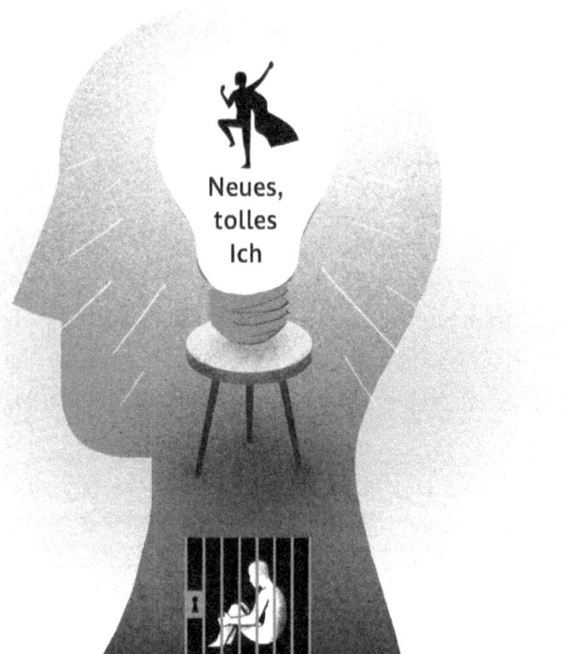

Natürlich ist das, was ständig über die Schwelle des Verlieses schwappt, äußerst lästig. Um keine nassen Füße zu bekommen, wird daher ein Gerüst über der undichten Kellertür errichtet. Auf diesem Gerüst (das zum Sockel wird) kann dann *das* Ich erstrahlen, welches am meisten Beifall, Anerkennung, Bedeutung, Aufmerksamkeit oder Trost einbringt.

Was als Selbsterhaltungsstrategie (Versuch, sich selbst zu retten) begann, mündet in der Spaltung der eigenen Persönlichkeit. Das Ich auf dem Sockel muss ständig neue Höhen erreichen, um Bedeutung und Anerkennung einzuheimsen. Der Abstand zwischen dem überhöhten Ich und dem verachteten Selbst wächst, und somit ein Vakuum, eine kaum auszuhaltende Leere. Das führt zu nagender Selbstunsicherheit, was die Furcht, durchschaut zu werden, noch verstärkt. Es wäre längst Zeit, sich Hilfe zu suchen oder sich den Abläufen im Innen und dem eigenen Verhalten zu stellen. Wer aber Hilfe und Unterstützung, Umdenken und Umlernen als Demütigung ansieht, wird sie abwehren und bekämpfen.

Psychische Gesundheit bedingt, sich allen Facetten des Ich zu stellen sowie lernfähig und berührbar zu bleiben oder zu werden. Manipulierer sind in die Gegenrichtung unterwegs, sie laufen vom Ganzwerden (Integrität) weg. Sie mögen zwar von hohen ethischen Werten sprechen, aber sie leben nicht danach. Die ins Verlies verbannten Kräfte hindern sie daran.

Eine weitere Möglichkeit, zum Manipulierer zu werden, ist das Fehlen von Regeln oder Konsequenzen bei asozialem Verhalten.

Verzogene Kindheit ohne Konsequenzen bei asozialem Verhalten

Ruths Mann scheint ein Vertreter der Kategorie »Überbehütung« zu sein. Er hatte keine traumatische Kindheit. Im Gegenteil, seine Eltern waren bemüht, es ihren Kindern an nichts fehlen zu lassen, setzen bis heute keine ernst zu nehmenden Grenzen und hielten ihn nicht an, Verpflichtungen nachzukommen. Ruth erzählte mir: »Mein Mann benimmt sich bei seinen Eltern wie ein verzogener Dreijähriger. Seine Eltern stehen ihm ohne Wenn und Aber zur Verfügung.«

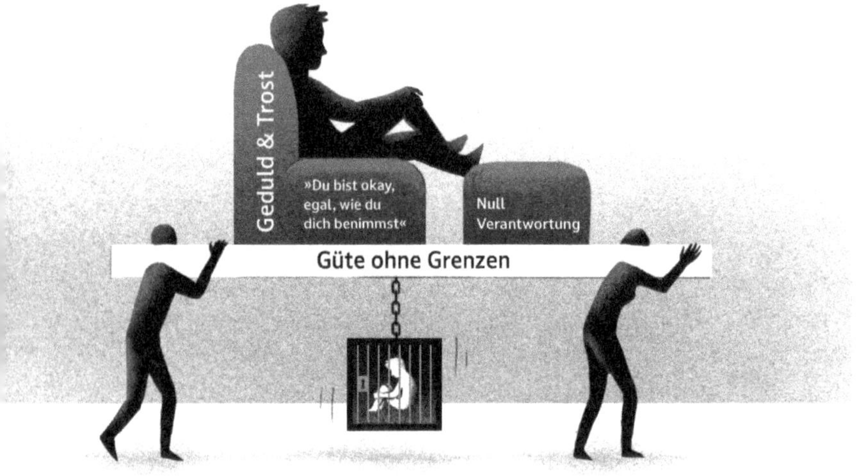

Wenn Eltern um keinen Preis die Gunst des Kindes verlieren wollen, findet eine Umkehrung der Rollen statt. Nicht das Kind blickt zu den Eltern auf, um von ihnen zu lernen, sondern die Eltern überhöhen die Bedürfnisse des Kindes und somit es selbst. Damit entfällt die Entwicklung elementarer Fähigkeiten des Menschseins: warten können, Frust aushalten, anderen helfen oder sie unterstützen und für sie da sein, ohne sich selbst in den Mittelpunkt zu stellen.

Oft werden Belohnungen eingesetzt, damit das Kind seine Hausaufgaben macht. Vielleicht wird es als Zumutung für das Kind gesehen, eine Lern- und Arbeitsethik zu entwickeln. »Wenn du die Hausaufgaben machst, kannst du eine Runde gamen.« Daraus erwächst im Kind die Haltung: »Die Welt soll mal zeigen, was sie bietet. Ich sehe mich zu gar nichts verpflichtet.« Wo das Bedientwerden zur Selbstverständlichkeit wird, da wird die Aufgabe, den eigenen Teil für ein gutes Miteinander beizutragen, lästig. Der Horizont solcher Personen beschränkt sich dann darauf, sich das zu holen, was sie wollen. Ob es einem mittelfristig guttut oder nicht, gerät aus dem Blick. Alles dreht sich um möglichst rasche Bedürfnisbefriedigung.

Sich im Scheinwerferlicht der (medialen) Öffentlichkeit (Stimmung 1) zu inszenieren, gehört zum kleinen Einmaleins der (jüngeren) Generationen. Doch dann erlebt man Frust – *Es kippt* (Stimmung 2), und daraus resultiert als Reaktionsmuster Stimmung 3 (*Entladung*). Nach dem Gezeter folgen Aufzählungen, warum man großartig wäre, wenn nicht dieser oder jene einen geschnitten hätte (Stimmung 4). Dieses Verhalten wird fortgeführt, bis sich irgendjemand des Paschas oder der Prinzessin annimmt und die Sänfte über Stock und Stein hebt, damit es wieder in Richtung Stimmung 1 gehen kann: »Welt, ich komme! Seht, wie toll ich bin!«

So machen es sich die kleinen *Royals* bequem und ihr Selbstwert wird abhängig davon, dass man ihnen huldigt und ihnen die Herausforderungen des Lebens aus dem Weg räumt. Daraus erwachsen Personen, die keine Kritik ertragen, Enttäuschungen, Frust und Konflikte nicht aushalten und keinen Plan haben, wie mit Üben, Lernen, Arbeit, Mitmenschen, Liebesbeziehungen und Geld umzugehen ist. Die Selbsteinschätzung hat nichts mit den realen Fähigkeiten der Person zu tun. Ablenkung hilft, die Diskrepanz nicht wahrzunehmen. Ein Ankommen bei sich selbst wird verhindert und es wird zur Bedrohung, »sich selbst bewusst zu sein«. Wenn gesunde Beziehungen Realität werden sollen, muss die Rolle des verhätschelten Paschas oder der Prinzessin abgelegt werden.

Anderen Kindern wird zwar materiell alles geboten, aber es gibt keine Nähe oder gesunde Beziehungspersonen. Wohlstandsverwahrlosung ist seelische und emotionale Vernachlässigung. Beziehungsleere hat für Kinder und deren Entwicklung fatale Folgen und wiegt ebenso schwer wie eine gewaltvolle Kindheit, wird aber viel leichter übersehen.

Doch der Rückschluss, dass allein die Erziehung eine Person zu einem Manipulierer werden lässt, geht nicht auf. Ob als »Sklave in Ägypten« aufgezogen oder als Pascha in »Paradise City« ist nicht allein ausschlaggebend. Oft haben Manipulatoren Geschwister, die keine egozentrischen Opportunisten sind, und ich selbst arbeite mit Menschen, die nicht »nur« narzisstischen Missbrauch, sondern sämtliche Formen von Gewalt erlebt haben und nicht zu Manipulatoren geworden sind. Auf der anderen Seite gibt es Menschen, die trotz einer gesunden Herkunftsfamilie im Laufe ihres Lebens andere Wege eingeschlagen, die Familienwerte über Bord geworfen und sich manipulative Verhaltensweisen angeeignet haben.

Es macht mich immer wieder betroffen, dass jeder und jede zum Manipulierer werden kann. Es steht dir und mir und jedem von uns jeden Tag offen, ob wir manipulieren oder die eigenen Beweggründe offenlegen. Wir wählen tagtäglich und situativ, ob wir direkt kommunizieren oder verdeckt. Löse dich von der Vorstellung, dass »dein« Manipulator ein herzlich-konstruktiver und einfühlsamer Mensch wäre, wenn er oder sie doch nur bessere Eltern gehabt hätte. Das kann sein, doch Tatsache ist: Manipulation ist immer eine von verschiedenen Möglichkeiten, die jedem Menschen offenstehen.

Manipulation funktioniert!

Menschen emotional unter Druck zu setzen funktioniert! Die Taktiken aus Kapitel 4 sind wirkungsvoll! Manche Manipulierer haben vielleicht sogar geraume Zeit einen fairen Umgang mit ihren Mitmenschen gepflegt, haben dann aber irgendwo eine verhängnisvolle Abbiegung genommen. Vielleicht eine schwerwiegende Entscheidung, die sich als falsch herausgestellt hat, die sie sich aber nicht eingestehen wollten. Wenn die Kosten zu hoch erscheinen, den geraden Weg wiederzufinden, wird man Mittel einsetzen, um die krummen zu rechtfertigen. Oder sie rutschen Mikroentscheidung für Mikroentscheidung in manipulatives Verhalten, weil sie sich in Aufgaben behaupten wollen, für die sie noch nicht reif oder nicht »geschaffen« sind. So zu tun, als ob man die richtige Person sei, wird zur ultimativen Notwendigkeit, sodass man sich menschliche Werte »nicht mehr leisten kann«. Bald jagt eine Vertuschungsaktion die nächste.

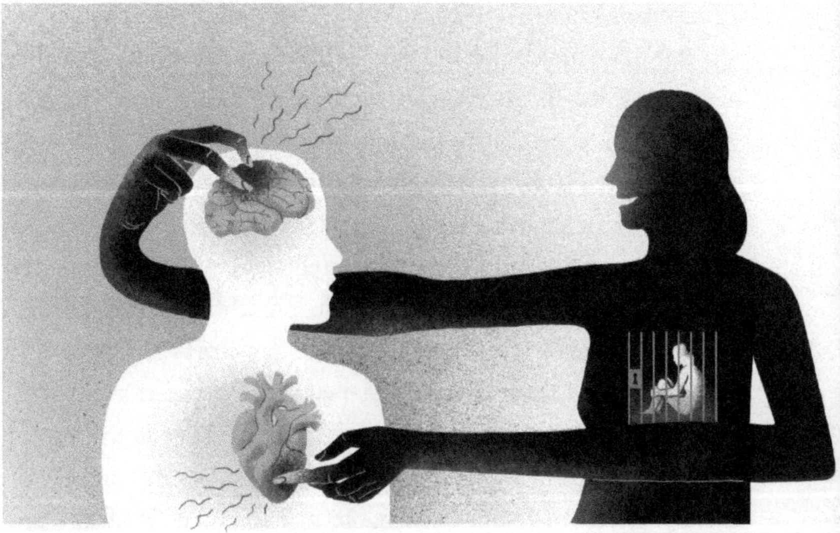

Es ist verlockend, sich einem Beruf zuzuwenden, der darauf ausgelegt ist, andere Menschen zu manipulieren und auszubeuten, um »gutes« Geld zu machen. Oder man kommt in Kreise, in denen das Credo herrscht: »Alles ist erlaubt, solange man sich nicht erwischen lässt.« Es ist auch ein Leichtes, Menschen für das Himmelreich Gottes zu gewinnen, großartige Gemeinden zu gründen, Kirchen zu bauen, Hilfswerke aus dem Boden zu stampfen und im Falle von

Schwierigkeiten mit unlauteren Mitteln nachzuhelfen. Das Motto »Mein Wille geschehe. Mein Reich komme. Hier auf Erden sorge ich dafür. Und den Himmel werde ich auch noch davon überzeugen, dass mein Weg der richtige ist« sehe ich zuhauf in der christlichen Szene!

Langsam, aber sicher ersetzt man Recht durch Unrecht, und ein verhängnisvoller Sog sorgt dafür, dass ungute Kräfte Einzug halten. Wer sich das nicht unter die Nase reiben lassen will, muss die Wahrnehmung der anderen dahin gehend manipulieren, dass diese die Rechtfertigungen (Rationalisierung/Relativierung/Bagatellisierung) übernehmen. Sukzessiv wird man zu einer Person, die nur noch diejenigen Rückmeldungen auf das eigene Verhalten erlaubt, die das Bild bestätigen, das man nach außen abgeben will – selbst wenn das vielleicht kaum noch mit der Realität zu tun hat.

Die andere Option erscheint meist wenig verlockend: sich der eigenen Unzulänglichkeit und den eigenen menschlichen Abgründen oder den Kräften im Verlies zu stellen, hinzuschauen, was das eigene Verhalten mit den Mitmenschen macht, und sich einzugestehen, dass man Hilfe braucht, weil man es im Alleingang nicht schafft. Diese Option bedeutet Arbeit und dass man sich wieder auf den Boden der Tatsachen begeben muss. Es bedeutet, schmerzhafte Prozesse anzunehmen und das echte Leben zu wagen, statt einer Wunschvorstellung nachzueifern, in der man »endlich wahre Bedeutung« erlangt. Auch die Pharaonen ließen lieber reihenweise Sklaven in den Tod gehen, als ihre Pyramiden und Tempel unter menschenwürdigen Bedingungen zu erbauen.

Auch, oder gerade, Manipulierer sind verantwortlich für ihr Handeln! Dieses lässt sich nicht ausschließlich durch die eigene Herkunft oder eine bestimmte genetisch bedingte Persönlichkeit begründen. Unsere Verhaltensmuster zeigen, worin wir uns geübt haben. Und worin man sich übt, darin ist man gut.

Vielleicht hilft dir die Veranschaulichung mit einer Sucht. Es gibt unterschiedliche Gründe, süchtig zu werden. Ab einem gewissen Stadium kommt der Abhängige nicht mehr gegen die Sucht an und lügt sich seine Welt zurecht. Trotzdem treffen wir immer wieder die Entscheidung, hinzuschauen oder wegzuschauen. Jeder Mensch hat die Wahl, Hilfe zu suchen und anzunehmen oder abzulehnen und sich der Sucht zu ergeben.[37]

Vielleicht denkst du als Betroffener oder Betroffene von narzisstischem Missbrauch: »Bei einer Sucht kann man die destruktive Dynamik wenigstens an einem Suchtmittel festmachen. Er oder sie säuft, nimmt Drogen, ist internet- oder pornosüchtig. Kann »meinem« Manipulierer wenigstens eine psychische Störung attestiert werden?«

Manipulation und Persönlichkeitsstörungen

Eine narzisstische Persönlichkeitsstörung wäre so eine Diagnose. Damit könnten Betroffene sagen: »Dieser Mensch ist schwer gestört, mit ihm oder ihr kann man keine Beziehung führen, darum musste ich mich von ihm bzw. ihr lösen.« Aber weisen alle Manipulatoren eine Persönlichkeitsstörung[38] auf? Nicht unbedingt. Außerdem sind Diagnosen nicht als Beschreibungen von Persönlichkeiten gedacht oder gar als Wertung. Sie sind dafür da, therapeutisches oder präventives Handeln zu begründen.[39] Wie bei körperlichen Beschwerden dient die diagnostische Abklärung dazu, die richtige Behandlung für den Patienten zu finden. Psychologische Diagnosen zeigen die Richtung der Behandlung auf und sie werden ausschließlich von Psychiatern und Psychotherapeuten gestellt. Das ist auch gut so, denn es ist notwendig Begleiterkrankungen oder andere »Störungen« (zum Beispiel aus dem Autismus-

Spektrum) auszuschließen, wenn Menschen angemessen behandelt werden sollen.

Eine Persönlichkeitsstörung ist, zumindest teilweise, eine Anpassungsleistung, um die eigenen Bedürfnisse zu stillen, welche womöglich tatsächlich nie angemessen gestillt wurden. Es ist der klinische Name dafür, dass sich die Person nicht gesund entwickelt hat und die Verkrümmungen des Denkens, Fühlens und Handelns nun großes Leid verursachen. Doch bei Manipulierern aus dem Spektrum der narzisstischen Persönlichkeitsstörung trifft das Leid vor allem die Angehörigen, weil Manipulierer Meister im Verdrängen sind. Wenn diese finden, es gebe keine persönlichen, familiären, sozialen und beruflichen Probleme, dann können sie auch nicht behandelt werden. Darum können sich Betroffene dieser Art von Missbrauch nicht auf eine Diagnose versteifen, denn zum einen wird diese wahrscheinlich nie gestellt und zum anderen bringt sie Angehörigen meist weniger als erhofft, falls es doch geschieht. Eine Diagnose an sich ändert nämlich noch gar nichts.

Wer ist wofür verantwortlich?

Kommen wir auf Philips ursprüngliche Frage zurück: »Ist meine Mutter schuld an ihrem Verhalten oder kann sie nichts dafür?« Ich fragte ihn: »Was glaubst du? Schadet sie dir absichtlich oder unbewusst?« Philip überlegte und antwortete: »Beides. Meine Mutter hatte bestimmt keine schöne Kindheit. Ihre Mutter war eine kalte und gemeine Person. Das habe ich selbst erlebt. Gleichzeitig muss ich sagen, dass meine Mutter keine Absicht zeigt, sich zu ändern. Sie bemüht sich in keiner Weise, mir nicht zu schaden. Sie verleugnet, dass sie uns manipuliert, selbst als ich ihr gesagt habe, wie sehr sie mir damit schadet.« Philips Mutter war wahrscheinlich selbst von narzisstischem Missbrauch betroffen. Dafür kann sie nichts, dafür ist sie nicht verantwortlich. Doch wie sie mit ihrem dunklen Erbe umgeht, dafür ist sie sehr wohl verantwortlich, und auch für den Schaden, den sie mit ihrem Verhalten bei ihren Söhnen anrichtet.

Es kann hilfreich sein, zu verstehen, aus welchem Grund jemand manipuliert. Doch damit wird das Tun nicht entschuldigt und es ändert sich nichts. Die Publizistin Caroline Emcke sagte: »Jeder hat unterschiedliche Möglichkeiten, Mitmenschlichkeit wieder zu stärken.«[40] Wie wahr! Die Frage ist, ob wir sie nutzen.

All das zeigt: Betroffene müssen sich entscheiden, ob sie Manipulierer weiterhin befähigen oder ob sie sich dem schädigenden Einfluss entziehen. Um das fassbar zu machen, erzählte ich Philip eine Geschichte mit biblischem Ursprung.

Die Parabel des barmherzigen Samariters

Lange ist es her, da reiste ein jüdischer Händler auf einem beschwerlichen Pfad, der für häufige Raubüberfälle berüchtigt war. Und tatsächlich, wie aus dem Nichts sprangen Banditen hinter einem Felsen hervor und griffen den erschöpften Reisenden an. Sie verprügelten ihn brutal und raubten ihm alles, was er bei sich trug. Selbst seine Kleider rissen sie ihm vom Leib und ließen den Mann nackt und halb tot liegen.

Ein glücklicher Zufall wollte es, dass nach einer Weile ein »Gottesmann« auf demselben Weg unterwegs war. Er wandte jedoch seinen Blick ab, ging auf der anderen Straßenseite an dem schwer verletzten Händler vorbei und ließ ihn liegen. Vielleicht sagte er sich: »Wahrscheinlich ist er tot und ich kann ihm nicht mehr helfen. Und wenn ich es überprüfe und er wirklich tot ist, kann ich die nächste Woche meinen Dienst vergessen.« Einen Toten anzufassen, bedeutete damals nämlich sieben Tage Unreinheit und somit Ausschluss vom Dienst für Gott.

Die Sonne brannte, die Stunden zerrannen, der Verwundete hatte die Hoffnung auf Rettung beinahe aufgegeben, als ein Angestellter des Tempels des Weges kam. Das musste die Rettung sein! Doch auch der Tempelmann ignorierte den am Boden Liegenden und ging weiter.

Wie verloren und hilflos muss sich der jüdische Händler gefühlt haben! Kaum mehr bei Sinnen hörte er auf den Steinen das Klacken von Eselhufen. Kraftlos öffnete er die Augen und sah – einen »Verachteten«, einen Mann aus dem Volk der Samariter, das mit den Juden verfeindet war. Der Händler verlor allen Mut. Doch dieser Samariter tat, was ihm sein Mitgefühl eingab: Er kniete neben dem Juden nieder, gab ihm von seiner eigenen Wasserration zu trinken und sorgte für seine Wunden. Danach hob er den Verletzten auf seinen Esel und nahm ihn mit.

In der nächsten Ortschaft fand der Samariter eine Herberge und pflegte den Verletzten. Auch am nächsten Tag, am übernächsten und den weiteren Tagen kümmerte sich der Verachtete liebevoll um den Juden. Dieser fühlte sich allmählich besser, bald konnte er auch seine Beine wieder belasten. Der Samariter stützte ihn bei jedem Schritt.

Da dem Händler das Essen in der Herberge nicht schmeckte, mietete der Samariter in der Ortschaft eine kleine Hütte und richtete sie her. Auch hier kümmerte er sich um das Wohlergehen des Juden, dessen Beine nicht vollends gesunden wollten, er kochte und sorgte für ihn. Dieser aber, geprägt durch das

Leid, das er durch die Banditen und die unterlassene Hilfeleistung erfahren hatte, und voller Bitterkeit, weil er noch immer nicht selbstständig gehen konnte, ließ seinen Frust an dem aus, der zugegen war – dem »Verachteten«.
So zogen die Tage ins Land, bald waren es Jahre. Und je mehr der Jude verbitterte, umso stärker kümmerte sich der Samariter um ihn. Er hatte seinen Handelsberuf längst aufgegeben und arbeitete als Taglöhner in der Nähe, um stets für den Juden da zu sein.

Hier unterbrach ich meine Erzählung und unterhielt mich mit Philip darüber. Er fand die Geschichte deprimierend und sagte: »Man spürt, dass es mit den beiden wohl immer so weitergehen wird, bis irgendwann einer stirbt.« »Das stimmt«, bestätigte ich, »außer der Samariter zieht einen Schlussstrich und sagt: ›Ich sehe, dass dich meine Bemühungen nicht gesünder werden lassen, darum ist es an der Zeit, dass du wieder lernst, auf deinen eigenen Beinen zu stehen, auch wenn du dazu Krücken brauchst.‹«

Wenn du die Geschichte kennst, hast du dich vielleicht gewundert. Die Originalgeschichte der Bibel (Lukas 10,25-37) nimmt nämlich einen ganz anderen Verlauf: Nach der ersten Hilfeleistung bringt der Samariter den Verletzten in die nächste Herberge und pflegt ihn dort. Am nächsten Tag überträgt der Samariter die Pflege des Verletzten jedoch dem Besitzer der Herberge und zieht weiter. Er bezahlt den Herbergsbesitzer dafür aus der eigenen Tasche und verpflichtet sich, bei seiner Rückkehr für eventuelle zusätzliche Kosten aufzukommen.

In der Erzählung von Jesus bleibt der Helfer nicht endlos bei dem Verletzten. Er sorgt dafür, dass der mittellose Mann weiterhin gepflegt wird, zieht aber weiter und kümmert sich um seine eigene

Lebensaufgabe. Es ist ihm nicht egal, wie die Geschichte für den Verletzten oder den Wirt (Helfer) weitergeht, denn er will sich auf dem Heimweg nach den beiden erkundigen und, falls nötig, einen weiteren Beitrag leisten.

In der Originalversion lässt sich der Samariter von Mitgefühl leiten, ohne dabei sich selbst und die eigenen Lebensaufgaben aufzugeben. Im Gegensatz dazu wandelt sich in meiner Version die Barmherzigkeit oder Nächstenliebe in eine Abhängigkeitsverstrickung. Der Verletzte missbraucht die Hilfsbereitschaft des Samariters, um seinen Groll auf seine Behinderung (die verletzten Beine), aber auch auf die Banditen, den Gottesmann und den Tempelmann an ihm auszulassen. Er braucht Unterstützung, verliert dabei aber den Willen, sich selbst zu helfen (wieder auf die eigenen Beine zu kommen), und wird vom Opfer zum Täter (Manipulator). Der Samariter lässt sich manipulieren, lässt sich die Rolle des ständigen Helfers und Sündenbocks überstülpen, statt seiner eigenen Lebensaufgabe nachzugehen. Er hilft dem Verletzten nicht in ein selbstverantwortliches Leben zurück, sondern gibt seine Lebensaufgabe auf, um (wenigstens) im Leben des anderen eine Bedeutung zu haben.

Philip nickte, er hatte verstanden.

Vielleicht gehört auch »dein« Manipulator zur ersten Gruppe (toxische Kindheit) und du spürst das große Leid, das sich hinter den destruktiven Verhaltensmustern verbirgt. Doch es ist die Lebensaufgabe des Manipulators, daran etwas zu ändern. Deine Lebensaufgabe ist es, deine Lebensgeschichte zu leben! Und diese Aufgabe kann dir niemand abnehmen.

Falsche Verantwortung ablegen und Selbstverantwortung ergreifen

Philip kam im weiteren Verlauf seines Prozesses zum Entschluss, dass er die Verantwortung für das Leben und Verhalten seiner Mutter nicht mehr tragen wollte, und ich unterstützte ihn auf diesem Weg. Ich wählte dafür eine Intervention aus der systemischen Familienaufstellungsarbeit. Philip stellte für jede Person seiner Herkunftsfamilie einen Stuhl in den Raum und bildete so die Beziehungskonstellation nach. Danach suchte er sich aus meiner Steinsammlung den größten und schwersten Brocken und wandte sich an seine Mutter, während er den Brocken hielt. Er sprach aus, wie sehr ihr Verhalten ihm geschadet hatte. Er ließ die wütenden, verzweifelten und verletzten Gefühle zu, die er durch die lieblose und vergiftete Kindheit ertragen musste. Er sprach sie schuldig, weil sie ihn nicht vor ihrem psychischen Terror geschützt hatte. Er klagte sie an, ihm (und seinem Bruder) keine gute Mutter gewesen zu sein. Er sprach aus, dass er keine Liebe, Annahme, Pflege oder Versorgung bekommen hatte, so wie es Kinder brauchen.

Philip wählte einen zweiten großen Steinbrocken und nahm ihn zu sich. Das war die Bürde, die es durch die verheerende Kindheit für ihn zu tragen galt. Ihm wurde klar, dass er unmöglich beide Brocken schleppen konnte. Gerne hätte er den Brocken der Verantwortung für das Leben der Mutter in ihren Schoss gelegt. Doch das war nicht möglich. Selbst in der Familienstellung verweigerte sie jede Mithilfe. Also legte er ihren Brocken vor ihre Füße und trat zurück. In diesem Moment durchfuhr ein Zittern seinen Körper, als löse sich ein Fluch.

Von dem Tag an konnte Philip immer wieder auf diesen Moment zurückgreifen, wenn er darüber verwirrt war, um wessen Verantwortung es in einer bestimmten Situation ging. Das Ritual half ihm, zu erkennen, um welchen Brocken es sich handelt, ob um seinen oder den eines anderen. Er lernte, zwischen der falschen Verantwortung (für fälschlich übertragene Aufgaben) und seiner Verantwortung für seine eigenen Aufgaben zu unterscheiden. Gleichzeitig fiel es ihm leichter, seine Bürde Stück für Stück loszulassen. In einem zweiten Schritt stellte sich Philip seinem Vater, der ihn nie beschützt und durch seine Feigheit genauso verraten hatte.

Zum Abschluss dieses Kapitels gebe ich dir eine Frage mit: Wer bestimmt deine Lebensaufgabe und wer hat in deinem Leben das Sagen?

Frische Luft und eine Atemübung

Vielleicht brauchst du nach diesem schweren Kapitel einen Spaziergang oder möchtest laufen gehen. Oder du machst die folgende Übung, um deinen Atem zu vertiefen.

Nimm dir ein schweres Buch. Leg dich mit dem Gesäß nahe an eine Wand, der Rücken auf dem Boden. Dann streckst du deine Beine in die Luft und legst deine Füße an die Wand.

Es darf ruhig ein harter Boden sein, du kannst deinen Kopf mit einem Handtuch unterlegen, wenn du möchtest. Dann legst du das schwere Buch auf deine Bauchdecke. Atme so, dass sich das Buch auf- und absenkt, etwa 5 Minuten lang. Danach legst du das Buch weg, bleibst noch etwas liegen und spürst deinem vertieften Atem nach.

Nicht, dass der Pharao das zugegeben hätte,
doch er hat Angst, dass ihm jemand sein Königreich
streitig machen könnte.[41]

Kapitel 8

Die verschiedenen Gesichter von Manipulatoren

In den vorhergehenden Kapiteln ging es jeweils um die Prozesse, die meine Ratsuchenden durchlaufen haben, in diesem Kapitel erfährst du mehr über mich. Ich möchte dir erzählen, wer in meinem Leben das Sagen hat und warum ich glaube, dass wir Menschen sind, wie wir sind, damit du weißt, auf welcher Prämisse mein Menschenbild aufbaut.

Dazu gehört auch, was ich *nicht* glaube: Ich glaube nicht, dass der Mensch durch und durch gut ist und wir lediglich durch äußere Einflüsse charakterlich verdorben werden. Ich glaube auch nicht, dass es gute und schlechte Menschen gibt. Ebenso wenig glaube ich, dass der Mensch im Grunde schlecht ist und das Gesunde, das Beziehungsstärkende, das Wahre, Schöne und Heilige nicht erkennen könnte. Ich denke auch nicht, dass ein Mensch während seiner Erdenzeit die Gesamtheit des Gesunden, des Heilen und des Wahren erlangen wird. Darum hat niemand das Recht, einen anderen Menschen in Konfliktsituationen als minderwertig hinzustellen.

Ich beobachte aber, dass tief in unserem Innersten die Sehnsucht nach Wahrem, Echtem und Verbundensein liegt. Wir können darauf antworten oder uns von dieser Sehnsucht abwenden. Wir alle haben das volle Potenzial, uns der Wahrheitssuche und dem Lieben von Menschen zu verpflichten. Genauso haben wir das volle Potenzial, uns ausschließlich auf die eigene Bedürfnisbefriedigung zu konzentrieren oder gespielte Mitmenschlichkeit als Mittel zum Zweck einzusetzen, um unsere Ziele zu erreichen oder unsere Selbstdarstellung zu polieren. Wir Menschen sind leicht verführbar. Den Grund, warum wir verführbare Wesen sind, finde ich in der Bibel.

Ich glaube (Genesis 1–3)

Mein Glaubensbekenntnis in direkter Ansprache

Ich glaube, dass Du, Gott, uns Menschen als Gegenüber[42] geschaffen hast, jeder von uns Facetten von Dir in sich tragend. Ich sehe, dass Du, Ursprung allen Seins, jedem von uns Deinen Lebensodem eingehaucht hast, damit wir leben.

Ich glaube, dass kein Herz schlägt, ohne dass Du es aktiviert hast. Doch ich sehe, dass Du uns als Menschen geschaffen hast und nicht als Götter. Ich sehe, dass Du uns erst einmal unzulänglich und noch in vielem unkundig gestaltet hast.

Ich habe durch viele Prozesse verstanden, dass wir ausschließlich dann beziehungsfähig sind, wenn wir Ergänzung zulassen. In Deinem Wort beschreibst Du, dass Du uns in Verbindung zu Dir und in Verbindung zum Gegenüber geschaffen hast.

Das bedeutet auch, dass ich ohne Dich und ohne ein Gegenüber im Kern haltlos bin. Das glaube ich, weil ich die Sehnsucht nach Verbundenheit, aber auch das Losgelöstsein im Innersten bei uns Menschen so häufig beobachte.

Ich sehe durch die Geschichte, dass wir seit jeher verführbar sind. Verführbar, unsere Unzulänglichkeit und unser Beschränktsein aufs Menschsein abzulehnen und uns einreden lassen, dass wir ohne Dich walten und schalten können, wie wir wollen. Zusätzlich bilden wir uns ein, dass unsere Bemühungen, »es gut zu machen«, belohnt werden müssen, unabhängig davon, wie groß der Schaden sein mag, den wir in unserer eingebildeten Autonomie und unserem Bestreben, recht zu behalten, zu kontrollieren und zu beherrschen, anrichten.

Adam hatte keine traumatische Kindheit, Eva keine miesen Rollenvorbilder. Beide haben mit jeder Faser ihres Seins erlebt, wie es ist, echt und wahr geliebt zu werden. Sie wandelten in der Fülle des Lebens und konnten mit Dir spazieren und sich austauschen. Sie konnten staunen und sich wundern. Sie konnten Dich fragen, Deiner Stimme horchen, Dich spüren, Dich lieben. Ich glaube, wir alle waren Dir vor Beginn der Lebensspanne hier auf Erden ganz nah.

Dennoch war es möglich, dass die Lüge, dass Du, Gott, nicht gut bist, sich so weit in unser Denken schleichen, dass Frau und Mann nach dem griffen, was ihnen versprach, dass sie Dich nicht mehr brauchen würden. Endlich selbst Gott sein, nicht mehr beschränkter Mensch. Die Möglichkeit, mich von Dir abzuwenden, der Impuls, mehr zu wollen, als mir ausgeteilt wurde, die Gier nach mehr Bedeutung, Überlegenheit und Macht sind und bleiben meine Versuchung. Das zu wählen hast Du mir gelassen.

Die Frage an uns Menschen bleibt: Mit *wem* spaziere ich durchs Leben und an *wem* orientiere ich mich? Nach meinem Verständnis: Worin suche ich die lebendigen Facetten von Dir in mir? Und an *wen* erinnere ich, wenn Menschen mit mir zu tun haben?

Ich glaube: »Der Mensch wird dort Mensch im Vollsinn, wo er als Zeuge und Erinnerungsort der Liebe Gottes in der Schöp-

> fung fungiert. Wer so lebt, lebt mitmenschlich und damit so, wie Gott es durch seine Gegenwart möglich macht.«[43]

Ich verstehe nur zu gut, wenn du von gläubigen Menschen und christlichen Gemeinschaften oder Institutionen enttäuscht bist. Ich weiß auch, dass es Menschen gibt, die nichts mit einem Schöpfer (Gott oder Kraft) anfangen können.

Doch in der Thematik narzisstischer Missbrauch kommen wir nicht daran vorbei, uns dem Thema Beziehungsfähigkeit zu stellen und zwischen *beziehungsschädigendem* und *beziehungsaufbauendem* Verhalten zu unterscheiden, was im Endeffekt gleichbedeutend ist mit *lebensschädigendem* und *lebensförderlichem* Verhalten. Die Bibel spricht in diesem Zusammenhang sehr bildlich von Finsternis und Licht, vom Pfad des Lebens oder vom Pfad des Verderbens, der das Leben auslöscht. Ich persönlich kann mit diesen Bildern sehr viel anfangen. Sie sprechen eine klare Sprache und treffen meiner Meinung nach ins Schwarze.

Wo die Hölle beginnt

Im Gespräch mit meinem geistlichen Begleiter fiel einmal der Satz: »Die Hölle beginnt dort, wo man der Wahrheit ausweicht, um Schmach und Schmerz zu entgehen.« Da, wo ich der Realität bezüglich der Konsequenzen meiner Lebensgeschichte und meines Verhaltens ausweiche, wird es höllisch schwierig. Das Leben wird zu einem ständigen Selbsterhaltungskampf im Außen, während der Halt im Innen mehr und mehr verloren geht.

Bei Süchtigen ist das offensichtlich, bei Manipulation weniger, aber es ist die gleiche Dynamik. Menschen können süchtig werden nach Beifall, Anerkennung, Überlegenheit, Bedeutsamkeit, Trost oder Aufmerksamkeit. Dadurch wächst der Zwang, dem Wunsch-Ich auf dem Überbau Zufuhr zu verschaffen. Man wird abhängig davon, Stimmung 1 und 5 (*Scheinwerferlicht; Alles wunderbar*) immer wieder zu erleben und notfalls zu inszenieren. Das hält einen auch davon ab, sich der Verliestür zu nähern, hinter der das verachtete Selbst gefangen ist. Und auch alle anderen müssen davon abgehalten werden, dem wackeligen Gerüst zu nahe zu kommen, auf dem das Wunsch-Ich versucht, sich zu behaupten, denn sonst könnte das Gerüst einstürzen. Daraus resultieren Stimmung 2 bis 4 (*Es kippt! Der Fall; Entladung – psychische Vernichtung; Es liegt an dir*).

Im Folgenden geht es um die Ausprägungen von manipulativen Personen, wenn sie ein krankhaftes Ausmaß angenommen haben. Die meisten lassen sich nicht einer einzigen Beschreibung zuordnen. Am besten stellst du dir die fünf Charakterisierungen als Baukasten vor. Ein Manipulator hat möglicherweise viele Teile vom Grandiosen, ein paar vom Gerissenen und noch einen oder zwei vom Seelenschleicher, ein anderer Manipulator hat eine andere Zusammensetzung.

Ziel des Kapitels ist es, dass Betroffene von narzisstischem Missbrauch erkennen, was *der Motor* des jeweiligen Manipulierers ist. Fangen wir mit dem bekanntesten an.

Die Grandiosen

Wäre es gesellschaftstauglich, würden die Grandiosen sich in etwa so vorstellen: »Manipulator ist mein Name. Aber du kannst mich auch ›Grandios‹ nennen.« Die Sucht der Grandiosen ist, Bedeutsamkeit durch »Großartigkeit« zu erlangen. Daraus erwächst der Zwang, vorbehaltlose Anerkennung zu erhalten.

Lammers & Eismann schreiben: »Viele narzisstische Menschen haben Größenfantasien u. a. in Bezug auf Erfolg, Macht, die ideale Liebe oder ihre soziale Stellung, in denen sie sich als kompetent und stark, fehlerfrei, unangreifbar und regelrecht allmächtig erleben können. Dabei idealisieren sie ihre eigene Person, während sie andere Menschen als unterlegen, schwach und fehlerhaft bewerten.«[44]

Größenfantasien, Selbstidealisierung und leider auch die Erniedrigung anderer setzen einen berauschenden, körpereigenen Hormoncocktail frei und produzieren Gefühle von Überlegenheit und kurzfristiger Genugtuung. Die Grandiosen müssen überall und ständig herausragen und besser sein als alle anderen. Sie wollen bevorzugt behandelt werden und brauchen es, im Mittelpunkt zu stehen.

Alles andere werten sie bereits als Abwertung und Ablehnung. Wo für andere Kritik, Misserfolge oder auch Kränkung unschön und destabilisierend sein können, sind sie für Grandiose gleichbedeutend mit der Auslöschung der Identität (des Wunsch-Ichs).

Wenn sie sich nicht in Stimmung 1 oder 5 befinden (also in Momenten, in denen ihre Sucht nach Großartigsein und Anerkennung keine Zufuhr erfährt), ist das Dasein der Grandiosen oft von einer latenten Aggressivität geprägt. Sie zeichnen sich durch ein ausbeuterisches Verhalten aus, weil sie Menschen lediglich als »Zudiener« sehen, die gewinnbringend eingesetzt werden müssen. Sie haben meist wenig Skrupel, Angestellte oder auch die eigene Familie für sich arbeiten zu lassen – die Familie höchstens zu einem symbolischen »Lohn«, die Angestellten zu einem möglichst knappen Lohn.

Wenn die Existenzberechtigung darauf aufbaut, überragend und unantastbar zu sein, versteht man vielleicht, dass dieser Kampf für den Manipulator um Leben und Tod geht. Das ist keine Entschuldigung oder Legitimation! Ich will nur verdeutlichen, wie undurchdringbar diese Überlebensmuster für die Grandiosen selbst geworden sind. Es liegt auf der Hand, dass Zusammenarbeit durch das Rivalitätsdenken von Grund auf sabotiert wird, denn nur Siege zählen – wenn notwendig durch die Auslöschung der Konkurrenz. Tatsache ist, dass ganze Berufsgattungen, oft auch Führungspositionen, darauf ausgerichtet sind, solche Charaktere hervorzubringen und zu fördern. Je nach Leistungsfähigkeit des Narzissten kommt er oder sie sehr weit.[45]

Zwei Gedanken zu Glaubensgemeinschaften: In Gemeinden werden diese »grandiosen« Bestrebungen nicht selten in fromme Projekte gehüllt. Mein Problem damit ist, dass ich an keiner Stelle der Bibel den Auftrag finde, dass wir möglichst *große* Gemeinden mit möglichst *hohen* Mitgliederzahlen oder *imposanten* Gebäuden erstreben sollen. Meines Erachtens darf es nie um eine gewisse Anzahl oder Größe gehen. Hingegen lese ich überall in der Bibel, dass es Gott um den Herzensboden geht. Dieser Herzensboden wird aber durch das Streben nach Grandiosität vergiftet.

Wenn nun Leiter auch noch selbstständiges Denken und andere Meinungen nicht gelten lassen, wird das Klima toxisch. Sobald eine Struktur darauf abzielt, nicht mehr die persönliche Beziehung zu Gott und die Verantwortung vor ihm zu kultivieren, sondern alles von oben herab bestimmt wird, geht es in die falsche Richtung.[46]

Um Missverständnisse zu vermeiden: Ja, es ist die Aufgabe der Gemeindeleitung, ihre Werte und die theologische Ausrichtung der Gemeinde zu definieren. Dazu braucht sie Zeit mit Gott und die Auseinandersetzung mit der Bibel, um im Willen Gottes unterwegs zu sein. Und dasselbe müssen Gemeindebesucher auch tun! Ziel ist nicht, dass sie blind der Gemeindeleitung folgen, sondern dass sie sich selbst mit diesen Werten auseinandersetzen und prüfen, ob sie Teil dieser Gemeinde sein wollen und diese Werte auch in ihrem Leben umsetzen werden.

Während der Grandiose großartig erscheinen will, geht es dem Gerissenen hauptsächlich darum, den eigenen Vorteil zu optimieren.

Die Gerissenen

Gerissene Manipulierer, ob männlich oder weiblich, sind geschickte Spieler und benutzen Menschen wie Schachfiguren[47]. Sie sind »unheilbare« Opportunisten, durchschauen die gesellschaftlichen Regeln in Sekundenschnelle und verstehen es, sich unter den jeweiligen Gegebenheiten den größtmöglichen Vorteil zu verschaffen. Machiavellisten, wie sie im psychologischen Jargon genannt werden, sind geschickte Drahtzieher und zum Teil talentierte Hochstapler. Sie sind intelligent und/oder schlau und manipulieren nicht selten aus der Freude heraus, dass niemand sie durchschaut. Sie haben einen Blick für die wunden Punkte des Gegenübers und spüren, wo diese mit Unsicherheit, Minderwertigkeit oder Frust zu kämpfen haben. Sie finden Lust daran, das Gegenüber durch unschuldig wirkende Provokation aus der Fassung zu bringen. Für kurze Zeit kann so die Sucht nach Überlegenheit und Einflussnahme befriedigt werden. Gerissene manipulieren, weil sie es können und weil niemand sie daran hindert, Frauen übrigens nicht minder perfide.

Gerissene geben sich gerne souverän, weltoffen und der Zeit voraus. Sie bringen sich nicht konstruktiv in ein Gespräch ein, sondern ziehen Genugtuung daraus, verwirrende Fragen in die Runde zu werfen, um besonders tiefsinnig zu wirken. Oder sie werfen angelesene Fakten ein, um zu demonstrieren, wer hier die »Fachperson« ist. Sie antworten nicht auf Fragen, sondern halten ausufernde Vorträge, die mit dem Thema höchstens dem Schein nach zu tun haben und einzig dazu dienen, das Gegenüber mundtot zu machen oder auf falsche Fährten zu locken. Ob Gerissene tatsächlich intellektuell überlegen sind oder ob das nur Täuschung ist, um besonders oder außergewöhnlich zu wirken, wird selten überprüft. Sollte das Gegenüber nachfragen, um ihre Aussagen oder Kompetenz zu verifizieren, lenken Gerissene das Gespräch meisterhaft in eine andere Richtung – natürlich in eine, in der sie sich überlegen wissen.

Gerissene sind oft geschickte Redner und meist gewitzte Typen. Sie zeigen sich am liebsten voller Energie und lachen viel und laut. Andere Menschen sollen sich wie Motten um ihr Licht scharen. Dabei sind Gerissene genauso wenig mit dem eigenen Selbst verbunden wie die anderen Manipulatoren. Gerade in ruhigen Momenten spürt man ihr Getriebensein und wundert sich über den »unbekannten Auftrag«, den sie zu haben scheinen. Es gibt für sie keine Ruhe oder Entspannung, es muss ständig etwas »geschafft« werden. Zur Not fahren Gerissene mit einem »Beruhigungsmittel« ihren Level runter, zum Beispiel mit Alkohol, Drogen, extremem Medienkonsum oder Pornografie.[48]

Gerissene reagieren weniger häufig aus dem Affekt als Grandiose. Ihre Angriffe unter der Gürtellinie oder ihre passiv-aggressiven Kommentare werden blitzschnell mit Witz und Schalk relativiert: »Wer will denn schon so einen kleinen Scherz persönlich nehmen!« Gerissene wechseln ihre Strategie in Sekundenschnelle, je nachdem, was gerade den größten Vorteil verspricht. Fehlt den Gerissenen Schalk, so nutzen sie eine andere Strategie: Sie verstricken ihre Gegner in abstruse Haarspalterei, bis diese aufgeben. Die auf dem Sockel thronende Überlegenheit bleibt unangetastet.

Gerissene und Grandiose scheuen sich nicht davor, andere finanziell auszunehmen oder zu betrügen. In ihrer Weltanschauung wird sowieso jemand betrogen, also besser die anderen als sie selbst. Um nicht ausgenommen zu werden, müssen sie sich möglichst breit absichern, was zuweilen paranoide Formen annimmt. Der Umgang mit Finanzen kann von extremem Geiz oder Verschwendungssucht geprägt sein oder auch abwechselnd vom einen Extrem ins andere kippen.

Viel verdeckter agieren die Seelenschleicher.

Seelenschleicher

Seelenschleicher würden sich nie als großartig hervortun. Gott bewahre! Sie sind immer da – für jeden und alles. Seelenschleicher haben gelernt, dass sie nur eine Daseinsberechtigung haben, wenn sie für andere nützlich sind. Ihr eigenes Selbst wurde, wie bei allen Manipulierern, in den inneren Keller verbannt. Auf ihrem Überbau präsentieren sie ihr mit allem verschmelzendes Herz. Ihre Sucht ist, Bedeutsamkeit im Leben anderer zu erlangen. Ihr Zwang besteht darin, immer und überall zu helfen. Sie pflegen, kochen, hören zu, »seelsörglern« links und rechts, übernehmen dies und das – denn im Leben anderer werden sie gebraucht – Daseinsberechtigung durch Hilfeleistung und Selbstaufgabe.[49] Und zugegeben, sie sind äußerst praktisch – aber gefährlich.

Die Frage, wie sich Akte der Nächstenliebe, Hilfsbereitschaft und Barmherzigkeit vom »Seelenschleichertum« unterscheiden, habe ich durch die Geschichte vom abhängig machenden Samariter im letzten Kapitel bereits beleuchtet. Die große Herausforderung für Menschen mit Seelenschleicher-Talent ist der Umgang mit Mitgefühl und das Unterscheiden zwischen Mitleiden und Mitfühlen. Das Mitgefühl sieht das Leid des anderen, belässt aber die Verantwortung für sein Handeln beim Verletzten oder Geschädigten. Wir können durch Mitleid kein Gramm Leid je aufheben, auch wenn wir uns das wünschen. Durch Mitgefühl dagegen zeigen wir, dass wir *da sind* und der Not leidende Mensch nicht allein ist. Dennoch stellen wir ihm zur rechten Zeit die Frage: Was willst *du* tun, damit es anders wird?

Verdeckte Narzissten, wie sie genannt werden, erkennt man meist erst nach geraumer Zeit, und zwar daran, dass man sie partout nicht auf ihr abhängig machendes und manipulatives Verhalten ansprechen darf. Seelenschleicher reagieren zutiefst gekränkt, wenn jemand ihren Motiven auf den Grund gehen will. Den Panzer des etablierten Gutmenschen zu durchdringen, ist ein aussichtsloses Unterfangen. Entsprechende Fragen werden nicht zum Anlass genommen, zu reflektieren, sondern als Angriff auf ihre Lebensgrundlage (Bedeutsamkeit durch Gebrauchtwerden) gesehen. Sie haben wohl Erwartungen, wie man sie behandeln sollte und was man für sie tun müsste, werden es aber leugnen, wenn man sie darauf anspricht. »Wenn man sich nicht genügend Mühe gibt, wird man bestraft, wenn man aber versucht, Regeln festzulegen, wird geleugnet, dass es überhaupt Regeln gibt.«[50] Die Person, die es wagt, ihre Motive zu hinterfragen, wird zur Zielscheibe. Natürlich verdeckt, denn: »Seelenschleicher sind durch und durch gut! Merk dir das!«

Seelenschleicher können oft erst als solche erkannt werden, wenn ihre Kinder sich aus der vereinnahmenden Symbiose lösen. Diese Manipulatoren werden nicht laut oder ausfällig. Ihre Taktik ist, immer wieder Abhängigkeitssituationen zu schaffen, den seelischen Zustand des Gegenübers subtil anzugreifen und dessen Sinneswahrnehmung infrage zu stellen. Sie sind die freundlich lächelnden oder mitleidig blickenden Gaslighter. Sie sind verdeckte Profis der emotionalen Erpressung. Sie schaffen ein Klima, in dem narzisstische Enttäuschung, die Beschuldigung, nicht vertrauenswürdig zu sein, und der verdeckte Vorwurf »Du lässt mich im Stich« zwar spürbar sind, aber kaum je ausgesprochen werden. Sie sind Meister darin, ihr Umfeld unbemerkt dahin zu bringen, das für sie zu tun, worum sie offen nie bitten würden. Die amerikanische Psychotherapeutin und Autorin Susan Forward schreibt in ihrem Buch *Vergiftete Kindheit*: »Einer der häufigsten Typen giftiger Manipulatoren ist der ›Helfer‹. Statt ein Kind loszulassen, schafft der Helfer im Leben des nun Erwachsenen immer wieder Situationen, in denen sie oder er gebraucht werden.«[51] Das darunterliegende, meist unbewusste Lebenskonzept ist: »Ich werde zwar nicht wirklich geliebt, aber sie sind abhängig von mir und werden mich deshalb nicht verlassen.«

Das »Seelenschleichertum« ist eine brisante Angelegenheit: Wer von uns will nicht eine besondere Bedeutung im Herzen des Gegenübers innehaben? Wer will nicht für andere so da sein, dass es ein Gewinn für dessen Leben ist? Die Versuchung, nicht nur ins Leben des Partners, der Kinder oder anderer Menschen einzuziehen, sondern auch in deren Seele, ist verlockend, gerade wenn man bis dahin wenig oder gar keine Liebe oder Lebensberechtigung gekannt hat.

Seelenschleicher passen hervorragend zu allen anderen Manipulierern, denn sie fühlen sich durch außergewöhnliche Partner selbst bedeutsamer. Zugleich profitieren die anderen Manipulierer davon, dass Seelenschleicher sich hemmungslos ausnutzen lassen. Das ist eine mögliche Erklärung für stabile toxische Beziehungen.

An dieser Stelle eine »ketzerische« Frage an Menschen, die in der Seelsorge oder in sozialen Berufsfeldern tätig sind, an Gemeinden und helfenden Institutionen: Wo habe ich/haben wir in unserem Tun den barmherzigen Samariter durch den abhängig machenden ersetzt?

Ein weiterer gut getarnter Manipulierer ist der Opfermanipulator.

Opfermanipulatoren

Alle Manipulierer schmeißen sich immer mal wieder in die Opferrolle, ganz gleich ob ihnen wirklich Schlimmes widerfahren ist oder ob es lediglich die vielversprechendste Taktik des Moments ist. In diesem Abschnitt betrachten wir jedoch Manipulierer, die tatsächlich Schlimmes oder gar Grauenhaftes erlebt haben und wahrscheinlich an einer komplexen posttraumatischen Belastungsstörung (kPTBS[52]) leiden. Diese Menschen haben vielleicht eine langwierige Odyssee durch Behandlungszimmer von Ärzten und Therapeuten hinter sich, bis endlich eine stimmige Diagnose gestellt wurde. Oder aber sie wurden nicht zu traumatischem und dissoziativem Erleben befragt und gelten als austherapiert, weil keine Behandlung angeschlagen hat. Viele Christen gehen außerdem nicht zu ausgebildeten Therapeuten, weil sie glauben, dass nur Christen ihnen akzeptabel weiterhelfen können. Oder sie wenden sich ausschließlich an Laienseelsorger, weil sie für ihre psychische Gesundheit kein Geld in die Hand nehmen wollen; eine (k)PTBS muss aber von Fachleuten behandelt werden.

Bei Opfermanipulatoren geht es nicht um traumatisierte Menschen grundsätzlich, sondern um solche, die zum inneren Schluss gekommen sind, dass das ihnen zugefügte Leid nicht verarbeitet werden kann. Es sind Leidende, die gemerkt haben, dass ihre Leidensgeschichte Aufmerksamkeit, Zuwendung und Trost erwirkt. Sie sind zu der stillen Überzeugung gekommen: »Mein Leben ist zerstört worden. Niemand hat mir geholfen. Aufräumen werde ich sicher nicht auch noch selbst.«

Opfermanipulatoren haben einen Sockel für ihre Therapeuten, Ärzte, Partner und Freunde aufgestellt, um darauf den jeweils wirkungsvollsten Leidenszustand zu präsentieren. Daraus ergibt sich, dass sie nicht gesunden dürfen, weil sonst die Zufuhr an Aufmerksamkeit, Zuwendung und Trost sabotiert würde. Opfermanipulatoren wollen keine eigenständigen Menschen sein und nicht die volle Verantwortung für das eigene Leben übernehmen. Oft ist es einfach praktisch, dass andere einem kaum etwas zumuten. Aber Verantwortungsübernahme kann auch massive Angst verursachen, weil traumatisierten Menschen ursprünglich falsche Verantwortung zugeschoben wurde, die im wahrsten Sinne des Wortes untragbar war. Einen gesunden Umgang mit Verantwortung zu erlernen ist für jedermann, insbesondere aber für Opfer von Missbrauch, ein wichtiger Prozess (mehr dazu in Kapitel 10).

Wenn dem Seelenschleicher das Mitleid zum Verhängnis wird, dann ist es für den Opfermanipulator das Selbstmitleid. Hierbei gibt es zwei Gefühle, die sich leicht verheddern und die entwirrt werden müssen: Trauer und Selbstmitleid. In den meisten Seelenprozessen geht es zu einem bestimmten Zeitpunkt darum, Verlorenes zu betrauern. Wenn einem Menschen die Kindheit geraubt wurde, muss er den Schmerz der Verlassenheit, des Verrats und des Ungelebten[53] zulassen, wenn er gesunden will. Nicht selten gehören Trauerprozesse zum natürlichen Leben, und nur allzu oft werden sie umgangen, weil kaum jemand sich ihnen zu stellen wagt. Doch selbst mit kompetenter Begleitung kann es sein, dass man von der durchweichten Straße der Trauer in den schlammigen Straßengraben des

Selbstmitleids abrutscht. Wie gut, wenn einen die Begleitung oder liebe Freunde behutsam darauf aufmerksam machen. Um Thomas Meyer zu zitieren: »Aufgrund des hohen Abhängigkeitspotenzials darf man sich Selbstmitleid nur vorübergehend verabreichen.«[54] Die selbstbeweihräuchernde Trauer heilt nicht, und Opfermanipulatoren[55] haben den Wunsch nach Heilung bereits aufgegeben.

Für Begleiter von Seelenprozessen: Es ist mir wichtig, dass wir nicht vorschnell urteilen, wenn wir mit schwer traumatisierten Menschen arbeiten. Sie brauchen kompetente Hilfe in Form von Traumatherapie und wir richten Schaden an, wenn wir sie als Laien oder Seelsorger ohne traumatherapeutische Kenntnisse begleiten. Wenn wir dazu gerufen sind, die schweren und oft langen Wege mit Menschen zu gehen, dann benötigen wir eine entsprechende Ausbildung.[56]

Zur Auflockerung: Käfer auf dem Rücken

Leg dich mit dem Rücken auf den Boden, deine Hände fassen deine angewinkelten Knie. Wiege dich nun von links nach rechts oder kreise in deinem ganz eigenen Rhythmus auf dem Rücken (etwa 3 Minuten lang). Lass den Atem dabei fließen. Wenn du nicht auf dem Boden liegen kannst oder willst, lehne dich mit dem Rücken an die Wand, die Beine etwas von der Wand entfernt, und erkunde mit dem Rücken die Wand. Drück Wirbel für Wirbel in die Wand und rolle dich ab oder gib mehr Druck in die linke Seite des Rückens, danach in die rechte. Abwechseln, erkunden, wiederholen. Geh jedem Impuls und jeder Bewegung, die aus der Übung resultieren, unbedingt nach. Streck dich. Dehn dich. Sich räkeln tut gut!

Nach dieser Lockerungseinlage wenden wir uns wieder einem exzentrischen Manipulator zu: der Dramaqueen.

Dramaqueens

Dramaqueens gibt es in weiblicher und männlicher Ausführung. Die Gefühle überborden stets, die drei ersten Katastrophen des Tages finden schon vor der »Znünipause«, dem zweiten Frühstück, statt, es werden noch 27 weitere folgen, und die letzte wird sicher nicht vor Sonnenuntergang sein. Theatralisches Auftreten und dramatisch ausgeschmückte Erzählungen gehören zum »guten Ton«.

Dramaqueens sind meist lustige, lebhafte und spannende Zeitgenossen, doch wer sich auf sie verlassen muss, hat das Nachsehen. Die Storys, warum sie nicht zur Verantwortung gezogen werden können oder warum sie die wahren Leidtragenden des Desasters sind, mögen unterhaltsamer sein als die der übrigen Manipulatoren, doch Dramaqueens sind genauso uneinsichtig.

Sie sind süchtig nach Aufmerksamkeit, danach, geliebt zu werden und sich angenommen zu fühlen. Sie wissen aber nicht, was echte Liebe ist, und stellen sich ihrer Beziehungsunfähigkeit auch nicht. Sie verwechseln Aufmerksamkeit mit Geliebtwerden. Ihre »Lebensberechtigung« besteht darin, zu unterhalten. Sie sprühen vor Energie und Witz und wechseln innerhalb weniger Sekunden zwischen himmelhoch jauchzend und zu Tode betrübt, nicht selten mit einem Augenzwinkern. Sie können sich rigoros über sich selbst lustig machen, was sie eher als Selbstschutz tun. Sie spüren: »Wenn ich meine Fehler und Unzulänglichkeiten anständig ausschlachte, werden sie mir nicht von anderen unter die Nase gerieben.«

Natürlich ist auch dieses Leben sehr anstrengend, doch meist kennen Dramaqueens keinen ausgeglichenen Zustand und reißen in Ruhephasen einen Streit vom Zaun oder inszenieren einen Absturz, denn wenn alles entspannt ist, fühlen sie sich nicht lebendig genug. Dramaqueens werden von extremen Gefühlen high. Der Trugschluss ist: »Nur in den Extremen spielt das richtige Leben.« Oder: »Ich bin etwas Besonderes, das müssen die anderen akzeptieren, und vor allem muss ich es inszenieren.«[57] Das sind keine bewussten Gedankengänge oder Entscheidungen, aber äußerst effektive.

Die Dramen bis hin zu hysterischen Anfällen dienen dazu, von den eigentlichen Problemen abzulenken. Dramaqueens brauchen Publikum, um sich die Inszenierung selbst glauben zu können: »Mein Umfeld würde mir nicht zu Hilfe eilen, wenn es nicht tatsächlich so dramatisch wäre, wie ich das empfinde!« Das ist natürlich Selbstbetrug, denn die extreme Stimmung überträgt sich auf das Umfeld und beherrscht dessen Wahrnehmung. Die überbordende Emotionalität der Dramaqueen erscheint so echt – niemand getraut sich zu widersprechen.

Die Sichtweise auf Männer und Frauen ist in den Kinderschuhen stecken geblieben: »Männer (Papa) sind stark und müssen mich behüten. Frauen (Mama) sind lieb und machen alles für mich.« Diese kindlich übersteigerten Erwartungen werden dementsprechend an den Partner gestellt: »Sei stark und großartig! Lieb mich immer und hilf mir bei allem.« Wehe dem Partner, der es versäumt, einer Dramaqueen ausreichend Bewunderung zu schenken. Die (Eifersuchts-) Tiraden sind drastisch und werden sicher nicht ohne eine Buße in Staub und Asche seitens des Partners ad acta gelegt.

Sollte jemand aus dem Umfeld der Dramaqueens die Nase voll haben von deren Ansprüchen und den kräftezehrenden Ausweichmanövern, werden sie dem »Schurken« fehlende Treue und mangelnde Integrität vorwerfen. Dennoch, an einer Beziehung auf Augenhöhe sind sie nicht interessiert, ein ebenbürtiges Gegenüber erscheint zu bedrohlich.

So selbstbestimmt wie Dramaqueens sich geben, so nachlässig sind sie den praktischen Arbeiten im Alltag gegenüber. Werden sie zur Rede gestellt, schlüpfen Dramaqueens in die Rolle des Opfers: »Eine furchtbare körperliche Erschöpfung ist ja wohl Grund genug, dass ich gepflegt werden müsste und nicht ich eure Dienerin sein sollte!«

Der deutsche Pädagoge und Psychotherapeut Heinz-Peter Röhr schreibt: »Für Hysteriker (Histrioniker) ist es unerträglich, nicht im Zentrum der Aufmerksamkeit zu stehen.«[58] Doch leider ist dies ein Fass ohne Boden. Egal wie viel Aufmerksamkeit ihnen geschenkt wird, es reicht nie aus.

So unterschiedlich die fünf Ausprägungen von Manipulierern sein mögen, manchen gelingt es, schnell und unerwartet von der einen Form in die andere zu wechseln. Doch es gibt einen weiteren Manipulator, bei dem die Auswirkungen für das Umfeld noch verheerender sind als bei den anderen. Denn seine Sucht ist es, andere zu beherrschen und zu zerstören.

Maligne Narzissten

Oft fällt es uns schwer, zu glauben, dass Personen böse Absichten haben oder gar eine Art Befriedigung daraus ziehen, anderen zu schaden. Doch genau das ist bei malignen Manipulatoren der Fall.

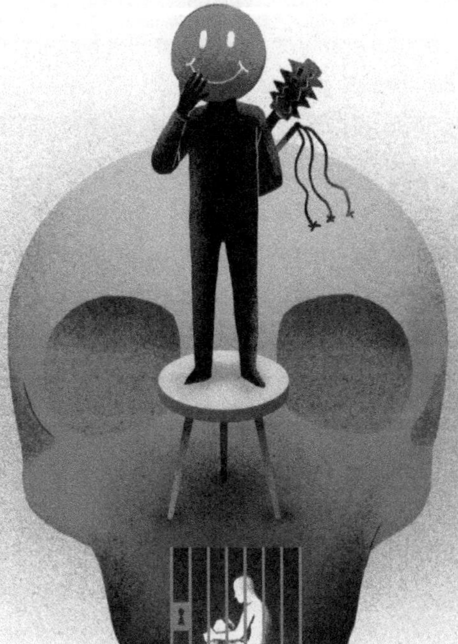

Sie sind nicht selten hochfunktional und erfolgreich im Berufsleben. Bei *Toxic Leaders* (toxischen Führungspersonen) wird in dem Zusammenhang von der »dunklen Tetrade« gesprochen, einer Kombination aus Narzissmus, Machiavellismus, Psychopathie und Sadismus.[59] Maligne Chefs unterteilen Menschen kategorisch in zwei Gruppen: Menschen, die ihr Ego verlässlich, ohne zu hinterfragen, nähren, bestätigen und festigen, und solche, die das nicht tun. Sie führen ein striktes Regime, nutzen alle Untergebenen für ihre Zwecke aus und entlassen die unbequemen, ohne mit der Wimper zu zucken. Oswald, Hagemeyer und Gysi beschreiben diese Vorgänge folgendermaßen:

> »Sie schaffen es, innert weniger Stunden mit Inbrunst und aus voller Überzeugung glaubwürdig und nachvollziehbar die unterschiedlichsten Geschichten an verschiedene Stakeholder zu erzählen. Nicht nur ihre kognitive Empathie[60] hilft ihnen dabei, sondern auch ihre Fähigkeit, die eigenen Lügen als neue Wahrheit in ihre eigenen Gedanken zu integrieren. So schafft es auch der beste Menschenkenner nicht, die Lügen zu erkennen. Nur das konsequente Einfordern von Fakten kann den Schwindel aufdecken. Doch ihre überzeugende Darlegung lässt das Einfordern von Fakten überflüssig erscheinen, sodass die meisten Zuhörer gar nicht auf die Idee kommen. Und diejenigen, die sich Fakten wünschten, trauen sich meist nicht, nachzufragen. Denn unterschwellig spüren sie intuitiv, dass ihnen diese Forderung zum Verhängnis werden könnte. Und wer möchte sich schon mit einer breit gefeierten Persönlichkeit anlegen? Diese drei Punkte – Faszination, Vermitteln von glaubhaften Storys sowie diffuse Verunsicherung oder gar Angst, Fakten einzufordern und zu

überprüfen – sind wesentliche Punkte, warum sich toxische Personen viel zu lange im Sattel halten können.«[61]

In Partnerschaften wollen maligne Narzissten den anderen gänzlich beherrschen. Wenn sie Kinder haben, bekommen diese natürlich ihren Teil an der maximal toxischen Beziehung ab und/oder maligne Narzissten finden Freude daran, ihre Kinder zu quälen.

Obwohl ihnen fehlendes Einfühlungsvermögen nachgesagt wird, lesen sie die Beweggründe anderer Menschen mit erschreckender Genauigkeit. Sie nutzen ihre Fähigkeit, das Gegenüber zu durchschauen, jedoch nicht in einem sozial förderlichen Sinne, sondern anti sozial – um es zu beherrschen und ihm zu schaden.

Wenn Manipulatoren Gutes gezielt vermiesen, Außenkontakte verbieten und durch systematische Kontrolle, Drohungen oder Gewalt einschüchtern und gefügig machen, dann sind bösartige Narzissten am Werk, welche früher oder später die Vernichtung des Gegenübers zum Ziel haben.

Oswald, Hagemeyer und Gysi sprechen bei malignen Narzissten von sechs (nicht nur vier) Phasen der Verführung der Opfer:

1. Phase der Begeisterung und Verführung mit Komplimenten
2. Phase der Verwirrung, Grenzüberschreitungen und Einfluss auf die Gedanken des Opfers
3. Phase der Unterwerfung unter die Macht der toxischen Person
4. Phase der Freiheitsberaubung durch psychischen Druck und Isolation
5. Phase der Destabilisierung durch massive Grenzüberschreitungen
6. Phase der Abhängigkeit, der Aufgabe der eigenen Persönlichkeit des Opfers und Suizidalität[62]

Surviving Narcissists and Psychopaths, ein Dokumentarfilm von Aletta Meijer, porträtiert drei Menschen, die aus solch schwerstdestruktiven Beziehungen ausgestiegen sind.[63]

Wenn du erkennst, dass »dein« Manipulator in diese Kategorie fällt, dann hol dir Hilfe und Beratung bei einer Opferhilfeanlaufstelle[64] in deiner Region. Absolute Kontrolle ist ein starker Stimulus, und der Machtrausch, wenn einem jemand völlig ausgeliefert ist, macht Täter hochgradig abhängig. Diese Beziehung wird nicht »wieder gut«, hier ist es dringend notwendig, sich und die Kinder in Sicherheit zu bringen. (Mehr dazu in Kapitel 11.)

Möglicherweise lässt sich dieser letzte Abschnitt nur schwer mit deinem Menschen- und Weltbild vereinbaren. Tatsache ist aber: Je stärker die Abspaltung des Gewissens und je ausgedehnter der Machtanspruch über das Gegenüber, desto verheerender die Schäden bei Betroffenen.

Ob die eigene Bösartigkeit den Manipulierer noch zu schockieren vermag, ist schwer zu beurteilen. Aber wie schädlich die Taktiken und wie undurchlässig die Abwehrmechanismen von Manipulierern sind, das müssen wir erkennen lernen!

Fazit und ein paar Fragen

An diesem Punkt ist es für Betroffene oft so, dass sie zwischen Gefühlen der Wut, Zorn, Verachtung, aber auch Selbstvorwürfen und dem Drang, den Manipulierer in Schutz zu nehmen, hin und her kippen. Ich kann dir versichern: Das ist zum jetzigen Zeitpunkt normal. Wie stark die Bindung zu schwer destruktiven Personen sein kann, wird im Zeichentrickfilm *Rapunzel – Neu verföhnt* von Disney (2010) humorvoll und dennoch erstaunlich treffend gezeigt.

Zum Abschluss dieses Kapitels ermutige ich dich, dir die folgenden Fragen zu stellen: Wessen Reich baue ich? Wessen Willen tue ich?
Oder anders gefragt: Welche Kraft fördere ich? Welcher Energie biete ich Raum und die Möglichkeit, sich auszudehnen? Fördere ich in meinem Umfeld Ehrlichkeit, Mut, Herzlichkeit, Liebe, Freiheit und Heilung? Oder unterstütze ich ein Klima von Druck, Kontrolle, Angst, Verleumdung, Ablehnung, Machtmissbrauch, Seelenbesetzung und Feigheit?

Es sind entscheidende Fragen. Die Antwort darauf liegt im tiefsten Inneren deines Herzens verborgen. Du kannst dich durch vielerlei Ablenkung von diesen Kernfragen abschirmen, ich glaube aber, dass keine Lebensspanne zu Ende geht, ohne dass wir nicht immer wieder ganz konkret vor diesen Fragen stehen.

Ich ermutige dich, dir deiner Gefühle und Gedanken bewusst zu werden, ohne zu fliehen. Du wirst es überleben – Gefühle können einen nicht umbringen.

Aber an verdrängten Gefühlen ist schon manch einer verkümmert oder früher gestorben, als nötig gewesen wäre.

Möglicherweise gestehst du dir ein, dass auch du Unterstützung brauchst. Vielleicht ist das der Moment, in dem du dich auf die Suche nach Hilfe machst.

Ägypten war da, wo das Volk lebte und versklavt wurde.
Sie dienten dem Pharao, sie kannten es nicht anders.
Plötzlich kam da einer. Auch ein Israelit.
Einer der wenigen, die es geschafft hatten, zu fliehen.
Der hatte sogar überlebt, vierzig Jahre lang!
Dann kehrte er nach Ägypten zurück.
Wie verrückt ist das denn?
Mose war sein Name.
Er sagte dem Volk, dass Gott ihr Elend sah
und dass er geschickt worden war,
um das Volk aus der Knechtschaft zu führen.
Das ganze Volk war wie vom Donner gerührt.
Ihr Elend wurde gesehen? Gott war die Tyrannei nicht egal?
Konnte das wahr sein? Ihr Kummer, ihre Angst und Verzweiflung
wurden gesehen? Und all das sollte ein Ende haben?[65]

Spitz deine Ohren, wenn ich es dir erzähle.
Horche der Kunde, denn sie ist wichtig.
Der Lebendige ruft:
Ich sehe euch.
Ich habe gesehen, was man euch in Ägypten antut.
Ich will eurem Elend ein Ende setzen.
Ich werde euch aus Ägypten herausführen.
Denn ich muss dir sagen,
dass es noch ein anderes Leben gibt!

Kapitel 9

Die Kunde von einem ganz anderen Land

Zu Zeiten des Alten Ägyptens war es völlig normal, andere Ethnien für sich arbeiten zu lassen. Es war (damals) ein weitverbreitetes Wirtschaftssystem.[66] Woher sollten die Israeliten wissen, dass Gott ein ganz anderes Wertesystem im Sinn hatte? Die Israeliten mussten hören, dass ihre Versklavung unter dem Pharao nicht in seinem Sinn war.

In den vorangegangenen Kapiteln haben wir das sinnbildliche, vergiftende System Ägyptens und toxische Beziehungen von allen Seiten durchleuchtet. Philip war in einem Haushalt ohne fromme Prägung aufgewachsen und konnte die Manipulationen seiner Mutter demaskieren. Doch genau wie die Israeliten musste auch Philip hören, dass er seinen Eltern nichts schuldet, weder Dankbarkeit noch Beziehung, solange sie ihm schaden.

Für viele Betroffene, die Christus und seine Lehren zu ihrer Lebensausrichtung gemacht haben, ist es besonders schwer, sich dieser Sichtweise zu nähern. Sie haben Angst, sich gegen Gott zu versündigen, wenn sie sich gegen destruktive Partner, Eltern, Leiter oder Chefs stellen. Vor allem, wenn diese sich als Christen bezeichnen.

Christ wird man, im biblischen Verständnis, nicht durch die Religion der Eltern, sondern durch eine »Wiedergeburt des Geistes« (des inneren Menschen – sprich dem Denken und der inneren Ausrichtung, der Gesinnung). Wiedergeburt im christlichen Verständnis bedeutet, dass ein Mensch entscheidet, dass er sein Leben der Anleitung seines Schöpfers anbefehlen und nicht mehr alleine bestimmen will. Der Glaube an Gott befreit in keiner Weise von der Selbstverantwortung. Vielmehr beschließe ich, dass nicht mehr ich und mein Egoismus das letzte Wort in Lebensentscheidungen haben, sondern dass ich mich (und mein Ego) Gottes Willen und Anleitung unterstelle.

Wie das Wort Wieder-Geburt schon sagt, geht es darum, noch mal von vorne anfangen zu dürfen. Das bedeutet, Gott als Ursprung allen Seins, als den ursprünglichen Vater, die ursprüngliche Mutter, kennenzulernen. Timothy Keller, Theologe und Autor zahlreicher Bücher, schreibt in seinem Buch *Warum Gott? – vernünftiger Glaube oder Irrlicht der Menschheit*:

> »Doch dann entdeckte ich nach und nach, dass das Evangelium ja alles enthielt, was ich brauchte, um eine echte Identität aufzubauen. In Christus erkannte ich, dass Gott mich nicht nur trotz meiner Fehler annahm; er nahm mich an, weil ich bereit war, meine Fehler zuzugeben. Das Evangelium sagt, dass ich ein so hoffnungsloser Fall bin, dass Jesus für mich sterben musste – und dass ich so wertvoll und geliebt bin, dass Jesus für mich sterben *wollte*. Wer dies erkannt hat, der wird beides: zutiefst demütig und zutiefst zuversichtlich.«[67]

Mich dieser Sicht zu nähern und mich Gott anzuvertrauen, ist eine Entscheidung. Das Leben und all seine Aspekte unter der ursprünglichen Elternschaft Gottes neu zu entdecken, ist dagegen ein lebenslanger Prozess. Darum spricht die Bibel auch von *Umkehr*. Ich wende mich von meinen alten, gewohnten Verhaltens- und Denkmustern ab, hin zu dem, was Gott unter lebensfördernden Verhaltensweisen und Denkmustern versteht. Und das nicht nur einmal im Leben, sondern als neu gewählter Lebensstil. Guido Baltes, evangelischer Theologe, erklärt in seinem Buch *Jesus, der Jude und die Missverständnisse der Christen*:

> »Das griechische Wort *metanoia* (Buße, Umkehr, Bekehrung) bezeichnet im griechischen Sprachraum eher ein ›Umdenken‹ oder eine ›Gesinnungsänderung‹. Die hebräische Entsprechung *teschuvah* ist jedoch eine praktische Lebensveränderung, eine tätige Buße und eine Rückkehr zu Gott.«[68]

Die Umkehr zu Gott beinhaltet, dass ich begreife, dass Schuld mich immer vom heiligen und lebensbringenden Gott trennen wird und dass ich an anderen Menschen (und der Natur) schuldig werde, weil ich gegen Gottes Absicht handle. Zerstörerisches Verhalten und süchtig machende Dinge führen auf Wege, die das Leben auslöschen. Diese Wege entfernen mich von der Schöpferkraft und dem Pfad des Lebens. Darum bedeutet von vorne beginnen auch, meine ganze Schuld und das Leid, das ich anderen zugefügt habe, vor Jesus Christus zu bringen und die Dinge bei den Menschen in Ordnung zu bringen, so weit mir das hier auf Erden möglich ist.

Meine Überzeugung ist, dass es zur Lebensaufgabe jedes Menschen gehört, lieben zu lernen, ob als Christ oder andersgläubig. Und weil ohne Vertrauen nahe Beziehungen nicht möglich sind, ist es ebenso meine Lebensaufgabe, vertrauen zu lernen. Das wiederum bringt die Aufgabe mit sich, zwischen vertrauenswürdigem und vertrauensschädigendem Verhalten zu unterscheiden. Das Wort Gottes hilft gottesfürchtigen Menschen bei dieser Unterscheidung.

Allerdings werden Sätze auch oft aus dem Kontext gerissen, um andere Menschen zu manipulieren. Ich werde in diesem Kapitel deshalb zu verschiedenen »frommen Hypnosesätzen« Stellung beziehen, die Gottes Wort missbrauchen.

Von der Feindesliebe, der Extrameile und dem Vergelten

Unter Christen herrscht manchmal große Verwirrung darüber, ob Gott ein liebender oder ein gerechter Gott ist. Die Antwort darauf ist relevant. Denn wenn er nur liebend ist, dann heißt das im Umkehrschluss, dass du in toxischen Beziehungen bleiben und Täter lieben musst, ohne dass sich etwas verändert. Ein ausschließlich liebender Gott bestraft nicht und will von uns, dass wir lieben. Basta. Ein ausschließlich gerechter Gott würde sehr wohl Recht sprechen und Vergeltung ausüben, nicht aber von uns fordern, unsere Feinde zu lieben.

Ruth rang mit sich. Wie sollte sie sich gegen ihren unberechenbaren Ehemann wehren, wenn Jesus sie anscheinend aufforderte, stets eine Extrameile zu gehen, die andere Wange hinzuhalten und zigmal zu vergeben? (Zu Mythen und Wahrheiten bezüglich »Vergeben« siehe Kapitel 12.) Wir beschlossen, die Bibelstellen unter die Lupe zu nehmen, die ihr zu schaffen machten, und stellten uns der Frage: Ist Gott ein liebender oder ein gerechter Gott?

Die Forderungen nach der Extrameile und weiteren Verhaltensweisen stehen in der Bergpredigt (Matthäus 5–7). Die Bergpredigt richtet sich in erster Linie an die Schüler[69] (Jünger) von Jesus. Jesus erklärte seinen thorakundigen[70] Nachfolgern die Absichten Gottes, die in den Weisungen der Bücher Mose zu finden sind, und verdeutlichte, wo die Auslegungen der Gesetzeslehrer der damaligen Zeit *nicht* den Kern der Sache trafen. Anatoli Uschomirski, ein jüdisch-messianischer Bibelausleger unserer Zeit, fasst die Lehreinheit der Bergpredigt aus jüdischer Sicht so zusammen: »Gott geht es nie darum, wie viel wir tun. Er interessiert sich in erster Linie für die Motive, aus denen wir handeln oder nicht handeln.«[71]

Eine der Aussagen, die Ruth nicht verstand, weil sie den Kontext nicht kannte, ist folgende Aufforderung von Jesus: »Ihr sollt dem Bösen nicht widerstehen*; sondern wenn dich jemand auf deine rechte Backe schlägt, so biete ihm auch die andere dar« (Matthäus 5,39; SLT). Die große Mehrheit der Menschen sind Rechtshänder. Mit der rechten Hand zuzuschlagen und die rechte Wange des Gegenübers zu treffen, bedeutet daher, dass mit dem Handrücken zugeschlagen wurde. Es geht nicht um eine »normale« Prügelei oder eine Ohrfeige im Affekt. Ein Handrückenschlag ist ein gezielter Akt der Demütigung des Gegenübers.[72] Im Deutschen benutzen wir eine Redewendung, die dasselbe zum Ausdruck bringt: »Das war ein Schlag ins Gesicht.« Die Schweizer Theologin Susanne Schmid-Grether schreibt erhellend:

> »Wenn dich jemand mit einem Tritt ans Schienbein beleidigt (Schlag auf die rechte Wange), dann bringe die Sache auf den Tisch, damit der andere Stellung beziehen muss und so sein Zorn ans Licht kommt (biete ihm die linke Wange). Das ist die Lösung des Konflikts innerhalb der Gemeinschaft, um nicht vor Gericht zu ziehen.«[73]

Anders ausgedrückt sagte Jesus also: »Beschäme den Täter nicht aus dem Affekt heraus zurück. Finde vielmehr heraus, was die Beleidigung sollte. Stell ihn oder sie zur Rede. Lass die Demütigung nicht auf dir sitzen, wie ein Untergebener, der die Demütigung einstecken

---

* Natürlich nicht grundsätzlich, das wäre ein herber Widerspruch zum Evangelium schlechthin und vielen Textstellen im Neuen und Alten Testament: »Das Böse aber – ganz gleich in welcher Form – sollt ihr meiden« (1. Thessalonicher 5,22); »Von allem Bösen soll er sich abwenden und Gutes tun. Er setze sich unermüdlich und mit ganzer Kraft für den Frieden ein« (1. Petrus 3,11); »Denn wer diesen Verführern auch nur Gutes wünscht, unterstützt sie und macht sich mitschuldig an all dem Bösen, was sie anrichten« (2. Johannes 1,11; jeweils HFA).

muss.« Denn genau das tat Jesus, als er vor dem Rat der Schriftgelehrten verhört wurde und von einem Gerichtsdiener tatsächlich ins Gesicht geschlagen wurde: Jesus schlug nicht zurück, sondern sagte zu ihm: »Habe ich unrecht geredet, so beweise, was daran unrecht war; habe ich aber recht geredet, was schlägst du mich?« (Johannes 18,23; SLT). Reagiert Jesus gerecht oder liebend?

Gehen wir weiter in der berühmten Bergpredigt. Jesus spricht darüber, wie man reagieren soll, wenn einen jemand ungerechtfertigt verklagen will: »Dem, der mit dir vor Gericht gehen und dein Hemd nehmen will, dem lass auch den Mantel« (Matthäus 5,40; SLT). Mit anderen Worten: Wenn jemand ungerechtfertigterweise etwas von dir einklagen will, dann gib ihm freiwillig etwas obendrauf. Warum? Durch den nachfolgenden Teilsatz wird die Handlungsweise klar, wenn man den historisch-kulturellen Kontext beachtet: »Und wenn dich jemand nötigt, eine Meile weit zu gehen, so geh mit ihm zwei« (Vers 41). Diese Aussage von Jesus basierte auf der Forderung der römischen Besatzung, dass ein Römer jeden Juden dazu zwingen konnte, ihm sein Gepäck (Last) eine Meile (1,61 Kilometer) zu tragen, egal ob der Jude gerade abkömmlich war oder nicht. Dieser Ungerechtigkeit konnten Juden damals nicht entgehen, ohne Bestrafung zu riskieren. Was tun? Gerechtigkeit einfordern und riskieren zu sterben? Oder stumm gehorchen und die Wut und den Groll schlucken, wo sie sich mit den bereits vorhandenen aufgestauten Gefühlen verbinden würden? Jesus zeigt einen dritten Weg auf, nämlich der Ungerechtigkeit mit einem freiwilligen Geschenk zu begegnen: mit dem Angebot, die Last eine zusätzliche Meile zu tragen.

Die Auswirkungen einer *einmaligen* guten Tat als Antwort auf eine böse (eine Last die doppelte Wegstrecke tragen oder jemandem etwas schenken, der mich verklagen will) zeigen dem Besatzer oder dem Kläger, wie ungerecht seine Forderung ist. Gebe ich jemandem, der Zwang ausübt, freiwillig mehr, als dieser verlangt, hat das einen Effekt auf den Tyrannen. Er oder sie wird sich wundern. Ob er oder sie sich durch meine Handlungsweise zum Guten verändern lässt, liegt ausschließlich in seiner bzw. ihrer Verantwortung. Doch durch meine Handlung schaffe ich den nötigen Raum, dass das Unrecht erkannt werden kann.

Was lehrt uns Jesus damit? Zu lieben oder gerecht zu leben?

Jesus fährt fort: »Ihr habt gehört, dass gesagt ist: Du sollst deinen Nächsten lieben und deinen Feind hassen. [Jesus zitiert hier die Lehre mancher Schriftgelehrter.] Ich aber sage euch: Liebt eure Feinde, segnet, die euch fluchen, tut wohl denen, die euch hassen, und bittet für die, welche euch beleidigen und verfolgen, damit ihr Söhne [oder: Kinder] eures Vaters im Himmel seid« (Matthäus 5,43-45; SLT; Anm. d. Autorin). Jesus verdeutlicht: Tut das, damit von euren Mitmenschen erkannt wird, von wem ihr abstammt, wer euer ursprünglicher Vater ist.

Wie ist Gott als Vater? Eher liebend oder eher gerecht?

Die Zumutung Gottes, die Jesus hier erläutert, besteht darin, an Feinden keine Rache oder Vergeltung zu verüben. Sie nicht einmal im Affekt würdelos zu behandeln, obwohl sie uns genau das antun. Die Bergpredigt verdeutlicht, wie wir von einem gerechten und liebenden System, nämlich dem Reich Gottes, zeugen können, indem wir auf böse und niederträchtige Behandlung mit Gutem und Segenswünschen reagieren. Jesus sinnt nicht nach augenblicklicher Vergeltung, sondern fordert uns auf, Groll und Wut in diesem Moment nicht die Oberhand gewinnen zu lassen. Denn: »Mehr als alles andere behüte dein Herz; denn von ihm geht das Leben aus« (Sprüche 4,23; SLT). Oder mit HFA: »Was ich dir jetzt rate, ist wichtiger als alles andere: Achte auf deine Gedanken, denn sie entscheiden über dein Leben!« Herz bzw. Gedanken stehen im biblischen Verständnis für das gesamte Innenleben des Menschen.

Hier geht es nicht darum, niemals Wut, Groll, Schmerz oder Enttäuschung über die ungerechte Behandlung zu fühlen! Ein gesunder Mensch fühlt sehr wohl Wut, wo ihm Böses angetan wird oder er würdelos behandelt wird. Wenn man kein Gehör findet und Grenzen nicht respektiert werden, kann es sogar absolut notwendig sein, Zorn (angemessen) zum Ausdruck zu bringen!

Warum fordert Jesus dann aber dazu auf, auf Vergeltung und Rache zu verzichten? Zum einen, weil wir ernten, was wir säen[74], und zum anderen, weil er seinen Vater kennt. Denn in 5. Mose 32,35 (HFA) spricht Gott: »Wartet nur ab: Es ist meine Sache, Rache zu üben. Ich, der Herr, werde ihnen alles vergelten. Es dauert nicht mehr lange, dann bringe ich sie ins Wanken und lasse sie ins Unglück stürzen. Ihr Schicksal ist bereits besiegelt.«

Im Neuen Testament erinnert Paulus in Römer 12,19 (HFA) daran: »Liebe Freunde, verschafft euch nicht selbst Recht. Überlasst vielmehr Gott das Urteil, denn er hat ja in der Heiligen Schrift gesagt: ›Es ist meine Sache, Rache zu üben. Ich, der Herr, werde ihnen alles vergelten.‹«

Jesus spricht hier deutlich von Unrecht, das uns von feindlich gesinnten Menschen angetan wird. Die Zuhörer damals konnten sehr klar zwischen Feind und Freund unterscheiden. Diese Unterscheidung scheint uns Christen abhandengekommen zu sein. Jesus legt niemandem nahe, sich ohne Grund schlagen, verhöhnen oder demütigen zu lassen! Im Gegenteil, er zeigt uns einen Weg auf, wie wir unsere Würde behalten und Ungerechtigkeit begegnen, ohne aus dem Affekt heraus dem Aggressor gleich zu werden!

Aber Gott verlangt nirgends, dass wir für den Rest unseres Lebens den Menschen ihre Lasten wie Sklaven tragen sollen, geschweige denn die Verantwortung für ihr Handeln übernehmen. Wenn ich in der Beziehung zu einem mir nahen Menschen aus falsch verstandenem Pflichtgefühl ständig und wiederkehrend dessen Aufgaben übernehme, dann wird ihn dies nicht zum Überdenken seiner Forderungen und Erwartungen bewegen. Wenn ich Menschen kontinuierlich als Freunde sehen will, obwohl sie sich feindlich benehmen, wenn sie ihre Verhaltensweisen nicht ändern und ich sie darin noch unterstütze, schade ich mir, ihnen selbst und oft auch Dritten.

Wir Christen dürfen nicht vergessen, dass Jesus sich selbst zum Sündenbock gemacht hat, damit du und ich befreit werden. Er hat Vergebung bewirkt, für meine (und deine) echte Schuld. Er hat ein für alle Mal den Weg zum himmlischen Vater freigeschaufelt. Ob man diesen Weg zum Vater geht oder weiterhin andere Menschen als Sündenböcke missbraucht oder sich selbst in der Sündenbock-Rolle gefällt, muss jeder für sich entscheiden. Doch Jesus zeigt in der Bergpredigt auf, wie wir von Gerechtigkeit zeugen können *und* gleichzeitig in unserer Liebesfähigkeit wachsen. Das ist krass und typisch Jesus. Denn er zeugte von Gott, seinem Vater! Und unser himmlischer Vater ist absolut liebend und vollkommen gerecht zugleich. Denn Gerechtigkeit ist immer ein Aspekt echter Liebe.

»Du sollst deinen Vater und deine Mutter ehren, damit …«

Liora hingegen kaute am wohl allgemein bekanntesten Hypnosesatz: »Du sollst Vater und Mutter ehren.« Dieser Satz war sehr lähmend für sie, denn sie glaubte an Gott und wollte nach seinen Werten leben. Doch was bedeutet diese Weisung für Kinder von christlichen missbrauchenden Eltern?

Ich betone: Die Bibel ist ein Buch, das eine Art, zu leben, beschreibt. Diese Art, zu leben, und der Wandel der Gesinnung, der mit diesem Lebensweg einhergeht, werden anhand verschiedener Lebensgeschichten, Anleitungen, Gedichte und Ermahnungen beschrieben. Niemand kann mit Gott in Beziehung sein, ohne in seinem Denken, Fühlen und Handeln verwandelt zu werden. Tatsache ist aber: Auch Menschen, die sich zum Christentum bekennen, können ein Doppelleben führen und von anderen Christen gedeckt werden. Jeder Mensch und jede Gemeinschaft, so unterschiedlich ihre Ausrichtungen auch sein mögen, sind anfällig für Doppelmoral.

Schauen wir uns das Ende des Bibelverses an: »Du sollst deinen Vater und deine Mutter ehren, wie es dir der Herr, dein Gott, geboten hat, damit du lange lebst und es dir gut geht in dem Land, das der Herr, dein Gott, dir gibt!« (5. Mose 5,16; SLT). Diese Verheißung für langes Leben bezieht sich auf ein Leben im versprochenen Land. Sie wird von Gott gemacht, als das Volk Israel Ägypten und dessen Paradigma bereits verlassen hatte und auf dem Weg in das neue, weite, gute und fruchtbare Land war.*

Wie ist dieser Vers zu verstehen, wenn Eltern sich Christen nennen, aber hinter verschlossenen Türen praktisch sämtliche Aspekte ihres Lebens noch von den Paradigmen Ägyptens beherrscht werden? Was, wenn Partner, Vorgesetzte (etc.) zwar Christus angenommen haben, aber offenbar weiterhin seelische Gewalt anwenden? Und was, wenn deren Kinder, Partner, Mitarbeiter oder Angestellte *nicht* mehr unter toxischen Regeln leben wollen, sondern, wie das Volk Israel, in das gute Land ziehen wollen?

Das Ehren von Vater und Mutter (und allen anderen Menschen) ist möglich, wie wir in den Erläuterungen zur Bergpredigt vernommen haben. Aber vergessen wir nicht: Gott hat das Volk aus Ägypten herausgeführt! An seiner Gesinnung, Menschen aus Knecht-

* Für alle, die mit dem Auszug aus Ägypten (Exodus) nicht vertraut sind: In den nächsten Kapiteln erzähle ich, wie es kam, dass die Israeliten tatsächlich der Sklaverei entkamen und einem guten und fruchtbaren Land entgegenzogen.

schaft zu befreien, besteht kein Zweifel. Sämtliche Bücher der Bibel zeugen davon. Sie alle erzählen Geschichten von Befreiung und Erlösung, in unzähligen Biografien über viele Jahrhunderte hinweg.

Zwischen »mein Gegenüber ehren« und »toxische Beziehungsregeln einhalten« liegen Welten. In der pervertierten Form von »ehren« fehlt jede Achtung vor dem »Gegenüber«. Die Forderung wird zwar »ehren« genannt, was aber verlangt wird, ist willenloser Gehorsam. Paulus verdeutlicht im Brief an die Epheser 6,1-3 (HFA), warum wir den Eltern grundsätzlich gehorchen sollen: »Ihr Kinder, gehorcht euren Eltern! So erwartet es der Herr von euch, mit dem ihr verbunden seid. ›Ehre deinen Vater und deine Mutter!‹ Dies ist das erste Gebot, das Gott mit einer Zusage verbunden hat: ›damit es dir gut geht und du lange auf dieser Erde lebst.‹«

Paulus erklärt, dass das Ehren der Eltern ein Versprechen mit sich bringt: »damit es dir gut geht und du lange lebst«. Gesunde Eltern mit ihrer Lebenserfahrung zu achten und mich von ihnen belehren zu lassen, ist und bleibt sinnvoll. (Und es war Gottes Absicht, dass für die alte Generation gesorgt wird, wenn diese das nicht mehr für sich selbst tun kann.) Aber Paulus hat noch nicht ausgeredet! **»Ihr Väter, behandelt eure Kinder nicht ungerecht! Sonst fordert ihr nur ihren Zorn heraus. Eure Erziehung soll sie vielmehr in Wort und Tat zu Gott, dem Herrn, hinführen.«** (Vers 4)

Die Eltern zu ehren bedeutet, dass ich ihnen gegenüber gehorsam bin, wenn sie mich auf dem Pfad des Lebens zu Gott hinführen! Echtes Ehren meint Achtung und Respekt vor dem Gegenüber. Gesunde Erziehung bedeutet, ein Klima von Achtung und Respekt für alle zu schaffen. Darum lasst uns nicht blind sein, was das Verhalten unserer Eltern angeht. Denn als Christin fühle ich mich Gott stets mehr verpflichtet als Menschen.[75]

Jesus sagt uns: »Liebt einander. Liebt einander so, wie ich euch geliebt habe.«[76] In anderen Worten: Behandelt einander so, wie ich euch behandelt habe. Da kann ich nirgends den Zusatz finden, in dem steht: »Ihr alle, tut meinen Willen, außer die, die eine schreckliche Kindheit hatten. Die können tun und lassen, was sie wollen. Bei euch drück ich beide Augen zu, wie ihr meine anderen Kinder behandelt.« Auch finde ich an keiner Stelle den Satz: »Tut das, was ich euch vorgelebt habe, außer ein manipulatives Verhalten bringt euch weiter, dann passt das schon.«

Als Jesus nach dem wichtigsten Gebot der Bücher Mose gefragt wird, antwortet er mit nur zwei Sätzen: »Du sollst den Herrn, deinen Gott, lieben von ganzem Herzen, mit ganzer Hingabe, mit all deiner Kraft und mit deinem ganzen Verstand. Und auch deinen Mitmenschen sollst du so lieben wie dich selbst« (Lukas 10,27; HFA). Wir kommen nicht drum herum, dass Gott *ganzheitliche* Liebe will. Dass wir aus ganzem Herzen, mit ganzer Hingabe, unserem gesamten Einsatz und all unseren Gedanken (Verstand) lieben sollen. Das geht nicht zusammen mit einem gütigen Gesicht nach außen hin, während man den Rest verbirgt. Es heißt auch nicht: »Ausnahmsweise einmal nicht ausfällig werden reicht schon.« Nein. Mit ganzer Kraft. Und bitte, lasst uns den Verstand benutzen: Es gibt kein Buch in der Bibel, in dem sich Gott nicht als gerechter Gott zeigt. Wo Ungerechtigkeit gelebt wird, da ist Gott nicht zu Hause. Da entzieht er seinen Schutz und seine Führung! Wer Ungerechtigkeit fördert, der ist nicht in Gottes Auftrag unterwegs.[77]

Der Text, den Jesus zitierte, entstammt 5. Mose 6,5. Nach den Worten »Ihr sollt Gott von ganzem Herzen lieben, mit ganzer Hingabe und mit all eurer Kraft« richtet sich Gott an die Eltern: »Bewahrt die Worte im Herzen, die ich euch heute sage! Prägt sie euren Kindern ein! Redet immer und überall davon, ob ihr zu Hause oder unterwegs seid, ob ihr euch schlafen legt oder aufsteht« (Verse 6-7; HFA).

Wir Eltern sollen es uns zu Herzen nehmen, Gott mit unserem ganzen Sein und unserer ganzen Gesinnung zu lieben – und davon reden … Das Reden unterlassen manipulative Eltern selten, das glaubhafte Vorleben (»im Herzen bewahren«) aber umso mehr. Doch Eltern sind für ihre Kinder nur glaubwürdig, wenn sie das leben, wovon sie sprechen. Ich, als Mutter, soll liebend leben, ob in der Öffentlichkeit oder zu Hause. Ja, die Liebe zu Gott soll mein letzter und auch mein erster Gedanke des Tages sein. Da unsere Gedanken unsere Emotionen und unser Verhalten steuern, ist das von großer Bedeutung. Dass ich Gott liebe, dafür soll mein Leben ein glaubwürdiger Beweis sein: »Deshalb, meine Lieben, lasst uns einander lieben: nicht mit leeren Worten, sondern mit tatkräftiger Liebe und in aller Aufrichtigkeit« (1. Johannes 3,18; HFA). Und das bedingt, dass wir aus widersprüchlichen Rollen aussteigen und aufhören zu manipulieren.

Jesus wusste, warum er das zweite Gebot dem ersten gleichstellte: »Liebe deinen Nächsten wie dich selbst.«[78] Er wusste, dass wir Menschen ständig behaupten, Gott zu lieben, der Umgang mit unseren Nächsten aber von etwas ganz anderem zeugt. Die Liebe, die aus ganzem Herzen, aus tiefster Seele und mit ganzer Kraft gelebt wird, ist im Einklang mit meiner tiefsten Mitte:

> Weil ich nicht aus mir selbst liebe, sondern weil Du, mein Gott, in mir lebst und durch mich liebst. Du liebst jedes einzelne Deiner Geschöpfe. Nicht aber all ihre Taten! Nicht immer ihr Verhalten.

Darum, um Himmels willen, hören wir auf, toxisches Verhalten zu bagatellisieren und zu vertuschen! Ja, lasst uns unsere Eltern ehren, indem wir anerkennen, dass wir durch sie auf diese Erde gebracht wurden, denn Gott hat es so eingerichtet. Das anzuerkennen, ist für Kinder von christlichen, toxischen Eltern schwer genug![79] Aber lasst uns nicht zu Missständen schweigen, denn im biblischen Verständnis wird Gott jeden Vater und jede Mutter dafür zur Rechenschaft ziehen, wie sie mit dem anvertrauten Geschenk, ihren Kindern, umgegangen sind. Wie absurd, wenn fromme Eltern glauben, dass ihr *ach-so-tolles* Verhalten in der Kirche oder auf der Straße belohnt würde, aber der Umgang mit ihren Kindern ignoriert!

Deshalb sollten wir uns alle fragen: Habe ich meine Kinder ins Leben begleitet? Für Christen: Habe ich ihnen Gottes Wege vorgelebt? Nicht weil ich perfekt wäre, sondern weil ich Gott suche und ihn liebe und mir eingestehe, wo das nicht der Fall ist, und weil ich Umkehr lebe.

Bevor sich nun sämtliche »*good enough*«*-Eltern wegen Selbstvorwürfen wie Lemminge von der Klippe stürzen, mache ich darauf aufmerksam, für wen dieses Kapitel geschrieben ist: für erwachsene Kinder frommer Eltern, die das Wort Gottes missbrauchen, um ihre Kinder zu knechten. Es geht nicht darum, perfekt zu sein, sondern *good enough* – aber in aller Aufrichtigkeit.

Diese Ausführungen entlasteten Liora ungemein. Sie las für sich die Bibelstellen im Zusammenhang durch, was manchmal mehrere Kapitel sind, und sie merkte, wie ihr Herz weicher wurde. Gott wollte wirklich, dass es ihr gut ging! Außerdem war Gott liebend *und* gerecht. Sie hatte das so anders und einseitig gelehrt bekommen.

---

* Donald Winnicott, ein englischer Kinderarzt und Psychoanalytiker, prägte den Begriff »*good enough mother*« (ausreichend gute Mutter). Er schreibt, dass »*good enough*«-Mütter anfangs vollständig und feinfühlig auf die Bedürfnisse des Babys eingehen. Mit der Zeit und entsprechend der Entwicklung des Kindes lösen sich die Eltern aus dieser engen Verbindung, sodass das Kind lernen kann, dass die Eltern nicht Teil von ihm sind. Es lernt altersadäquat zu warten, Frust zu tolerieren und mit der Unvollkommenheit der Eltern (und dem Leben) zurechtzukommen.

Spitz deine Ohren, wenn ich es dir erzähle. Horche der Kunde, denn sie ist wichtig. Der Lebendige ruft:
Ich sehe euch.
Ich habe gesehen, was man euch in Ägypten antut.
Ich will eurem Elend ein Ende setzen.
Ich werde euch aus Ägypten herausführen.
Denn ich muss dir sagen, dass es noch ein anderes Leben gibt!

Mein Fazit

Der Gott der Bibel ist stets absolut gerecht, von Herzen barmherzig und kompromisslos liebend! Und er lässt sich nicht täuschen.

Menschen können sich selbst täuschen. Wir sind sogar Meister darin, uns selbst glauben zu lassen, was wir über uns glauben *wollen*. Unser Wollen sollten wir aber nicht mit Gottes Sicht verwechseln. Wir Menschen können getäuscht und verwirrt werden, Gott nicht. Der Gott der Bibel hat kein Problem, die Widersprüche zu sehen, die wir kognitive Dissonanz nennen (Kapitel 1). Jesus ließ sich nicht vom äußeren Gehabe der Menschen hinters Licht führen. Er betitelte Doppelmoral ohne Skrupel: »Ihr Heuchler! Wie recht hat Jesaja, wenn er von euch schreibt: ›Dieses Volk ehrt mich mit den Lippen, aber mit dem Herzen sind sie nicht dabei. Ihre Frömmigkeit ist wertlos, weil sie ihre menschlichen Gesetze als meine Gebote ausgegeben haben‹« (Matthäus 15,7-9; HFA).

Die Jünger waren über die Worte von Jesus geschockt und gaben zu bedenken, dass die Schriftgelehrten sich darüber empörten. Jesus blieb unbeeindruckt und antwortete: »Jede Pflanze, die nicht von meinem himmlischen Vater gepflanzt worden ist, wird ausgerissen werden. Lasst euch nicht einschüchtern! Sie wollen Blinde führen, sind aber selbst blind. Wenn nun ein Blinder einen anderen Blinden führen will, werden beide in die Grube fallen!« (Verse 13-14; HFA).

> Ja, Christus ist und bleibt die größte narzisstische Kränkung des Egos aller Zeiten. Darum schreibt Timothy Keller: »Die Buße, die Ihr Herz und Ihre Beziehung zu Gott wirklich verändert, beginnt, wenn Sie sich darüber klar werden, dass Ihre Ur- und Wurzelsünde, die Sünde, die all Ihren anderen Sünden zugrunde liegt, Ihr Selbsterlösungsprojekt ist.«[80]

Für Gott ist ausschlaggebend, wonach ich sinne, und nicht, als was ich es verkaufe. Der Gott der Bibel betont durchgehend: »Mich interessiert dein Herz und ich erkenne deine Gesinnung.« Daran kommen wir Christen nicht vorbei.

Aber das ist ein Christentum, das mich interessiert – das hat Kraft! Das religiöse Geschwätz hingegen ist abstoßend, hat keine Kraft und wird niemanden von seinem Selbsterlösungsprojekt befreien.

ich will dir erzählen
von einem fernen Land
ich will dir berichten
von Weite und Wärme in deinem Blick
von Wind und Wasser auf deiner Haut
ich will dir erzählen
vom Ende der kargen Wüste in deiner Seele
ich will dir berichten
vom Finden des Daseins
in deinem Herzen
jenseits des Gewässers
in einem fernen Land
ich muss dir sagen
dass es noch ein anderes Leben gibt

Saraj Stutz

Teil II
Exodus

Im zweiten Teil des Buches geht es um den Exodus. Doch was bedeutet Exodus? Wir kennen ein ähnliches Wort als grün-weiße Exit-Lampe über Notausgängen. Hier geht es raus! Exodus bedeutet »Auszug« oder auch »Flucht vieler«. In Bezug auf toxische Beziehungen geht es um den Ausstieg aus dem destruktiven System der Manipulation, um die Rückeroberung der Realität und um den Vorgeschmack auf ein ganz anderes Land. Denn ich muss dir einfach sagen, dass es noch ein anderes Leben gibt!

Wenn ich Ratsuchende frage, was sie sich in Beziehungen wünschen, kommen überraschenderweise immer die gleichen Merkmale. Ob von Christen, Andersglaubenden oder Nichtglaubenden. Ob jung, mittel oder alt. Ob mit einer schweren Missbrauchsgeschichte oder anderen Schwierigkeiten. Jeder und jede drückt es etwas anders aus, aber im Grunde sagen alle: »Ich wünsche mir eine Beziehung, in der ich ich selbst sein kann, ohne mich verbiegen zu müssen. Ich wünsche mir ein Gegenüber, das mich sieht, dem ich wichtig bin und dem ich mich mit dem, was mich interessiert und beschäftigt, anvertrauen kann. Ich wünsche mir Ehrlichkeit, Treue und dass wir zusammen lachen können.«

Weder in der Beratung noch privat habe ich erlebt, dass jemand bewusst eine Beziehung sucht, in der er besser sein muss, als er sein kann, in der er ausgenutzt wird und keine humorvollen oder tiefen Gespräche möglich sind.

Mit dir selbst auszuhandeln, was du willst und wie das werden kann, ist existenziell. In diesem Teil erfährst du, wie du aus manipulativen Abläufen aussteigst, wirkliche Identität findest und ein aufrichtiger Umgang miteinander möglich wird, aber auch, was Exodus bedeutet, wenn falsche Identitäten und destruktive Umgangsformen sich nicht verändern dürfen.

Die Geschichte der Befreiung der Israeliten wird uns weiter begleiten, denn gerade für Menschen, die toxische Beziehungen hinter frommen Fassaden erleben oder erlebt haben, ist es entscheidend, ob sie bei einer verdrehten Sicht auf Gott stehen bleiben oder erfahren, auf welchen Weg ein wahrhaftiger Glaube führt.

Warum sollte das Volk der Israeliten aus Ägypten herausgeführt werden? Weil es unfair war, dass sie versklavt wurden? Ja, sicher auch. Doch Gottes Plan war um einiges größer als das. Gott wollte die Kinder Israels, wie er sie zu nennen pflegte, aus dem Land der Versklavung herausführen, damit sie ihn, den lebendigen Gott, erfahren und in ihre Bstimmung wachsen. Ihre Bestimmung war, das Volk zu sein, an dem für alle anderen Völker sichtbar wird, welche Weisungen und Bräuche das Leben fördern und was das Heilige entwürdigt.[81]

Doch das wussten die Israeliten noch nicht, als Mose ihnen die Kunde von einem anderen Land überbrachte. Die Kunde war lediglich: »Ich will euch herausführen aus dem Land der Versklavung und in ein weites und fruchtbares Land bringen, in dem ihr leben sollt.«[82] Kein brutales, karges, unberechenbares Überleben, sondern Leben! In einem Land, das sie bewirtschaften würden und dessen Erträge ihre sein würden. Ein Ort, an dem es für alle genug geben würde!

Samuel, der Siebzehnjährige, den wir zu Beginn der Reise kennengelernt haben, war aufgeregt. Sie würden das Land Ägypten verlassen! Die Aussicht auf ein weites und fruchtbares Land, ein Land, in dem die Erträge ihrer Arbeit ihnen und ihren Kindern gehören würden, ließ sein Herz höherschlagen! Sie würden den steinig-staubigen Weg durch die Wüste finden müssen, Schritt für Schritt diesem versprochenen Land entgegengehen. Damals in Ägypten wusste das Volk noch nicht, wie stark dieser Wüstenweg ihre Herzen, ihr Denken und ihre Verhaltensweisen verändern würde.

Kapitel 10

Die fünf Lebensbereiche in gesunden Beziehungen

... und das Geheimnis des Bei-sich-Wohnens

Im ersten Teil habe ich erzählt, wie Philip sich der Herausforderung stellte, falsche Verantwortung abzulegen, und sich seinen Aufgaben und seiner Verantwortung zuwandte. Was ihm jedoch immer wieder zu schaffen machte, war eine bodenlose Unsicherheit in Bezug auf sich selbst. Wer war er? Wie war er? Egal wie sehr er sich anstrengte, gefühlt reichte es nie. Er hatte den Kontakt zu den Eltern zwar minimiert, hatte ihre Umgebung verlassen, steckte aber innerlich noch immer in den Abläufen der fünf Stimmungen fest.

Vielleicht geht es dir ähnlich. Möglicherweise hast du dich bereits aus dem Einflussbereich der Manipulatoren entfernt, merkst aber, wie sehr die Stimmungen dennoch dein Denken beeinflussen, auch wenn niemand zugegen ist. In diesem Kapitel will ich dir einen Ausblick auf das versprochene Land ermöglichen: die fünf Lebensbereiche, wenn ehrliche und faire Umgangsformen deine Beziehung zu dir selbst und zu deinen Mitmenschen prägen.

Im Lande Narziss ist nur die Darstellung im *Scheinwerferlicht* (Stimmung 1) und möglicherweise *alles wunderbar* (Stimmung 5) wichtig. Darum stecken Manipulierer ihre ganzen Bemühungen in die Außenwirkung; das Innere verkümmert.

Ganz anders ist es in diesem versprochenen, weiten, fruchtbaren und guten Land. Da wohnt die Kraft der Liebe und Fairness. Liebe und Gerechtigkeit sind aber Qualitäten, die im Innen erwachsen, darum liegt im verheißenen Land der Fokus auf dem Herzen, im Zentrum – beim Sein –, beim Bei-sich-Wohnen.

Die Grafik hinten in der Buchklappe gibt dir einen Überblick über die fünf Lebensbereiche in gesunden Beziehungen, die durch die Grundhaltung geprägt sind, ein *Miteinander-Füreinander* zu kultivieren.

- Der Lebensbereich 1 kultiviert die Qualität *Bei sich wohnen* und wird zum Zentrum. Die daraus resultierende Kraft nährt und ermöglicht eine gesunde Dynamik in den Außenbereichen.
- Der Lebensbereich 2 ist der Bereich der Beziehungsgestaltung und Kommunikation, ohne Sabotage, sondern mit wertschätzender und klarer Gesprächsführung.
- Der Lebensbereich 3 im fruchtbaren Beziehungsland wird am häufigsten vernachlässigt, denn es geht darum, einen gesunden Umgang mit belastenden Gefühlen zu erlernen.
- Im Lebensbereich 4 geht es um einen gesunden Umgang mit Verantwortung in Beziehungen oder in Bezug auf Arbeit und Leistung.
- Im Lebensbereich 5, dem Umgang mit der Öffentlichkeit, geht es darum, sich vom »Größer sein, als man ist« zu verabschieden. Es geht darum, die überhöhten Ansprüche an sich selbst sowie die überhöhten Ansprüche anderer zu Grabe zu tragen und dem »makellosen« oder »fehlerlosen« Übermenschen die Luft rauszulassen.

In einem solchen Klima werden Entspannung, Ausruhen und die Erneuerung der Lebenskräfte möglich. *Bei sich ankommen* oder *Bei sich wohnen* ist kein leeres Versprechen.

Anhand unserer vier mutigen Vorreiter möchte ich mit dir anschauen, wie *Frieden schließen mit sich selbst* und *Bei sich wohnen* Wirklichkeit werden können. Wir starten im Zentrum, im *Lebensbereich 1: Bei sich wohnen* mit der Grundhaltung im Zentrum: *Ich bin Mensch, und das ist gut so.* (Der Lebensbereich 1 ist die Antithese zu Stimmung 5 in manipulativen Systemen: *Alles wunderbar und der Tanz auf rohen Eiern.*)

Lebensbereich 1: Bei sich wohnen

Mit der Grundhaltung im Zentrum: Ich bin Mensch, und das ist gut so. Ich bin willkommen, darf lernen und mich entwickeln.

Ich fragte Philip: »Was wünschst du dir in Bezug auf dein Selbstbild, deine Selbstwahrnehmung?« Philip wollte nicht wie seine Mutter sein und sich ständig besser verkaufen, als er ist. Das ist ein realistischer Ansatz, der notwendig ist, wenn man wirklich gesunden und nicht einem utopischen oder religiösen »Heil« nachjagen will. Dennoch wollte ich es genauer wissen: »Lass uns forschen, was das bedeutet, wenn deine Mutter nicht im Satz vorkommt. Welche Fähigkeit braucht es, um nicht zu faken? Welche Qualität hat das?« Er antwortete: »Ich muss absolut ehrlich sein und darf mich nicht in Lügen verstricken.« Ehrlichkeit oder Aufrichtigkeit spielen also eine entscheidende Rolle. Ich fragte weiter: »Was gehört noch dazu?« Philip: »Ja, Aufrichtigkeit, aber auch, so sein zu dürfen, wie ich bin.« Ich fragte: »Aufrichtig dir selbst gegenüber oder anderen?« Philip: »Beides. Wenn ich nicht aufrichtig mir selbst gegenüber bin, kann ich auch nicht aufrichtig anderen gegenüber sein, und dann verbiege ich mich wieder.«

Um so sein zu dürfen, wie man ist, braucht es Aufrichtigkeit. Darin liegt ein Geheimnis. Einfach zu behaupten, dass man so ist, wie man ist, ist nicht unbedingt gesund. (Manipulatoren wird genau das zum Verhängnis.)

Darum forderte ich Philip heraus: »Wenn ich dir jetzt sage, du bist, wie du bist, und das ist vollkommen und uneingeschränkt gut so, könntest du mir das vorbehaltlos glauben?« Philip überlegte: »Eine Seite in mir möchte das glauben, eine andere weiß, dass nicht alles, was mich ausmacht, so doll ist.« Ich ging weiter: »Ja, das ist bei uns Menschen so. Wir sind gar nicht soo doll. Aber wir sind auf der Erde, um zu lernen, und dürfen uns entwickeln. Was wünschst du dir für die Seiten, Facetten und Überzeugungen in dir, die nicht großartig oder gesundheitsfördernd sind?« Es entstand eine Pause, daher ergänzte ich: »Vielleicht hilft es dir, wenn du an dich denkst, als du ein Kind warst. Was hättest du gebraucht, um mit deinen nicht so dollen Facetten einen Weg zu finden?« Um dies zu ergründen, lud ich Philip ein, mit seinem innersten Kern in Verbindung zu treten und hinzuhorchen, was er wahrnahm. Er merkte, dass sein innerster Kern sehr wohl eine Ahnung hatte, was er sich für sich selbst wünschte, und dass dieses Innerste interessiert war, wie das werden könnte. Das ist spannend, denn ob gläubig oder nicht, jeder von uns hat Zugang zu einem ursprünglichen Wissen. Natürlich sind wir Menschen durch unsere Kultur und Sozialisierung unterschiedlich gefärbt. Dennoch finden wir alle diese Weisheit, dieses ganz ursprüngliche (Ge-)Wissen, wenn wir uns Zeit nehmen und in unser Innerstes hineinzuhorchen.*

Philip spürte, dass es um beides ging: um die Aufrichtigkeit sich und anderen gegenüber *und* um die Erlaubnis, lernen zu dürfen. Das bedeutet natürlich auch, Fehler zu machen, zu üben und es nach Misserfolgen neu zu versuchen. Beides braucht es fürs Menschsein: Aufrichtigkeit in allen Bereichen unseres Seins und die Erlaubnis und den Wunsch, zu lernen.

In unserer Zeit wird das »Ich darf sein, wer ich sein will« viel zu stark gewichtet. Das ist nicht gesund und führt zu narzisstischen Verkrümmungen der Persönlichkeit. Die eigene Mitte kann ausschließlich in eine Balance finden, wenn Selbstannahme, die Annahme von unangenehmen Realitäten und die Bereitschaft, sich zu entwickeln, Hand in Hand gehen.

Dennoch brauchen wir Menschen jemanden (einen Menschen oder eine Autorität im positiven Sinne), der uns willkommen heißt und zuspricht: Herzlich willkommen hier auf Erden mit *allem,* was du bist. Philip wurde geboren, ohne dass ihn jemand liebevoll willkommen geheißen hätte. Darum holten wir das nach. Ich sprach Philip zu: »Ganz herzlich willkommen, Philip! Willkommen als Mensch unter uns Menschen. Du bist! Und das ist gut so! Du lebst! Ich sehe dich und zeuge davon, dass es gut ist, dass es dich gibt. Ich durfte dich schon von etlichen Seiten kennenlernen und kann aus tiefstem Herzen sagen: Du bist ganz Mensch. Wie schön. Das ist wunderbar.«

---

* Wenn jemand seinen bzw. ihren Glauben an Gott in den Prozess einbezieht, ist das wunderbar und oft eine immense Ressource. Meistens aber müssen falsche Gottesbilder erst aussortiert werden, weil sie das Ankommen bei sich selbst immer verhindern werden. Darum kann es hilfreich sein, alte Floskeln erst einmal wegzulassen und Worte zu finden, die im Hier und Jetzt den Horizont weiten und eine Verbindung zum Innersten ermöglichen.

Ich fragte ihn, ob er es sich vorstellen könnte, das Gehörte für sich selbst auszusprechen. Etwas im Sinne von: »Ich bin. Und das ist gut so. Es ist gut, dass ich lebe und hier bin. Ich bin die richtige Person, zur rechten Zeit, hier an diesem Ort. Hier darf ich sein, lernen, Fehler machen und Neues ausprobieren. – Denn nüchtern betrachtet, ist die Wahrscheinlichkeit, eine andere Person zu einer anderen Zeit an einem anderen Ort zu sein, verschwindend gering.« Philip lachte, denn mein letzter Satz war mit einem Augenzwinkern versehen. Er wagte es, zu sagen: »Ich bin. Ich lebe – als der Mensch, der ich bin. Als die Person, die ich heute bin. Und es ist gut so. Gleichzeitig darf ich lernen und mich entwickeln. Ich nehme dabei niemandem Platz weg. Denn im Land des Lebens gibt es genug Platz, Raum, Zeit, Annahme und Liebesfähigkeit für alle!« Davon hatte er durch die verschiedenen Prozesse, die er gegangen war, bereits eine Ahnung bekommen.

Willkommen!
Ich ermutige dich, das Willkommen-geheißen-Werden als Mensch unter Menschen anzunehmen.
Nimm dir Zeit, einen Entschluss in deinen Worten zu formulieren und hörbar für dich (oder vor einer vertrauenswürdigen Person) auszusprechen. Damit dein Entschluss wurzeln kann, sprich diese Worte am besten in den nächsten drei Wochen morgens, mittags und abends vor dem Schlafengehen aus. Und danach immer wieder, wenn es dir in den Sinn kommt oder wenn du es für eine Weile wieder vergessen hast, denn das neue Pflänzchen will gewässert werden.
Dabei geht es nicht um Autosuggestion, sondern um das Gewahrwerden, dass du auf Erden als Mensch unter Menschen lebst und die Fähigkeit hast, dich zu entwickeln.

Philip fragte ich: »Welche Farbe hat für dich die Aufrichtigkeit und die Qualität von ›Ich bin und darf lernen‹?« Für ihn war es hellgrün. Er wählte Gouachefarbe, um ein neues Bild zu malen, und startete in der Mitte mit einem hellgrünen Kreis – auf einem A1-Blatt, wunderbar groß. Im weiteren Verlauf sammelten wir die Merkmale, die zu seiner Persönlichkeit gehören, und auch die Attribute, die er als Reaktion auf seine Kindheit noch im Gepäck mitschleppte, die ihn aber ursprünglich wahrscheinlich nicht ausgemacht hätten. Das Auseinanderpflücken von dem, was er über sich glaubte, und dem, woran es zu arbeiten galt, half ihm, die Verbindung zu seinem innersten Kern zu vertiefen.

Das Arbeiten am innersten Innen ist wunderbar, und die Möglichkeiten der Umsetzung sind vielfältig. Hannah blühte auf und gestaltete eine Kugel mit einer Öffnung. Das Innere kleidete sie mit hellgelbem Seidenpapier aus und legte ein Stück Fell hinein, damit es zum Ausruhen weich und kuschelig war. Sie ging zwischen den Sitzungen auf die Suche nach einer Figur, die ihr *Bei-sich-Wohnen* symbolisieren würde. Sie spürte, dass ihr Innerstes stets mit Jesus Christus in Verbindung gehen konnte, und die Gegenwart von Jesus war durch die gelbe Atmosphäre in ihrem Werk spürbar und sichtbar.

Danach konnte Hannah sich den gesunden Qualitäten in Lebensbereich 2 zuwenden: *Das Aushandeln eines fairen Miteinanders*. (Das Aushandeln ist die Antithese zu Stimmung 2: *Es kippt! Der Sabotage-Akt.*)

Lebensbereich 2: Das Aushandeln eines fairen Miteinanders

Mit der Grundhaltung im Zentrum: Ich möchte durch klare Kommunikation ein Miteinander-Füreinander kultivieren.

In Kapitel 3 haben wir gesehen, dass wir nicht durchs Leben kommen, ohne Dinge zu besprechen, Lösungen zu suchen und Abmachungen zu treffen. Betroffene von narzisstischem Missbrauch hegen oft eine tiefe Angst vor dem Bereich des Aushandelns und wagen nicht, für sich selbst einzustehen. Viel zu oft haben sie erlebt, dass ihre Grenzen keine Gültigkeit haben und das, was sie brauchen, als Frechheit oder Anmaßung dargestellt wird.

Irgendwann würde Hannah lernen müssen, ihren Eltern gegenüber Grenzen zu ziehen. Doch bevor sie das angehen konnte, musste sie mit sich selbst die Werte bezüglich eines fairen Umgangs mit Menschen aushandeln: Wie will ich Menschen behandeln? Und wie will ich behandelt werden?

Ich frage auch dich: Was für ein Klima wünschst du dir in deinen Beziehungen? Welche Beziehungsregeln müssen dafür beachtet werden? Was zeichnet ein Gespräch aus, in dem eine gute Verhandlungsbeziehung möglich ist? Und was sind die Anzeichen, dass kein fairer Deal oder Umgang miteinander möglich sein wird (ob im Privaten oder bei der Arbeit)? Manche Menschen wissen nicht, was gesunde Beziehungsregeln sind, aber Hannah konnte zum Glück auf Freundschaften zurückgreifen, um sich diese Fragen zu stellen.

Sie malte auf ein Blatt mit grauer Farbe eine verschleierte Atmosphäre. Die Farbe stand für den Nebel, wenn manipulative Kommunikation vorherrscht. Dann entstand ein zweites Bild auf einem anderen Blatt mit ineinanderfließendem Blau, Gelb und Pink für die Atmosphäre in guten Beziehungen. Als wir die Kennzeichen der beiden Atmosphären zusammentrugen, entstanden klare Gegensätze. Die Atmosphäre für ein gesundes Miteinander und klare Verhältnisse zeichnet sich wie folgt aus:

- Wir hören einander zu und lassen einander ausreden. (Als Herzenshaltung, nicht als Mittel zum Zweck, um den anderen an seinen Aussagen aufzuhängen.)
- Wir nehmen einander ernst. (Als Herzenshaltung, nicht um Haarspalterei zu betreiben.)
- Wir fragen nach, wenn wir etwas nicht verstanden haben. (Um wirklich zu verstehen, nicht um das Gegenüber in Erklärungsnot zu bringen.)
- Wir fragen, wie etwas gemeint ist, wenn wir uns gekränkt, übergangen oder angegriffen fühlen. (Um das Gegenüber nicht für meine Befindlichkeit verantwortlich zu machen.)
- Wir schauen gemeinsam, wie wir das Problem oder die Aufgabe am besten lösen. (Um Rechthaberei und unnötige Schuldzuweisungen zu vermeiden. Die Frage ist nicht, wer recht hat oder schuld ist, sondern: Wie finden wir eine gute Lösung für alle Beteiligten?)
- Jede Person sagt, was sie anbieten und welche Arbeit sie abdecken kann. (Um das Gegenüber/Umfeld zu unterstützen, nicht um sich egoistisch aus der Affäre zu ziehen oder im Leben anderer unentbehrlich zu sein.)
- Jede Person ist für sich selbst und ihren Verantwortungsbereich zuständig. (Wir verrichten unsere Aufgabe zuverlässig und belassen den anderen ihre Verantwortung.)
- Wir sagen, wo uns Aufgaben überlasten, überfordern oder wir nicht das notwendige Wissen oder Können haben. Wir stehen dazu, dass wir auf Ergänzung, Unterstützung und Hilfe angewiesen sind, und bitten um Hilfe und Unterstützung in den Bereichen, in denen wir nicht alleine zurechtkommen. (Wir schämen uns nicht dafür, dass wir Unterstützung brauchen, sondern sind uns der eigenen Unzulänglichkeit als Menschen in diversen Bereichen bewusst.)

- Wenn eine Reaktion nicht der Situation entspricht, fragen wir: »Was bezweckst du mit dieser Aussage? Was erhoffst du durch dein Verhalten?«[83] »Warum reagierst du so?« Wir wollen verstehen, was Sache ist. (Um Platz dafür zu schaffen, dass sich das Gegenüber sortieren und über seine Beweggründe nachdenken kann.)
- Wir sprechen Fehlverhalten, Fehler oder Missgeschicke respektvoll an und fragen, was in der Situation hilfreich gewesen wäre. Manchmal ergeben sich Verbesserungen daraus, manchmal beruht eine Situation schlicht und ergreifend auf Pech und es gibt nicht allzu viel daraus zu lernen. Wir gestehen einander Fehler ein und schauen, was anders werden muss, damit dieselben Fehler nicht wiederholt werden. (Wir tragen Fehlverhalten nicht nach noch kehren wir es unter den Teppich.)
- Wir bitten ehrlich um Entschuldigung für die eigenen Fehler und das eigene Fehlverhalten. Wir benennen, was wir aus Unachtsamkeit oder Egoismus verursacht haben. Jede Person schaut, wie *sie* etwas vom Schaden (auch in der Beziehung) wiedergutmachen kann. Das ist möglich, weil unser Wert als Mensch nicht davon abhängig ist, wie viel wir leisten oder arbeiten. Unser Wert besteht darin, dass wir *da sind* und aus unseren Fehlern lernen, und nicht darin, dass wir fehler- oder makellos sind. (Wir übernehmen keine Schuldzuweisung und keine Verantwortung, wenn sich Menschen in ihrem hochstilisierten Selbstbild gekränkt fühlen.)

Hannah erkannte, dass diese Grundregeln im Privaten wie auch bei der Arbeit notwendig sind, damit ein faires Klima Wirklichkeit wird. Sie beschloss, sich an dem Leitfaden zu orientieren, und meinte grinsend: »Die Schwierigkeiten, die daraus resultieren, werde ich dir in der nächsten Sitzung vor die Füße knallen.« (Sie machte sich damit über narzisstisches Verhalten lustig.) Ich musste lachen. Was für eine gute Idee! Sie hatte Sinn und Zweck von Beratung verstanden: Nicht, dass ich die Schwierigkeiten für sie lösen würde – aber was vor den Füßen liegt, kann besser betrachtet werden als das, was im eigenen Kopf die ewig gleichen Runden dreht.

Aus ihren Überlegungen ergab sich für Hannah ein Kompass, den sie für sich so zusammenfasste:

> Ich bin dir wohlgesinnt und will das Beste für dich.
> Ich wünsche mir, dass du mir ebenfalls wohlgesinnt begegnest, und nehme dein Wohlwollen mir gegenüber wahr.

Wenn du in einem toxischen Klima aufgewachsen bist, musst du dich entscheiden, ob du das Wohlwollen von *nicht manipulierenden* Menschen dir gegenüber wahrnehmen *willst.* Ohne diesen Schritt wirst du mit einer vernebelten Sichtweise aus Angst und Vorurteilen auf deine Mitmenschen blicken und nicht mitbekommen, dass du von Menschen immer wieder aufrichtig und fair behandelt wirst. (Wie mit Manipulatoren umzugehen ist, bei denen das Wohlwollen von anderen Impulsen gekapert wird, schauen wir uns in den nächsten Kapiteln an.)

Wer Menschen aus toxischen Beziehungen (mit Beziehungstraumata) begleitet, muss mit ihnen den Schock der Stimmung 2 und die Tatsache, dass sie fallen gelassen werden, bearbeiten. Denn Manipulatoren beenden in dem Moment Verbundenheit, Nähe und Beziehung, in dem sie beleidigt sind und/oder ihr Gegenüber sich nicht wie gewünscht verhält. In Kapitel 1 haben wir gesehen, dass in Beziehungen mit narzisstisch-verbogenen Menschen urplötzlich ein Stimmungsabfall von 25 Grad stattfinden kann. In gesunden Beziehungen gibt es auch Stimmungsschwankungen, aber diese sind nicht so drastisch. Ich kann wütend auf jemanden sein, ja sogar verletzt, und trotzdem im Innersten wissen, dass ich die Person grundsätzlich mag. Im Moment fühle ich vielleicht nur Wut und Schmerz. Dennoch weiß ich, dass mein momentaner Zustand nicht alles ist und diese bestimmte Situation nicht die ganze Beziehung widerspiegelt. Auch wenn ich eine Runde Abstand brauche, verwerfe ich mein Gegenüber nicht und beende die Beziehung nicht.

Im Gespräch mit Betroffenen ist es wichtig, den tiefen Schock des Fallen-gelassen-Werdens und die tiefe Verunsicherung (bezüglich der eigenen Person und der Beziehung) anzuerkennen und sie zu unterstützen, wieder in ihre Mitte zu finden. Das bedeutet:

- Anerkennen: Nein, die Reaktion des Manipulierers bestimmt nicht meinen Wert als Mensch. Mein Wert ist *un*abhängig von seinen Launen (aber auch unabhängig von anderen Menschen)!
- Sich (wieder) an der Wahrheit des Herzens orientieren: Ich bin Mensch und das ist gut so. Ich darf lernen und wachsen. Dafür muss ich verstehen, was gerade war.
- Einen gesunden Umgang mit belastenden und hilflos machenden Gefühlen erlernen.

Für Liora war dieser dritte Punkt eine harte Nuss. Zustände mit großer Perspektivlosigkeit, Hoffnungslosigkeit und Gefühlen der Wertlosigkeit machten es ihr schwer, über Grenzen und Umgangsformen nachzudenken. Liora musste erst erfahren, dass aus bodenlosen Gefühlen erträgliche werden konnten, um sich ihrer gewachsen zu wissen. Sie musste verstehen, wozu ihre Gefühle da sind und wozu sie dienen.

(Ein gesunder Umgang mit belastenden Gefühlen ist die Antithese zu Stimmung 3: *Entladung – psychische Vernichtung.*)

Lebensbereich 3: Den Umgang mit belastenden Gefühlen erlernen

Mit der Grundhaltung im Zentrum: Es gibt triftige Gründe für meine Gefühle. Ich will mich ihnen stellen.

Mit Liora gestaltete ich deshalb eine innere Landkarte[84]. Aus der Sammlung von *Inner Active Cards*[85], Bildzeitschriften und verschiedenen Karten suchte sie Bilder zusammen, die je einer ihrer Facetten (Denk-, Gefühls- oder Impulsmuster) Ausdruck verliehen. Das Schöne an dieser Arbeit ist, dass immer auch die gesunden, starken, wütenden oder widerspenstigen Seiten der Person zum Vorschein kommen. Das war wichtig, denn die wütenden und widerspenstigen Ich-Zustände konnte Liora gut gebrauchen, um sich zu behaupten – auch wenn sie sich noch nicht mit allen angefreundet hatte. So begleitete ich sie dabei, ihre inneren Gefühlszustände kennenzulernen und die daraus resultierenden Gedanken- und Verhaltensmuster zu verstehen. Sie begriff, dass all ihre Gefühle eine Berechtigung haben und ihr helfen wollen – in ihrer gesunden, ursprünglichen Form.

Durch diese Auseinandersetzung wuchsen Lioras Selbstbewusstsein und zusehends auch ihr Selbstwert. Es wurde für sie einfacher, mit der ganzen Spannbreite von Gefühlen auszukommen, wenn diese adäquat gehört wurden. Liora begann, sich selbst und ihre Emotionen zu mögen, selbst dann, wenn ihre Bedürfnisse mal unerfüllt blieben. All ihre Gefühle und inneren Zustände hatten triftige Gründe[86], warum sie da waren und warum sie dachte, was sie dachte. Meistens war sie froh, dass wir diese Seiten von ihr endlich fanden und sie diese nicht ständig verstecken musste, damit sie niemand mitbekam. Wir fanden stabilere, teils einfachere, manchmal herausfordernde, immer aber schönere Wege, als sie bis dahin gekannt hatte. Durch diesen Prozess lernte Liora, zwischen dem Geschehen im Außen und dem Geschehen in ihrem Inneren zu unterscheiden. Sie lernte, zu benennen, wie es ihr ging. Und sie merkte, dass sie auch traurigen, wütenden, ja sogar »leeren« (hoffnungslosen) Zuständen nicht mehr ausgeliefert war, sondern sich langsam, aber sicher auch darin gehalten fühlte.

In (Konflikt-)Situationen zu erkennen, wie viel von dem, was ich empfinde, mit meiner Geschichte zu tun hat und alten Gefühlen aus meiner Vergangenheit entstammt und was tatsächlich verletzend war, weil beispielsweise das Verhalten des Gegenübers unfair war, stabilisiert die eigene Lebensrealität ungemein. Mit den inneren Abgründen und schwer bewältigbaren Gefühlen umzugehen, bleibt eine Herausforderung, erleichtert aber Beziehungen und die Fähigkeit, einander zu vertrauen, fundamental.

Wichtig ist mir, hier zu verdeutlichen: Die therapeutische Arbeit an den fünf Lebensbereichen verläuft nicht linear, à la: »Das sind die fünf Punkte, die ackern wir mal durch und dann ist gut.« Es ist auch keine Entwicklung, die steil nach oben führt. Genesung und Wachstum gestalten sich spiralförmig. Immer wieder scheinen wir an ähnlichen (wunden) Punkten vorbeizukommen, jedoch immer in neu eroberten Tiefen. Wenn du schon eine Weile auf deinem Genesungsweg unterwegs bist: Lass dich nicht entmutigen! Wahrscheinlich waren alle vorhergehenden Runden deiner spiralförmigen Entwicklung notwendig, damit du jetzt da bist, wo du bist.

Wenn du dich tatsächlich im Kreis drehst, ist es notwendig, etwas an der Struktur zu ändern: möglicherweise an der äußeren (Beziehungskonstellationen, Arbeitssituation, Wohnort, Gemeinde etc.), immer aber an der inneren Struktur (deinen Denk-, Gefühls- und Verhaltensmustern), denn die nehmen wir mit, wohin wir auch gehen.

Für Ruth galt es, im Innen etwas zu ändern, damit sich im Außen etwas ändern konnte. Auch für sie war es wichtig, den Fokus zuerst auf ihr Innerstes zu richten, damit sie sich mit ihrem Wert als Mensch wieder verbinden konnte. Ruth wählte als Farbe für ihren innersten Kern ein strahlendes Gelb. Danach schauten wir, welche Tätigkeiten und Ruheorte ihr halfen, mit ihrem innersten Kern in Verbindung zu kommen. Da kam zu ihrer Überraschung einiges zusammen. Manche ihrer Ressourcen hatte sie aus dem Blick verloren, andere galt es hervorzukitzeln.

Ruth sammelte, was sie für sich tun wollte: »Ich nehme mir morgens, wenn die Kinder aus dem Haus sind, eine halbe Stunde der Stille mit einer Tasse Kaffee, der Bibel und meinem Andachtsbuch. Die Stunden in der Gärtnerei und im Garten will ich bewusst erleben. Nicht der Arbeit nachrennen, sondern mit meinen Händen den Boden spüren, die Pflänzchen betrachten, Platz schaffen, wo Unkraut wächst, düngen und gießen, wo es Nahrung und Wasser braucht.« Durch ihre Überlegungen wurde ihr wieder bewusst, dass sie eigentlich wusste, was gesund ist und was einem guten Klima schadet. Sie wollte wieder einmal die Woche schwimmen gehen, denn im Wasser fühlte sie sich leicht, und sie konnte sich mit ihren

Bewegungen und ihrem Atem verbinden. Sie merkte auch, dass sie stärkende Freundschaften vernachlässigt hatte. Deshalb entschied sie, sich jede zweite Woche mit einer ihrer Freundinnen zu treffen. Sie wusste, dass ihr Mann deswegen spitze Bemerkungen und möglicherweise ein Drama machen würde. Doch als Ruth das kräftige Gelb auf ihrem Blatt betrachtete, wusste sie, dass es nur wieder leuchten würde, wenn sie sich um ihr Inneres kümmerte.

So konnten wir uns im Verlauf der Beratung dem vierten Lebensbereich nähern: *Ein angemessenes Verantwortungsgefühl und eine sinnvolle Arbeitseinstellung* (die Antithese zu Stimmung 4: *Es liegt an dir).*

Lebensbereich 4: Ein angemessenes Verantwortungsgefühl und eine sinnvolle Arbeitseinstellung

Mit der Grundhaltung im Zentrum: Ich bin ich. Du bist du. Ich bin für mein Verhalten verantwortlich. Du für deins.

Die schädigenden Verhaltensweisen von Ruths Mann lösten sich natürlich nicht durch Kaffeetrinken oder Schwimmen auf. Was sollte sie tun? Selbst wenn sie sich scheiden ließe, würden die Kinder Zeiten mit ihrem Vater verbringen, und dann, ohne dass sie dabei war. Allein der Gedanke an Scheidung rief lähmende Gefühle (*Die Wärter des Systems*, Kapitel 2) auf den Plan. Große Angst, zig Sätze, wie sie es als Christin ohne Scheidung schaffen musste – das Wiesel der falschen Hoffnung wusste die Gedanken zu vernebeln. Die Ohnmacht und Scham, einfach nicht zu wissen, was sie tun sollte, verhinderte jede sinnvolle Auseinandersetzung mit ihrer Situation.

Ich beruhigte sie: »Es geht jetzt und hier nicht darum, zu entscheiden, ob du dich scheiden lassen wirst oder ob es für eure Ehe noch andere Möglichkeiten gibt.

Es geht darum, dass du klar denken und beurteilen kannst, was der nächste Schritt ist.« Darum nahmen wir Ruths Stimmungs-Stadtplan zu den fünf Stimmungen wieder hervor. Ich ließ sie die vier Wärter des Systems platzieren, die ihr Familiensystem bewachten und im Moment ihre Gedanken kaperten. Wir hörten jedem Wärter einzeln zu, fragten nach seiner Aufgabe und wovor sie schützten. Dem zuzuhören, was *Nein!* schreit, und zu verstehen, warum es *Nein!* schreit, ist elementar. Oft haben Wärter nämlich die Nase gestrichen voll von dem anstrengenden Job, ein mieses System zu stützen, und würden sich lieber anderen Aufgaben zuwenden, zum Beispiel ihren ursprünglichen, lebensfördernden Aufgaben.

Wenn auch du die Meinung und Beweggründe deiner Wächter erforschen möchtest, lade ich dich zur folgenden Übung ein.

Die Beweggründe der Wächter

Nimm deine Collage (Übung am Ende von Kapitel 1) und blick auf die fünf Stimmungen. Damit deine Gefühle dich nicht überwältigen, schau aus der Vogelperspektive auf die Situation und sag dir: »Ja, so ist es dort, aber jetzt bin ich hier und will etwas verstehen.«

Ich lade dich ein, zu entdecken, wo die verschiedenen Wärter ihre Wachposten haben. Du kannst malen, was dir in den Sinn kommt, oder die Wärter aus Kapitel 2 kopieren. Oder du suchst dir Bilder von Tieren, Comicfiguren etc., die deine Wärter darstellen. Eine weitere Möglichkeit ist, dass du dir den »Gefühle-Monster-Mix« von Beltz kaufst und dir deine Gefühlsmonster zusammenstellst.

Anschließend hör deinen Gefühlen und Gedanken einfach zu. Es hilft, aufzuschreiben, was die verschiedenen Meinungen der Wächter sind. Dabei ist es wichtig, zwischen dem Gefühl (z. B. der Ohnmacht) und den Gedanken (»Hilfe! Das schaff ich nie!«) zu unterscheiden. Schreibe beides auf, ohne den Druck, bereits eine Lösung finden zu müssen! (Wobei gute Ideen natürlich stets willkommen sind.)

Ihren Wärtern zuzuhören, veränderte bei Ruth einiges. Es war kein Gegeneinander mehr zwischen dem Anspruch, zu wissen, was zu tun ist, und ihren Gefühlen. Ruth verstand, dass es noch andere Optionen gab – zum Beispiel, dass ihre Gefühle zu ihrer Originalfunktion, das Leben zu erhalten, finden konnten. Zu Ruths Wärtern gehörte ihr Verantwortungsgefühl. In der Beratung merkte sie, dass dieses Verantwortungsgefühl (wenn es mal ehrlich sein durfte) keine Lust mehr hatte, für alles und nichts geradezustehen. Unvermittelt sagte Ruth: »Ich will nicht mehr mitspielen, bei seinem verd… verdeckten Spiel!« Und nach einem Moment der Stille: »Ich spiele nicht mehr mit. Und ich verteidige mich nicht mehr. Ich verbiete mir die Hoffnung, dass ich mit meinen Erklärungen eine gute Richtung einschlagen kann. Das hat noch nie funktioniert. Ich merke doch, wie es seit Jahren nichts bringt. Nicht mal, wenn ich mich für Dinge entschuldige, die ich nie gesagt, gedacht oder getan habe! Ich muss mir aus dem Kopf schlagen, dass ich mit Entschuldigungen eine Lösung herbeiführen kann. Das Problem ist nicht *mein* Verhalten. Das Problem liegt tief *in ihm* verborgen.«

Ruth gestand sich ein, dass sie die Lösung für ihre Beziehung nicht erbringen konnte. Sie hatte keine Lösung. Und sie erlaubte sich erstmals, keine Lösung erbringen zu müssen. Sie schrieb sich folgende Merksätze auf eine Blankokarte:

> Ich muss und kann die Lösung für unsere Beziehung nicht erbringen.
> Ich habe keine Lösung für seine inneren Konflikte.
> Ich lasse mich nicht mehr in Erklärungsversuche verstricken.
> Ich verteidige mich nicht mehr. Es reicht!

Mit dieser neu gefundenen Haltung ging Ruth pochenden Herzens nach Hause. Die nächsten zwei Wochen verliefen ruhig – *alles wunderbar*, als ob ihr Mann sich von seiner besten Seite zeigen wollte. Das hätte auch anders verlaufen können: Manipulierer haben feine Sensoren dafür, wenn sich ihr Gegenüber aus ihrem Einflussbereich rausbewegt. Bei manchen Manipulatoren triggert das ihr Selbsterhaltungsprogramm und sie fahren mit sämtlichen Taktiken auf.

Doch solange Ruths Mann in Gesprächen Stimmung 2 (Sabotage) provozieren würde (ob absichtlich oder als Automatismus), so lange gibt es keinen Lebensbereich 2 (Aushandeln von fairen Regeln). Sabotage und Fairness sind unvereinbare Pole. Deshalb erarbeiteten wir in einer weiteren Sitzung einen Exit-Plan für Endlosdiskussionen. Solche Maßnahmen sind bei toxischen Manipulierern notwendig, wenn man nicht mehr im nebligen Stimmungslabyrinth herumgejagt werden will. Es geht dabei in keiner Weise darum, dem Manipulator eins auszuwischen, sondern darum, sich selbst einzugestehen, dass man niemandem hilft, wenn man sich in verdrehter Kommunikation und verdeckten Spielregeln verheddern lässt.

Exit-Plan bei Endlosdiskussionen und falschen Anschuldigungen

Hast du Lust, deinen eigenen Exit-Plan zu erstellen? Ruths Plan kann dir dabei eine Hilfe sein.

VORBEREITUNG

Ein Zeitlimit setzen

Wenn ich nach 10 Minuten seitens des Manipulierers nichts Aufrichtiges oder Produktives (einen Vorschlag, was er zur Lösung des Problems beitragen wird) gehört habe, verabschiede ich mich aus der Diskussion.

Eine Aktivität für danach planen
Ich entscheide mich für eine, zwei oder auch drei praktikable Möglichkeiten, mich nach dem Verlassen der Diskussion körperlich zu betätigen und Distanz zum Manipulierer zu schaffen (Bsp.: Ich gehe spazieren, joggen, einkaufen, im Garten arbeiten, bringe einer Freundin etwas etc.).

Exit-Satz aufschreiben und Weggehen üben
Ich schreibe mir meinen Exit-Satz auf und lerne ihn auswendig. Ich übe, aufzustehen und aus dem Raum zu gehen.
Exit-Sätze, die dem Manipulator Raum geben, später etwas zur Lösung beizutragen, ohne unnötig zu provozieren:

- »Sag mir morgen, was du zur Lösung beiträgst, ich muss jetzt (Aktivität) erledigen.«
- »Wir können morgen nochmals darüber reden. Ich möchte gerne wissen, wie du mir entgegenkommen wirst/was du zur Lösung beitragen wirst, aber jetzt muss ich mich um (Aktivität) kümmern.«

Wenn jedoch kein Einlenken oder Mithilfe von der Gegenseite angeboten wird, ist es notwendig, das Gewünschte einzufordern:

- »Ich will, dass du (Aufgabe) erledigst«, und nicht selten auch: »Ich erwarte von dir, dass du respektvoll mit mir sprichst.«

(Selbst wenn die Chancen gering sind, dass der Manipulierer die Auflage erfüllt oder die Aufgabe übernimmt. Es ist wichtig, dass du es drauf ankommen lässt, weil du sonst nicht weißt, ob der Manipulator tatsächlich nicht mithilft oder ob

du ihm bzw. ihr immer zuvorgekommen bist und die Dinge für ihn oder sie erledigt hast.)
Wenn auch das nichts bringt, ist es notwendig, knappe, klare Grenzen zu setzen und das Gespräch zu beenden:

- »So, wie du mit mir sprichst, diskutiere ich nicht mehr mit dir.« (Gehen.)
- »Ich sehe, dass du meiner Bitte nicht nachkommst. Ich werde dich nicht mehr bitten. Das führt nirgendwohin.« (Gehen.)
- »Über dieses Thema spreche ich nicht mehr mit dir, unsere Diskussionen führen zu nichts.« (Gehen.)

Körperanker trainieren
Tief in den Bauch atmen. Sitzbeinhöcker auf dem Stuhl spüren, mit dem Rücken die Rückenlehne erforschen. Tief in den Bauch atmen. Langsam und kraftvoll jede Zehe einzeln in den Boden drücken, von links nach rechts und von rechts nach links. Immer wieder in den Bauch atmen.

DIE HALTUNG WÄHREND EINER DISKUSSION

Ziel: Ich bleibe im Hier und Jetzt und lasse mich nicht emotional »einsaugen«.

Körperanker und Orientierung statt emotionaler Verstrickung
Ich gehe nicht auf Inhalte oder Aussagen in der Diskussion ein. Ich erkenne an, dass es lediglich Alibi-Argumente sind, um mich herumzuscheuchen oder schachmatt zu setzen. Ich lass mich nicht verstricken. Dafür verankere ich mich in meinem Körper und orientiere mich aktiv im Raum:

Raum wahrnehmen
Ich zähle gemächlich die Anzahl Dinge im Raum, die blau sind. Oder ich folge mit meinen Augen den gestikulierenden Händen des Manipulators. Oder ich fahre mit meiner Zunge langsam jeden meiner Zähne entlang. Dann suche ich nach grünen Dingen im Raum.

Beobachten anstelle von Rettungsaktionen
Ich werde Zeuge der inneren Disbalance des Manipulierers, die er auf jemanden abwälzen will. Ich erkenne an, dass der Manipulierer dazu sein ganzes Arsenal an Ausweich- und Angriffsmanövern auffährt. Manipulierer bestreiten so ihr Leben. Es hat absolut nichts mit mir zu tun. Ich kann sein inneres Chaos nicht lösen und werde es auch nicht versuchen.

Selbstvertrauen statt Selbstverteidigung
Ich weiß, was ich getan, gesagt und gedacht habe und was nicht. Ich kenne meine Motive und ich mag mich. Das ist alles, was ich wissen muss.
Ich verteidige mich nicht und gebe keine Erklärungen ab, egal wie niederträchtig die Anschuldigungen werden. Ich erkenne an, dass die Anschuldigungen ausschließlich darauf abzielen, mich aus der Fassung zu bringen oder in die Ecke zu treiben. Diesen Gefallen werde ich ihm/ihr aber nicht tun.
Mögliche Sätze, die Anschuldigungen ins Leere laufen lassen, sind:

- »Ich habe verstanden, dass du das so siehst.«
- »Das hast du schon gesagt.«
- »Ich sehe, dass du das so sehen willst.«
- »Da gehen unsere Ansichten auseinander.«

- »Ich sehe, dass du mir das anhängen willst. Da helfe ich nicht mit.«

Wenn du bereits die Erfahrung gemacht hast, dass nichts greift, ist Schweigen sinnvoller.

Zeitwächter

Ich behalte die Zeit im Auge. Wenn mein Zeitlimit erreicht ist, stehe ich auf, sage meinen Exit-Satz und mache mein Ding.

Dieser Exit-Plan ist kein Arbeitsblatt, das ich Menschen mit guten Wünschen an die Hand gebe. Stattdessen erarbeite ich mit den Ratsuchenden ihren konkreten Leitfaden und wir üben die einzelnen Schritte. Es müssen gute praktische und körperliche Erfahrungen gemacht werden, damit die erarbeiteten Punkte unter toxischem Stress auch funktionieren. Und in einer folgenden Sitzung schauen wir: Was hat geholfen? Was hat funktioniert und was nicht? Was braucht es noch, damit die manipulativen Taktiken abperlen und nicht mehr vernebeln?

An Begleitende von Seelenprozessen: Wir müssen genau nachfragen, wie gewalttätig die Situation zu Hause ist, und abschätzen können, ob die äußere Sicherheit gewährleistet ist, bevor die Lebensbereiche 1 bis 4 angegangen werden können. Sonst hat die körperliche Sicherheit von Betroffenen und deren Kindern Priorität. (Wenn körperliche, sexualisierte oder zum Suizid treibende psychische Gewalt stattfindet, hat das Ausarbeiten und Gewährleisten von körperlicher Sicherheit maximale Priorität! Mehr dazu in Kapitel 11.) Wenn keine körperliche Gewalt oder andere lebensgefährdenden Zustände herrschen, dann ist es wichtig, Betroffenen zu helfen, sich aus der hypnotischen Bindung zu lösen, andernfalls besteht das Risiko, dass sie immer wieder zum Manipulator zurückkehren.

Bei Ruths Mann bestand nicht die Gefahr der Gewaltanwendung. Stattdessen bestärkte ich sie darin, ihr nahestehenden Menschen anzuvertrauen, was in den eigenen vier Wänden abging. Ruth musste dafür ihre eigenen übersteigerten Ansprüche, wie sie als Ehefrau zu sein hatte, zu Grabe tragen. Nur so konnte sie den Menschen, denen sie vertraute (in ihrem Fall die Eltern und eine Freundin), erzählen, wie es um ihre Ehe stand und dass sie mit ihrem Latein am Ende war. Es ist notwendig, dem antrainierten Übermenschen die Luft rauszulassen und ganz Mensch zu werden. Das ist besonders in Bezug auf den Lebensbereich der Öffentlichkeit eine Herausforderung, denn *Ganz Mensch sein* ist die Antithese zur Stimmung *Scheinwerferlicht*.

Lebensbereich 5: Ganz Mensch sein, auch in der Öffentlichkeit

Mit der Grundhaltung im Zentrum: Ich lasse dem Übermenschen die Luft raus und trage übersteigerte Ansprüche zu Grabe.
Einen gesunden Umgang mit der Öffentlichkeit zu finden, ist nicht einfach. Wie soll man »vom Sockel steigen«, wenn man doch fürs Glänzen im Scheinwerferlicht »dressiert« wurde?

Wie es letztlich geschieht, ist unterschiedlich. Aber sicher ist: Dem aufgeblasenen Übermenschen darf die Luft rausgelassen werden und die übersteigerten Ansprüche dürfen zu Grabe getragen werden. Das bedeutet auch, sich mit der eigenen Persönlichkeit zu versöhnen. Als Philip die fünf Lebensbereiche für sich gestaltete und Schritt für Schritt erarbeitete, was ihm wichtig war, merkte er, dass er eher introvertiert war und nicht gerne mit großen Gruppen oder an lauten Orten verkehrte. Er konnte sich eingestehen, dass er sich lieber mit einem Freund oder zwei, drei Kollegen traf, und mit dieser Erkenntnis Frieden schließen. Er merkte, dass es nicht seiner Persönlichkeit entsprach, sich im Scheinwerferlicht zu präsentieren.

Als Liora dem auf sie projizierten Übermenschen die Luft abließ, wurde sie frei, zu überlegen, was sie wirklich tun wollte. Sie merkte, dass sie die Arbeit im ständigen Kundenkontakt enorm belastete. Sie begann eine Ausbildung in einem anderen Beruf. Das war finanziell eine Herausforderung, doch es entlastete sie ungemein, dass sie ihren Arbeitsabläufen nachgehen konnte, ohne ständig unterbrochen zu werden. Die Pausen im kleinen Rahmen halfen ihr, sich zu erholen. Für Liora bestand die größte Herausforderung jedoch darin, sich in ihren Beziehungen zu zeigen, wie sie ist, und die Ansprüche, wie sie sein sollte, zu Grabe zu tragen. In der Öffentlichkeit fühlte sie sich noch lange Zeit unbehaglich. Doch nach und nach fand sie zu sich selbst und merkte, mit welchen Menschen sie gerne zusammen war und mit welchen nicht.

Auch für Hannah war der Bereich der Öffentlichkeit lange Zeit schwierig, weil sie sich stets für alles verantwortlich fühlte (Kapitel 6: Die *Helfer-Rolle*) und meinte, sich immer im Scheinwerferlicht präsentieren zu müssen. Darum zog sie sich für geraume Zeit von der Bühne zurück. Davor hatte sie in ihrer Gemeinde in einer Lobpreisband gesungen. Sie machte die Erfahrung, dass es weder um ihr Äußeres noch um ihre Leistung ging, sondern darum, dass sie als Mensch geschätzt wurde, ohne Unerreichbares oder »Glänzendes« zu leisten. Sie nahm allmählich wahr, dass viele Menschen sie mochten. Doch sie trug die verschiedenen Ansprüche an ihren Übermenschen und auch die Helfer-Rolle unzählige Male zu Grabe. Außerdem hatte sie im Beruf eine Leitungsrolle inne und konnte sich nicht aus ihren Aufgaben verabschieden. Aber das war auch nicht notwendig. Sie durfte Mensch werden und musste nicht mehr perfekt sein, weder auf der Arbeit noch auf ihrem Heilungsweg. Sie stellte sich immer wieder ihrem Drang, Übermenschliches zu leisten, und glich ihre Ansprüche der Realität an.

In diesem Kapitel konntest du einen Blick auf Genesungswege werfen. Durch Teil I bist du vermutlich mit Rollen, Verhaltensweisen und anderen Facetten von dir in Berührung gekommen, die dir vorher nicht bewusst waren. Ich ermutige dich, den Weg in dieses andere Land unter die Füße zu nehmen. Schritt für Schritt. Vielleicht brauchst du Unterstützung, vielleicht hast du bereits eine Ahnung, was du angehen musst. Psychisch und geistlich zu gesunden bedeutet, aufrichtig vor sich selbst zu werden und sich der ganzen Palette des Menschseins zu stellen.

Terez, ein Komödiendichter der römischen Antike, sagte: »Ich bin ein Mensch, und nichts Menschliches ist mir fremd.« Ja, lasst uns wieder ganz Mensch sein. Es ist viel schöner und entspannter so.

Ein anderer längst verstorbener Mann, König Salomo[87], warf einen tiefen Blick auf das Leben und seine Herausforderungen und fasste sie in wunderbare Worte. Ich lade dich ein, Prediger 3,1-15 anzuhören und auf dich wirken zu lassen.[88]

Heute will ich dir erzählen, wer Mose war und wie es dazu kam, dass er nach Ägypten zurückkehrte, obwohl ihm die Flucht gelungen war. Mose hatte keinen einfachen Start ins Leben. Er wurde in der Zeit der Morde an den hebräischen Knaben geboren. Sein Überleben verdankte er dem Mut und der Kühnheit seiner Mutter, seiner Schwester und der Tochter des Pharaos.

Drei Monate hatte die Mutter den Säugling versteckt gehalten. Er musste mucksmäuschenstill sein, um nicht von den Schergen des Pharaos gefunden zu werden. Als die Mutter ihn nicht mehr länger verbergen konnte, übergab sie ihn einem ungewissen Schicksal. Oder der Fürsorge Gottes? Jedenfalls setzte die Mutter ihr Baby in einem schwimmenden Korb auf dem Nil aus. Sie musste loslassen, sie konnte es nicht retten.

Doch seine ältere Schwester Myriam versteckte sich am Ufer des Nils. Sie blieb in einiger Entfernung stehen, um zu beobachten, was mit dem kleinen Geschöpf geschehen würde. Sie konnte ihren Bruder nicht allein lassen. Sie musste sehen, welches Schicksal ihn treffen würde.

Irgendwann kam die Tochter des Pharaos zum Baden an den Fluss. Ihre Dienerinnen warteten am Ufer. Plötzlich entdeckte die Prinzessin den Korb im Schilf. Merkwürdig. Sie schickte eine Dienerin hin und ließ ihn holen. Als sie den Korb öffnete, erblickte sie ein weinendes Baby. Sie bekam Mitleid und dachte: »Das ist bestimmt eins von den hebräischen Kindern.«

Ich weiß nicht, woher Myriam ihren Mut nahm, doch sie trat aus ihrem Versteck und sprach die Pharaonentochter an: »Ich kenne eine hebräische Frau, die gerade stillt«, sagte sie.

»Soll ich sie rufen? Dann könnte sie das Kind für Sie stillen.«
Ich weiß auch nicht, woher die Kraft der Prinzessin kam,
sich gegen den Willen des herrschenden Vaters zu stellen,
doch sie antwortete: »Ja, ruf sie her!«
Myriam lief los und holte ihre Mutter.
So kam es, dass Mose durch ein Wunder vor dem
sicheren Tod gerettet und unter königlichem
Schutz seiner Mutter zurückgegeben wurde.

Wir wissen nicht, wie alt der Junge war, als seine Mutter ihn abstillte, um ihn, wie vereinbart, der Tochter des Herrschers zu übergeben. Wir wissen nicht, wie alt er war, als er aus seiner Familie, seiner Muttersprache, seiner Kultur und seiner Herkunft herausgerissen wurde. Wir wissen nicht, wie viel er verstand, als er in den Palast der Pharaonentochter gebracht wurde, in dem ein ganz anderes Klima herrschte. Wir wissen nicht, ob seine spätere Wortkargheit oder seine Not, nicht gut sprechen zu können, aus der Entwurzelung resultierte.

Jedenfalls wuchs Mose in dieser fremden Welt auf, lernte, was am Königshof gelehrt wurde, und wurde erwachsen. Als er vierzig Jahre alt war, trieb ihn etwas dazu, sich die Verhältnisse seines Volkes anzusehen. Er ging hinaus auf die Baustellen, auf denen sein Volk, seine Brüder, zur Fronarbeit gezwungen wurden, und sah, wie sie litten. Bereits am ersten Tag wurde er Zeuge, wie ein Ägypter einen Hebräer grundlos schlug. Niemanden schien das zu kümmern, niemand griff ein …
Doch Mose griff ein und erschlug den Sklaventreiber.

Am nächsten Tag ging er wieder hinaus auf die Baustellen. An diesem Tag wurde er Zeuge, wie sich zwei Hebräer stritten. Mose mischte sich ein und stellte den, der im Unrecht war, zur Rede: »Warum schlägst du einen Mann aus deinem eigenen Volk?« Der Mann musterte ihn kritisch: »Was geht dich das an? Bist du unser Aufseher oder Richter? Willst du mich auch umbringen wie gestern den Ägypter?«
Mose erschrak und dachte:
»Es ist also doch herausgekommen!«

Als der Pharao von Moses Vergeltungstat erfuhr, befahl er, ihn hinrichten zu lassen. Der mächtige Herrscher duldete keinen Querschläger. Seine unantastbare Herrschaft musste schnell wiederhergestellt werden.

Doch Mose gelang die Flucht und er gelangte in das Land Midian. Während er an einem Brunnen rastete, kamen sieben Mädchen mit Schafen und Ziegen herbei, um ihre Herde zu tränken. Als sie das Wasser aus dem tiefen Brunnen gezogen hatten und die Tränkrinne für die Tiere gefüllt war, drängten andere Hirten die Mädchen weg, um ihre Tiere trinken zu lassen, ohne die harte Arbeit des Wasserschöpfens auf sich zu nehmen. Auch gegen diese Ungerechtigkeit stand Mose auf. Er stellte sich vor die Mädchen, gebot den Hirten, zu warten, und packte beim Tränken der Herde der Hirtinnen mit an.

Als die Hirtinnen nach Hause kamen, fragte ihr Vater Reguël erstaunt: »Warum kommt ihr heute schon so früh zurück?« Offenbar hatten die Mädchen das Problem häufiger. Sie erzählten: »Ein Ägypter half uns,

Wasser zu schöpfen und die Tränkrinne zu füllen!
Er hat uns sogar gegen die anderen Hirten verteidigt!«
»Wo ist er?«, wollte Reguël wissen. »Warum habt ihr ihn nicht
mitgebracht? Geht, bittet ihn, mit uns zu essen!«
So kam Mose zu Reguël, dem Priester von Midian.
Dieser lud Mose ein, bei ihnen zu bleiben, und Mose willigte ein.

Später gab Reguël ihm seine Tochter Zippora zur Frau
und nahm Mose so in seine Familie auf.
Bei der Geburt seines ersten Sohnes zeigte sich,
wie stark Mose unter dem Gefühl litt, ein Entwurzelter zu sein.
Er nannte sein Kind Gerschom, was »ein Fremder dort« oder in
meinen Worten »fern von zu Hause« bedeutet. Mose sprach aus,
was in seinem Herzen Wirklichkeit war: »Weil ich als Fremder
in einem Land leben muss, das nicht meine Heimat ist.«
Wieder vergingen vierzig Jahre. Mose, am Königshof
ausgebildet, hütete Schafe. Mose, dessen Gerechtigkeitssinn
ihn beinahe umgebracht hatte,
verbrachte seine Tage in der Einöde der Wüste.
Bis eines Tages etwas geschah,
das den Lauf seines Lebens und unzähliger weiterer Menschen
veränderte – ein Riss in Raum und Zeit, dessen Konsequenzen
bis ins Heute reichen. Es war der Tag, an dem Gott hörbar
in die Erdenwirklichkeit trat, um mit einem Menschen
seine Gesinnung zu besprechen, seine Gesinnung,
Menschen aus ihren Verstrickungen herauszuführen.[89]

Kapitel 11

Auftragsklärung und Verhandlung

Warum erzähle ich dir Moses Lebensgeschichte? Warum halte ich sie für relevant? Ich liebe das Buch Exodus und ich mag Mose, denn er war kein Held. Er war ein Entwurzelter, ein Geflohener mit einer »schweren Zunge«. Mit einem *Entwurzelten* und immer wieder *Sprachlosen* kann ich mich nur zu gut identifizieren.

Anscheinend gab es einen Weg, die Kinder Israels aus der Versklavung herauszuführen, auch wenn Mose sich der Aufgabe in keiner Weise gewachsen fühlte. Er wusste nicht, dass er an dieser Aufgabe wachsen würde und dass er sich, durch Gottes Führung und mit der Unterstützung seines Bruders, zum Leiter und Befreier des Volkes entwickeln würde.

Auch wir sind immer wieder herausgefordert, an unseren Lebensaufgaben zu wachsen. Oft scheinen diese zu groß und wir zu klein, zu unfähig oder zu unbedeutend. Du wirst immer wieder erleben, dass sich dir Aufgaben stellen, bei denen du glaubst, dass du sie nicht allein bewältigen kannst. Aber wenn du dich auf sie einlässt, wirst du an der Herausforderung reifen.

Oft verstehen wir nicht, warum unser Leben so laufen musste, wie es gelaufen ist. Vielleicht haderst du mit dem Leben, vielleicht mit Gott, dass er Schlimmes in deinem Leben zugelassen hat. Søren Kierkegaard, Philosoph, Theologe und Schriftsteller, wusste: »Verstehen kann man das Leben nur rückwärts. Leben muss man es aber vorwärts.« Verstehen werden wir vielleicht erst Jahre später, aber das Leben und seine Aufgaben in Angriff nehmen, das müssen wir heute.

Änderungen in Angriff nehmen

Ruth war als Mutter für das Wohlergehen ihrer Kinder verantwortlich. Es war ihre Aufgabe, sich für ein besseres Klima einzusetzen. Sie musste mit ihrem Mann verhandeln, wenn es anders werden sollte.

Darum vereinbarte sie mit ihrem Mann ein Date, sorgte dafür, dass ihre Kinder auswärts übernachteten, und reservierte in einem Restaurant einen Tisch, denn sie wusste, dass ihr Mann sich in der Öffentlichkeit gesitteter benehmen würde als zu Hause.

Sie sagte ihrem Mann, dass sie etwas Wichtiges mit ihm besprechen und wissen wolle, wie er darüber denke. Im Restaurant sprach sie von ihrem Wunsch, dass sie besser miteinander umgingen. Sie sagte ihm, dass die Art, wie sie Konflikte angingen, nicht das Klima war, mit dem sie ihre Kinder prägen wollte. Und sie sprach davon, dass sie traurig war, dass eine Atmosphäre von Angst vor Beschämung das familiäre Zusammensein prägte. Sie erklärte: »Ich habe die Punkte zusammengetragen, die mir im Umgang miteinander wichtig sind. Bist du willens, sie dir anzuhören?« Er war einverstanden. Sie begann: »Ich möchte, dass unser Familienklima von den folgenden Qualitäten geprägt wird.« (Der Vollständigkeit halber liste ich alle auf. Ruth kam an diesem Abend aber nur bis zu Punkt zwei.)

Ich möchte, …

- dass wir einander zuhören und einander ausreden lassen.
- dass wir einander ernst nehmen.

- dass wir nachfragen, wenn wir etwas nicht verstanden haben.
- dass wir fragen, wie etwas gemeint ist, wenn einer von uns verunsichert ist, sich übergangen oder angegriffen fühlt.
- dass wir gemeinsam schauen, wie wir unsere Probleme und Aufgaben am besten lösen.
- dass ich sagen kann, welche Arbeiten ich abdecke. Ich möchte nicht genötigt noch durch abwertende Kommentare zu Aufgaben gezwungen werden.
- dass ich für meine Verantwortungsbereiche zuständig bin. Ich möchte nicht von dir angegangen werden, wenn du etwas anders machen würdest oder anders erwartest. Du kannst mir zwar sagen, was dich stört, aber wenn du es anders haben möchtest, dann ist es an dir, die Arbeit zu machen und die Aufgabe zu übernehmen.
- dass ich dir sagen kann, wenn mich etwas überlastet oder überfordert. Ich möchte, dass du mich nicht mehr klein machst oder als minderwertig hinstellst, wenn ich etwas nicht kann.
- dass ich dich um Hilfe und Unterstützung bitten kann in den Bereichen, in denen ich nicht allein zurechtkomme. Ich wünsche mir eine wohlwollende Reaktion von dir und dass du mir hilfst.
- dass ich dich fragen darf: »Warum reagierst du so?« Ich will verstehen, wenn ich empfinde, dass deine Reaktion nicht angemessen ist. Ich möchte, dass wir uns gegenseitig Raum geben, um über unsere Beweggründe nachzudenken.
- dass wir Fehlverhalten, Fehler oder Missgeschicke respektvoll ansprechen. Ich will wissen, was in der Situation hilfreich gewesen wäre. Ich wünsche mir, dass wir einander Fehler eingestehen und gemeinsam schauen, was anders werden muss, damit wir uns nicht im Kreis drehen.

- dass wir uns entschuldigen können, ohne vom anderen bloßgestellt zu werden. Ich entschuldige mich für meine Fehler und mein Fehlverhalten und ich will, dass du dich ebenfalls für dein Fehlverhalten entschuldigen lernst. Wir sind beide verantwortlich für die Qualität unserer Beziehung. Wir sind beide verantwortlich dafür, dass unsere Kinder diese Werte erleben und zu ihren eigenen machen können.

Ruth hatte sich gut vorbereitet und ihre ganze Herzlichkeit aufgeboten, um dieses Gespräch mit ihrem Mann zu führen. Beim ersten Punkt war er noch einverstanden. Beim zweiten behauptete er, dass er sie immer ernst nehme und warum sie nun mit einer ganzen Liste komme, er habe gedacht, sie würden sich einen schönen Abend machen. Ruth ließ sich nicht beirren. Sie sagte: »Ja, genau, weil mir unsere Beziehung wichtig ist, habe ich mich vorbereitet und will mit dir über unsere Beziehung und die Art, wie wir miteinander umgehen, reden. Das sind Punkte, die ich so nicht erlebe, die aber eine gesunde Beziehung ausmachen. Ich erwarte nicht, dass wir übermorgen ausschließlich fair miteinander umgehen. Aber ich will, dass du und ich uns gemeinsam auf den Weg machen, ein wohlwollendes Klima in unserer Familie zu schaffen. Du beschuldigst mich und die Kinder immer wieder zu Unrecht und machst uns für Dinge verantwortlich, die du selbst angehen müsstest. Ich will nicht, dass unsere Kinder so aufwachsen.«

Ihr Mann hatte sichtlich Mühe mit ihren klaren Worten. Er verfiel in die Opferrolle und meinte weinerlich, dass sie wohl schon einen anderen habe und es ja klar sei, dass sie sich von ihm trennen wolle (Hakenschlagen). Ruth sagte ruhig, dass sie nicht plane, sich von ihm zu trennen, aber dass sie wolle, dass er seine Emotionalität und seine Angewohnheit, alle anderen verantwortlich zu machen, therapeutisch angehe. Ihr Mann konterte, sie wolle ihn als »Psycho« darstellen. Ruth ließ sich nicht verstricken. Sie sagte: »Mir hat meine Beratung viel gebracht. Sie hilft mir, Wege zu finden, wo ich keine sah, und Dinge anzugehen, die ich von mir geschoben hatte.« Ruth übergab ihm das Blatt mit den Punkten und erklärte, er könne sich ihre Wünsche in Ruhe anschauen, in einer Woche wolle sie mit ihm nochmals darüber sprechen. Im Auto startete ihr Mann mit Taktiken aus Stimmung 2 bis 4, doch Ruth beendete die Diskussion, indem sie sagte: »Diese Art funktioniert bei mir nicht mehr.« Die beiden fuhren schweigend nach Hause.

Manipulatoren zu informieren, dass diese Art nicht mehr funktioniert, lässt sie meistens innerlich zusammensacken. Ihr Waffenarsenal (ihre Selbsterhaltungsmaschinerie) funktioniert nicht mehr? *Hilfe! Was jetzt?* Manipulatoren sind stets mit der Angst vor der Bedeutungslosigkeit konfrontiert, auch wenn sie sich das nicht eingestehen. Darum müssen sie das Gegenüber emotional aufwühlen, um sich relevant zu fühlen. Doch so werden niemals faire Beziehungsregeln gefunden und die erpresste emotionale Reaktion wird dem Manipulator auch niemals dazu verhelfen, sich relevant, geliebt oder angenommen zu wissen.

Am nächsten Morgen holte Ruth die Kinder am Übernachtungsort ab. Ihr Mann hieß sie überaus herzlich willkommen, als sie nach Hause kamen. *Alles wunderbar*, nicht wahr? Mitte der Woche erinnerte Ruth ihren Mann, dass sie am Freitagabend nochmals reden wolle. Am Freitag, als die Kinder im Bett waren, kochte sie für beide Kaffee und sie setzten sich zusammen hin.

Verlauf von Verhandlungsgesprächen zu neuen Beziehungsregeln

Es gibt drei Möglichkeiten, wie solche Verhandlungsgespräche verlaufen können:

1. Möglicherweise hat sich der Partner Gedanken gemacht: Etwas wurde angestoßen und er bzw. sie merkt selbst, dass ihm/ihr ein solches Klima auch lieber wäre. Vielleicht ist der Partner (oder auch beide) überfordert, wie sie das bewerkstelligen sollen. Möglicherweise merken sie, dass bei ihnen einiges vertrackt ist und es kein leichter Weg werden wird. Das gilt es offen auf den Tisch zu legen. Wenn sich Partner in einer Beziehung eingestehen können, wo sie stehen und in welchen Bereichen sie Hilfe brauchen, dann gibt es Hoffnung, einen gemeinsamen Weg in ein gutes und beziehungsförderndes Land zu finden. Voraussetzung bleibt: *Beide* müssen ihr Verhalten aufrichtig anschauen und praktisch angehen.
2. Die andere Möglichkeit ist, dass der Partner merkt, dass es für ihn oder sie eng wird, und er bzw. sie sich deshalb mit den Forderungen einverstanden erklärt. Vielleicht tut er oder sie sogar so, als wäre das seine bzw. ihre Idee gewesen, und behauptet, richtiggehend froh zu sein, dass die Punkte nun offenliegen. In dem Fall empfehle ich, konsequent nachzufragen, wie er oder sie sich diese Veränderung vorstellt und wie er bzw. sie diese angehen wird.
   a) Kommen konkrete Vorschläge, wie der Partner seine emotionalen Ausbrüche oder Schuldzuweisungen anders handhaben will, dann ist das ein Schritt in die richtige Richtung. Dennoch wird die Realität zeigen, was er oder sie tatsächlich umsetzt.

   b) Wenn der Partner ausweicht oder den Umständen die Schuld gibt, dann weißt du, dass sich in seinem bzw. ihrem Denken und Wollen noch nichts verändert hat.
3. Die dritte Möglichkeit sind die altbekannten Reaktionen. Eventuell verändern sich die Inhalte der Taktiken etwas – vielleicht etwas mehr *Love Bombing*, vielleicht etwas mehr Bußdramen, aber vielleicht auch üblere Beschuldigungen und/oder Drohungen.

Drohungen, Erpressungen und Gewalt

Wenn dein Partner gewalttätig ist oder stark ausfällig wird, dann ist es absolut notwendig, auswärtige Hilfe (mutige Freunde und/oder die Polizei) zu involvieren! Wende dich an die Opferhilfeeinrichtung und informiere dich, wie du vorgehen musst. Niemand muss Goliath mit bloßen Händen besiegen! Drohungen, Erpressung, Nötigung und körperliche und/oder sexualisierte Gewalt sind Straftaten[90], und Betroffene sollten sich in Sicherheit bringen und brauchen Hilfe und Unterstützung! Weitere Verhandlungen müssen unter der Leitung von Opferschutz und/oder Anwälten geführt werden, ohne Wenn und Aber.

Ich weiß nicht, wie viele Frauen (vielleicht auch Männer) durch die Hölle gegangen sind, weil ihr (christliches) Umfeld sie dazu gedrängt hat, es »nochmals zu versuchen« oder »die Dinge im Gebet anzugehen« (so wichtig Gebet ist, in diesem Fall ist der Rat eine Bagatellisierung). So schützen wir Täter und schaden Opfern zusätzlich zu ihrem Leid! Es muss uns allen klar sein, dass durch Drohungen, Erpressung und Gewalt niemals eine Beziehung verbessert wird. Da gibt es nichts schönzureden!

Wenn dir niemand aus deinem Umfeld hilft, dann geh ins Frauenhaus. Das ist nicht angenehm, aber manchmal der einzige Weg, um Schutz zu erhalten und eine Übergangslösung zu finden, damit du deine nächsten Schritte planen kannst. Dein Auftrag ist einzig, dich (und deine Kinder) in Sicherheit zu bringen.

Grenzen ziehen, Erwartungen formulieren und Konsequenzen ankündigen

Die meisten Betroffenen hoffen, einen gemeinsamen Weg zu finden, und das wünsche ich dir auch. Gerade bei »milden« Manipulatoren oder Personen, die sich aufrichtige Beziehungen wünschen, ist durch faire Verhandlungen viel zu gewinnen! Dennoch haben wir in Teil I gesehen, dass Familienrollen oder manipulative Verhaltensweisen eine große Macht über Menschen und deren Beziehungen ausüben. Darum ermutige ich zu einer Paartherapie bei Fachpersonen, die sich mit manipulativen Verhaltensweisen auskennen (dies ist auch im Hinblick auf *Flying Monkeys* wichtig, siehe Kapitel 13).

Seelsorger und Seelsorgerinnen, Berater und Beraterinnen sind von Haus aus nicht im Bereich frühkindlicher Entwicklungstraumata ausgebildet und demzufolge oft überfordert, weil ihre Ansätze, wenn auch gut gemeint, zu kurz greifen.

Verhandlungen werden im Sand verlaufen, wenn nicht auf folgende drei Punkte geachtet wird:

- Erwartungen formulieren
- Grenzen ziehen: Bis hierher und nicht weiter!
- Konsequenzen auf die Beziehung aussprechen und gegebenenfalls ankündigen, was geschieht, wenn dem Wunsch nicht entsprochen wird

Ruths Mann wurde nicht handgreiflich, auch an diesem zweiten Verhandlungsabend nicht, sondern kippte wieder in die Opfer-Rolle, als Ruth ihn herausforderte, konkret zu werden. Doch als er merkte, dass Ruth nicht lockerließ, reagierte er wie unter 2b aufgeführt: »Er wünsche sich auch ein anderes Klima und es gäbe Dinge, die anders laufen könnten. Er stehe wegen der Selbstständigkeit sehr unter Druck und fühle sich von Ruth auch nicht immer ernst genommen.« Ruth ließ sich nicht beirren und blieb auf Kurs, denn sie hatte in der Beratung ausgearbeitet, was ihr wichtig war:

1. Es ist nicht recht, wie du mit unseren Kindern sprichst. Ich will, dass du rausgehst, wenn du dich aufregst, bis du dich beruhigt hast. Es sind deine Kinder und du bist ihr Vater. Ich will, dass du fair, wohlwollend und liebevoll mit ihnen umgehst. Ich akzeptiere nicht mehr, dass du unsere Kinder anbrüllst oder klein machst. Und ich erwarte von dir, dass

du uns nach Auseinandersetzungen nicht mehr mit eisernem Schweigen bestrafst. (Erwartung kommunizieren und Grenzen ziehen: Bis hierher und nicht weiter!)

2. Du erklärst dich bereit, dich um eine faire Art der Kommunikation zu bemühen, wie in der Liste aufgeführt. (Erwartung kommuniziert.) Ich darf dich daran erinnern, wenn es nicht der Fall ist. (Konsequenzen angekündigt.)
3. Wir starten eine Paartherapie. Das brauchen wir, wenn unsere Beziehung besser werden soll. Das Klima jetzt raubt mir die Luft zum Atmen und ich weiß nicht, wie lange ich das noch aushalte. (Eine klare Ansage: Erwartung kommuniziert, Konsequenzen auf die Beziehung aussprechen und gegebenenfalls ankündigen, was geschehen wird, wenn dem Wunsch nicht entsprochen wird.)

Ruth drohte nicht mit einer Trennung, sondern sagte, wie es ihr ging und dass sie nicht wusste, wie lange sie das noch aushalten würde. Ihr Mann lenkte ein und Ruth war erleichtert. Sie war stolz auf sich, weil sie sich das erste Mal gegen die manipulativen Endlosdiskussionen durchgesetzt hatte.

Realistische Erwartungen und die radikale Akzeptanz der ungeschminkten Realität

Im Folgenden gehe ich noch etwas detaillierter auf die Verhandlungsprinzipien ein, denn eine gute Vorbereitung auf Verhandlungsgespräche bezüglich neuer Beziehungsregeln ist unabdingbar.

Stell dir folgende Fragen:

- Was macht das Verhalten des Manipulierers mit mir?
- Was wünsche ich mir in dieser Beziehung? Wohin möchte ich mit der Beziehung? Welche Punkte sind mir wichtig?
- Welches Verhalten des Gegenübers entspricht nicht diesen Punkten? Dabei ist es wichtig, die Verhaltensweisen klar anzusprechen, jedoch neutral zu formulieren. Also nicht: »Du machst immer, darum …«, sondern: »Weil mir unsere Beziehung wichtig ist, will ich mit dir über unsere Beziehung und die Art, wie wir miteinander umgehen, reden. … sind Punkte, die ich nicht erlebe, die aber eine gesunde Beziehung ausmachen.«
- Wo ziehe ich die Grenze? Was erwarte ich? Und was ist die Konsequenz, wenn den Erwartungen nicht entsprochen wird?

Im Gespräch:

- Lass Ablenkungsversuche, Hakenschlagen oder Gegenangriffe unkommentiert und kehr ruhig, sachlich, aber beharrlich zu dem Punkt zurück, der dir wichtig ist. (Bsp.: »Ich höre, dass du dir auch ein anderes Klima wünschst. Ich möchte aber wissen, *wie* du es angehen wirst, wenn du wütend wirst. Was wirst du anders machen als bisher?«)
- Leg deine Absicht offen. (Wenn bspw. das Thema Scheidung auf den Tisch kommt: »Nein, ich hoffe grundsätzlich, dass wir es zusammen schaffen. Dennoch bin ich nicht bereit, diese Verhaltensweisen weiter zu tolerieren. Sie schaden uns.«)
- Wenn das Gespräch nicht konstruktiv (also den Punkten entsprechend) weitergeführt werden kann, dann gib die Anliegen am besten schriftlich mit. Das schafft dem Gegen-

über Raum, sich mit der Sache zu beschäftigen, ohne schon einen Weg zu sehen.

- Wenn der Partner zur Gewalttätigkeit (auch verbaler) neigt, dann organisiere vorher einen sicheren Ort für die Übernachtung. Beschimpfungen und Drohungen beenden jede Verhandlung!

Es ist nicht leicht, immer wieder auf den Kern des Anliegens zurückzukommen: »Ich will eine Beziehung mit dir. Aber ich will eine echte und vertrauenswürdige Beziehung. Ist das mit dir möglich?«

In Kapitel 6, in Bezug auf die (Familien-)Rollen, wurde klar: Eine Rolle loszuwerden, bedeutet, realistisch zu werden. Dasselbe gilt für vergiftete Beziehungen: Nur realistische Erwartungen und die radikale Akzeptanz der ungeschminkten Realität sind zielführend.

In der Geschichte des Exodus hatte Gott Mose bereits in der Wüste darauf vorbereitet, dass der Pharao ein verstocktes Herz besaß und sich nicht erweichen lassen würde.[91] Um zwischen Schein und Realität unterscheiden zu lernen, schauen wir uns im nächsten Kapitel an, welche Veränderungsprozesse manipulative Personen in Angriff nehmen müssen, wenn vertrauensvolle Beziehungen Wirklichkeit werden sollen.

Doch davor noch ein Wort zu Beziehungen mit manipulativen Menschen, die einem nicht nahestehen: Ihnen aus dem Weg zu gehen, wenn nötig Paroli zu bieten und Grenzen zu ziehen (bis hierher und nicht weiter!), ist allemal möglich. Zu akzeptieren, dass stark manipulative Menschen zutiefst unzufriedene Zeitgenossen sind, die mit sich selbst nicht zurande kommen, hilft, ihre Angriffe nicht das eigene Herz treffen zu lassen. Ihre Reaktionen haben im Grunde nichts mit uns zu tun. Wer sie durchschaut, verliert die Angst vor ihnen. Unangenehme und destruktive Menschen bleiben sie, daran ändert sich nichts. (Bei bösartigen Narzissten gilt nach wie vor: Bring dich in Sicherheit und breche den Kontakt ganz ab – wenn immer möglich auch bei Vorgesetzten oder Mitarbeitern. Die Toxizität, die von diesen Personen ausgeht, wird auch dein Privatleben vergiften.)

Für den Umgang mit Manipulatoren, die man nicht aus dem eigenen Leben aussortieren kann, hat sich der Begriff *Grey Rock* (grauer Felsen) etabliert.

Grey Rock oder die Kunst, Manipulation an sich abperlen zu lassen

Grey Rock steht dafür, dass man sich von manipulativen Personen nicht mehr berühren lässt und für sie so uninteressant wird wie ein grauer Felsbrocken. Gerade im beruflichen Umfeld kann man nicht immer alle manipulativen Personen aussortieren. Sich uninteressant für den Manipulator zu machen, indem man dessen Ego

nicht huldigt und sich nicht auf Gespräche einlässt, hilft, an manipulativen Menschen vorbeizunavigieren. Wenn du manipulatives Verhalten erlebst, kannst du dem Manipulierer die Frage stellen: »Was ist dein Ziel?« oder »Was erhoffst du dir mit deiner Aussage/deinem Verhalten?« Wenn du gut zuhörst, hilfst du vielleicht der manipulativen Person, sich über ihre Beweggründe klar zu werden. Wenn keine aufrichtige Antwort kommt, biete ihr Paroli: »Dein ausweichendes Verhalten/deine giftigen Kommentare/dein ›So tun als ob‹ ist mühsam und beeinträchtigt die Zusammenarbeit.« Eventuell auch: »Wenn du die Zusammenarbeit nicht vermiesen willst/unsere Beziehung keinen Schaden nehmen soll, erwarte ich einen anderen Umgang mit mir (dem Kollegium).«

Manipulierern Paroli zu bieten, ist gar nicht so schwierig. Das schaffst du! Beim ersten Mal jemanden zur Rede zu stellen, bedeutet zwar meist gehörig Bammel. Beim zweiten und dritten Mal klopft das Herz vielleicht immer noch ganz schön laut, aber mit der Zeit wird es normal, Menschen zu fragen, warum sie sich so verhalten oder warum sie diese Aussage machen und was das Ziel davon ist.

Bei festgefahrenen Manipulatoren wird das kaum Einsicht oder eine Verhaltensänderung bewirken, es zeigt ihnen aber, dass du sie durchschaust. Das führt dazu, dass sie auf Abstand zu dir gehen. Sie müssen ihr Gerüst (den Überbau mit dem utopischen Wunsch-Ich) stets absichern, und wenn du direkt kommunizierst und nach ihrem Motor (ihren Zielen/Beweggründen) fragst, wirst du zur Gefahr für sie. So ist es nicht mehr allein an dir, ihnen auszuweichen, sondern du wirst erleben, dass die Manipulatoren bald dir aus dem Weg gehen.

Grey Rock, oder die Kunst, Manipulation an sich abperlen zu lassen, kann auch in nahen Beziehungen angewendet werden, wenn ein Auszug aus dem manipulativen System nicht möglich ist. Die Psychologin und Autorin Susan Forward schreibt in ihrem Buch *Vergiftete Kindheit*:

> »Ich habe mit vielen Menschen gearbeitet, die zögerten, den Kontakt zu den Eltern ganz abzubrechen, doch ebenso unwillig waren, zum Status quo zurückzukehren. Diese Personen ziehen sich zurück und halten eine freundliche, aber oberflächliche Beziehung zu den Eltern aufrecht. Sie zeigen ihnen ihre innersten Gefühle und Verletzlichkeiten nicht mehr und begrenzen Unterhaltungen auf neutrale Themen. Sie stellen neue Grundregeln für den Kontakt mit den Eltern auf. Diese Möglichkeit besteht, solange die Beziehung Ihnen nicht abverlangt, Ihr emotionales Wohlbefinden zu opfern.«[92]

Ich stimme Susan Forward zu, aber eben unter dieser Prämisse: »Solange die Beziehung dir nicht abverlangt, dein emotionales Wohlbefinden zu opfern.«

Die folgenden Grundregeln werden *nicht* mit der manipulativen Person besprochen, um einen Konsens zu erwirken, sondern sind Grundregeln, die Betroffene für sich selbst ausarbeiten müssen:

- Besuche, Telefonate, Kinderbetreuung etc. – Ja oder nein?

Wenn ja:

- Wie oft, wie lange, an welchem Ort und evtl. mit welcher Begleitung?
- Welche Personen neutralisieren manipulative Attacken, welche befeuern sie?

Manipulative Beziehungen aufrechtzuerhalten ist eine Option, gerade wenn dein Manipulator dich nicht erniedrigt, sondern einfach keine klare oder aufrichtige Kommunikation möglich ist. Belanglosigkeiten werden ausgetauscht, tiefe Themen bewusst umschifft, um der manipulativen Person keine Andockstelle für ihre Beeinflussungsversuche zu bieten. Man lässt sich in keine der fünf Stimmungen saugen und hält sich mit nichtssagenden Sätzen[93] aus Diskussionen raus. Solche Beziehungen sind flach und werden stets eine Leere hinterlassen. Darum ist es wichtig, ausreichend nährende Beziehungen zu beziehungsfähigen Menschen zu pflegen.

Eine Bestandsaufnahme und ein Versprechen

Nimm dir Zeit, um die Fragen auf S. 257 für dich zu beantworten.

Anschließend ermutige ich dich, einen Vertrag mit dir selbst zu formulieren und zu unterzeichnen. Die Vorlage stammt aus dem Buch *Emotionale Erpressung – Wenn andere mit Gefühlen drohen* von Susan Forward[94], ich habe sie an dieses Buch angepasst:

Ich, ______________________________, erkenne mich selbst als erwachsenen Menschen an, der zwischen zahlreichen Möglichkeiten wählen kann. Ich verschreibe mich dem Prozess, aktiv dafür zu sorgen, dass manipulative Verhaltensweisen und emotionale Erpressung aus meinen Beziehungen und aus meinem Leben verschwinden. Um dieses Ziel zu erreichen, mache ich folgende Versprechen:

- Ich verspreche mir selbst dass ich weder der Angst, noch falschen Schuldgefühlen noch falscher Scham noch dem listigen Wiesel der falschen Hoffnung gestatte, meine Entscheidungen zu kontrollieren.

- Ich verspreche mir selbst, dass ich die für meine Situation passenden Strategien in diesem Buch in die Praxis umsetze.
- Ich verspreche mir selbst: Falls ich in alte Verhaltensweisen zurückfalle oder auf andere Weise scheitere, werde ich keine Ausflüchte suchen und dies nicht als Entschuldigung dafür nehmen, aufzugeben. Mir ist klar, dass Scheitern dann kein Scheitern ist, wenn ich es als Lernschritt betrachte.
- Ich verspreche mir selbst, dass ich im Verlauf dieses Prozesses gut für mich sorgen werde.
- Ich verspreche mir selbst, dass ich meine positiven Fortschritte auf meinem Weg anerkennen will und mich darüber freue, und seien sie auch noch so klein!

____

Datum, Unterschrift

Mose und sein Bruder Aaron, der für Mose sprach,
traten vor den Pharao. Sie traten vor den Herrscher über Leben
und Tod, um ihm auszurichten, dass der Gott der Hebräer
gesagt hatte, dass das hebräische Sklavenvolk sein
erstgeborener Sohn sei. Dieser Gott gebot dem Pharao,
sie ziehen zu lassen, damit sie ihn anbeten können.

Der Pharao glaubte, der Stellvertreter der Götter zu sein.
Und nun traten Mose und Aaron vor ihn und implizierten,
dass er in ihren Augen nicht das Maß aller Dinge war,
sondern ihm im Gegenteil Jahwe, der Lebendige, gebot,
das Volk ziehen zu lassen, um der wahren Autorität zu dienen.

Wie würde der Pharao auf die Nachricht reagieren?
Würde er seine Krone ablegen und auf Augenhöhe
mit den Israeliten nach einer Lösung suchen?
Würde er sein Herz berühren lassen oder verhärten?

Kapitel 12

Die Rückeroberung der Realität

In diesem Kapitel geht es um ähnliche Fragen. Wird »dein« Manipulierer seinen Machtanspruch in der Beziehung und über dich ablegen, um auf Augenhöhe ein neues Beziehungsklima zu erarbeiten? Ein Klima ohne Machtausübung oder Manipulation?

Betroffene von narzisstischem Missbrauch sind geneigt, Hoffnung zu schöpfen, wenn der Manipulator sich freiwillig oder nach Ach und Krach zu einer Therapie bewegen lässt. Deshalb schauen wir uns an, was es bedeutet, zu einem berührbaren Herzen zu finden. Und wir betrachten auch, wann das nicht geschieht.

Ruth schöpfte Hoffnung, als ihr Mann in eine Paartherapie einwilligte. Sie fand einen Therapeuten und vereinbarte einen ersten Termin. Wie wir in Teil I gesehen haben, sind Manipulatoren selbst in den fünf Stimmungen gefangen. Wenn es anders werden soll, müssen auch sie aus dem Land Narziss ausziehen. Möglicherweise sieht es der Manipulierer aber schlicht als kleineres Übel an, ab und zu eine Therapiesitzung auf sich zu nehmen, als den Partner zu verlieren oder mit unangenehmen Konsequenzen konfrontiert zu werden. Andere knien sich wirklich rein, wenn sie merken, dass ihnen als Paar (oder als Familie, wenn eine Familientherapie angegangen wird) geholfen wird.

Tatsache ist: Der Ausstieg aus stark manipulativen Verhaltensmuster kostet Zeit, Geld und Aufmerksamkeit. Folgende Aufgaben müssen angegangen werden:

- Überzeugungen und Denkmuster ehrlich durchleuchten
- Eigene destruktive und manipulative Verhaltensmuster stoppen lernen
- Einen Umgang mit unliebsamen und belastenden Gefühlszuständen einüben[95]
- Selbst- und fremdschädigendes Verhalten bewusst unterlassen und konstruktive Umgangsformen einüben
- Immer wieder mithilfe der Einschätzung anderer den Realitätscheck zum Selbstbild sowie zu Wünschen und Träumen machen[96]

Wir haben gesehen, wie verführerisch das kuschelige Fell des listigen Wiesels der falschen Hoffnung sein kann. In diesem Kapitel geht es darum, dem Wiesel das Fell zu scheren, um zwischen echter Veränderung und vorgegaukelter zu unterscheiden. Dabei betrachten wir die verschiedenen Ausprägungen von Manipulatoren im Einzelnen.

In diesem Abschnitt werden maligne Narzissten nicht behandelt. Ultramanipulative Personen sehen keinen Gewinn in der Veränderung ihrer Verhaltensweisen und nutzen Therapie meist nur als Plattform, um den eigenen Geltungsdrang zumindest punktuell zu befriedigen.

Grandiose

Den Grandiosen fällt es besonders schwer, eine Therapie zu machen oder einen Weg des Umlernens einzuschlagen. Wozu auch? Bisher hat alles funktioniert! Sie machen sich in einem Bereich unentbehrlich und erreichen womöglich Dinge, worüber andere nur staunen. Heinz-Peter Röhr schreibt dazu:

»Ein großes Problem stellt sich bereits am Anfang einer Therapie, da es diesen Patienten schwerfällt, sich auf die Patientenrolle einzulassen. Nach der Devise ›Ich brauche nichts, da ich alles alleine kann. Mir kann sowieso niemand das Wasser reichen‹ können sie Hilfe schlecht annehmen.«[97]

Wenn Grandiose in der Therapie an den Punkt gelangen, an dem sie aus dem Innersten zum Schluss kommen, dass sie sich ändern *wollen*, damit es ein anderes Leben geben kann, dann gibt es Hoffnung. Solange aber Manipulatoren das Umlernen als Demütigung ansehen, bleibt es ein Ringen um die Machtposition, auch in der Therapie.

Eine reelle Chance gibt es, wenn sich Grandiose eine faire und liebevolle Beziehung auf Augenhöhe wünschen und bereit sind, sich den Herausforderungen des Beziehungslebens Tag für Tag zu stellen, Frustration und Niederlagen zum Trotz. Dafür müssen Grandiose einen neuen Umgang mit Frust, Wut und Unzufriedenheit erlernen. Sie brauchen einen Therapeuten, der sie dazu anhält und dazu fähig ist, mit ihnen Impulskontrolle einzuüben. Nur wenn Grandiose selbst irgendwann die Nase voll davon haben, dass ihre Beziehungen und die Arbeit ständig konfliktbeladen sind, werden sie die Veränderung angehen, die notwendig ist.

Grandiose müssen eine andere Art der Kommunikation erlernen. Eine Kommunikation, die nicht einfordert oder schmeichelt, um etwas zu erhalten, sondern direkte Fragen stellt, wenn etwas unklar ist. Eine Kommunikation, die um Dinge bittet, die sie brauchen, und von echter Wertschätzung und Wohlwollen geprägt ist. Sie müssen sich der Auswirkungen ihres destruktiven Verhaltens bewusst werden und den Geschädigten eine ernst zu nehmende Wiedergutmachung leisten, wenn die Beziehung heilen soll. »Schwamm drüber, sorry« heilt keine Beziehung, schon gar keine vergiftete. Echte Reue über das eigene Verhalten zeigt sich weder in lapidaren Entschuldigungen noch in überschwänglichen Geschenken oder Bußdramen, sondern in der Verhaltensänderung.

Eine gute Chance besteht, wenn Manipulatoren sich eingestehen, dass sie einen Blick ins Verlies wagen sollten. Einen Gesinnungswechsel erkennt man daran, dass Manipulierer der Person auf dem Sockel und dem verkümmerten Selbstanteil im Verlies erlauben, sich zu begegnen und sich anzuschauen – und merken, dass keiner von beiden ihre wahre Identität ausmacht. Das bedeutet, dass sich beide Seiten zu gleichen Teilen auf den Weg machen müssen, um sich auf dem Boden der Realität zu treffen. Alles andere ist Show, um davon abzulenken, dass man den beschwerlichen Weg des Umlernens nicht gehen will.

Zu den ursprünglichen Fähigkeiten von Grandiosen gehört, dass sie tatsächlich gute Führungspersonen wären und gut darin sind, Visionen zu entwickeln, wie Unternehmen und Menschen geholfen werden kann. Sie hätten einen guten Blick dafür, wie Erfolg möglich wird, und haben oft ein Auge für Qualität. Die Frage ist, ob sie sich durch ihre eigenen Ziele und ihren Geltungsdrang verstricken oder echte Umkehr wagen. In der Psychologie wird nicht von Umkehr gesprochen, aber dennoch von der Kapitulation des falschen Ichs und von Verhaltensänderung.

Gerissene

Gerissene gehen in die Therapie, wenn das den besten Schachzug darstellt. Zu ihnen gehören die »Ratsuchenden«, die »schon lange vergeben haben«* und nicht selten »schon alles zum Thema Narzissmus gelesen haben«. Sie gehen auch lieber in Coaching als in Therapie, »denn Therapie ist für Gestörte«. Wenn Coachings verdeckt dafür hinhalten müssen, dem Partner zu beweisen, dass die Gerissenen ja offensichtlich Hilfe annehmen und das wirkliche Problem beim Partner liegt, dann wäre eine Massagebehandlung günstiger. Die Beziehung verbessern wird es nicht.

Die Hürde für Gerissene, sich ernsthaft auf den Weg nach innen[98] einzulassen, ist hoch. Bei ausgeprägten Manipulatoren geht es gefühlt um Leben und Tod. Wenn sie ihr vermeintlich souveränes Ich ablegen, dann müssen sie sich damit auseinandersetzen, dass sie genauso verletzlich, unsicher und unzulänglich sind wie die »Normalos«. Sie müssten sich ihrer Angst vor Bedeutungslosigkeit und dem nagenden Gefühl der Leere stellen. Natürlich müssen sie sich auch von ihren gerissenen Taktiken verabschieden und lernen, dem Drang zu widerstehen, ihre Überlegenheit auszuspielen. Auch die Täuschung, »besonders« oder »herausragend« zu sein, muss mit der Zeit echter Identität und den realen Aspekten der Persönlichkeit Platz machen, wenn das Getriebensein verabschiedet werden soll.

Gerissene mit Suchtverhalten müssen ihr Absturzverhalten und ihren Umgang mit Drogen durch eine ganzheitlich ausgerichtete Suchttherapie angehen. Es ist notwendig, eine gesunde Art der Selbstregulation zu erlernen. Daraus resultiert ein stabiles Selbstbewusstsein und es entwickelt sich ein gesund verankerter Selbstwert. Ich freue mich über jeden Menschen, der es wagt.

---

* Dass sie »schon lange vergeben haben«, höre ich von den meisten meiner christlichen Ratsuchenden. Manche sind tatsächlich bereits einen Weg des Hinschauens gegangen und haben erlebt, dass Vergebung möglich wurde. Öfter aber stellt sich bei genauerem Nachfragen heraus, dass »Vergebung aussprechen« in Wirklichkeit eine Form der Bagatellisierung oder von »Schwamm drüber« war.

Die ursprünglichen Fähigkeiten von Gerissenen sind eine schnelle Auffassungsgabe und ihre Schläue. Sie finden Lösungen und Wege, wo andere nur Probleme und Unmöglichkeiten sehen. Wenn sie ihre Cleverness dafür einsetzen, sich selbst zu entlarven, statt die Mitmenschen zu manipulieren, dann haben sie es leichter, einen langfristigen Kurswechsel zu bewerkstelligen, denn sie verstehen schnell und sind gut darin, das zu erreichen, was sie wirklich wollen.

Seelenschleicher

Anders ist es bei den Seelenschleichern. Sie ängstigen sich vor dem Verlassenwerden und tun sich schwer, andere Wege einzuschlagen. Nicht selten liegt der Angst ein früherer Beziehungsverrat zugrunde. Die Gefühle von damals waren wahrscheinlich tatsächlich unaushaltbar, deshalb sind Seelenschleicher zu der Überzeugung gelangt, dass sie das kein zweites Mal überleben werden und es darum nie wieder passieren darf. Ob nun ein Beziehungstrauma der Grund ist oder die Seelenschleicherei schlicht die einzige Möglichkeit war, wenigstens etwas an Bedeutung zu erlangen, ist nicht an uns Außenstehenden zu beurteilen. Es bleibt die Lebensaufgabe der betroffenen Personen, herauszufinden, ob sie dieses Lebenskonzept weiter verfolgen wollen oder ob es anders werden soll.

In der Seelsorge (Therapie brauchen auch sie ihrer Ansicht nach nicht, denn die ist nur für »kranke Menschen«) geben sich Seelenschleicher reflektiert und äußerst einfühlsam, und das sind sie auch. Sie zeigen meist Interesse am Leben und der Befindlichkeit der Begleitperson und wollen sie sich zum Freund machen. Dabei besteht die Gefahr, dass sie die Begleitperson davon überzeugen, der Partner oder die Kinder seien das eigentliche Problem. Wenn

Begleitpersonen sich in den Überzeugungen von Seelenschleichern verstricken, werden sie blind für den wirklichen Motor dieser Manipulatoren (Bedeutsamkeit im Leben anderer zu erlangen). Das führt dazu, dass Seelenschleicher in ihrer Ersatzidentität stecken bleiben.

Die Aufgabe von Seelenschleichern ist es, sich ihrer wirklichen zugrunde liegenden Motivation zu stellen. Dafür brauchen sie professionelle Hilfe. Es gibt gute Chancen für Seelenschleicher, ihren wirklichen Wert zu erfahren, wenn sie sich ihrer eigenen Seele zuwenden und sich von der Sucht verabschieden, von allen gemocht zu werden. Sie sind herausgefordert, die Fürsorge gegenüber anderen zu reduzieren, um die Selbstfürsorge zu entdecken. Um zu genesen, müssen sie Grenzen ziehen – die ultimative Herausforderung für Seelenschleicher.

Erstens verlieren sie dadurch gefühlt an Bedeutung (Lebensberechtigung).

Zweitens müssen sie sich der Herausforderung stellen, klar zu kommunizieren. Der Lebensbereich 2 (das Aushandeln von fairen Regeln) ist für Seelenschleicher nicht einfach. Um Dinge zu bitten, die sie brauchen (auch um Aufmerksamkeit und Hilfe), und diese nicht mehr durch emotionale Erpressung zu erzwingen, kann eine turbulente Phase sein. Doch es lohnt sich! Denn dann werden sie erleben, dass sie von Mitmenschen um ihretwillen geliebt werden, als diejenigen, die sie sind, und nicht mehr für das, was sie anderen bringen.

Drittens müssen sie lernen, mit der Reaktion der anderen klarzukommen, wenn diese ihre Veränderung nicht mit Applaus begrüßen. Nicht mehr allen gefallen zu müssen, ist ein wichtiger Schritt in Richtung einer verankerten Identität. Außerdem werden frühere Seelenschleicher die neu gewonnene Zeit lieben lernen, wenn sie nicht mehr für alle alles erledigen. Nun können sie sich ihren wirklichen Fähigkeiten zuwenden.

Opfermanipulatoren

Opfermanipulatoren haben kein Problem, in Therapie zu gehen. Ihre Herausforderung liegt darin, die Therapie nicht ausschließlich als »Seelentrösterli«[99] zu sehen. Sie müssen realisieren, dass ihr Leben ihre Lebensaufgabe ist, ob es ihnen passt oder nicht. So unfair die ausgeteilten Karten auch sein mögen. Ein gesundes Leben bedeutet Arbeit, und niemand kann sie ihnen abnehmen. Auch ihre Begleitperson nicht. Sie müssen eine Perspektive entwickeln, in der die Opfer-Rolle nicht die einzig mögliche Identität ist. Opfermanipulatoren müssen, wie alle Menschen, intrinsisch-motiviert den Entschluss fassen, Vertrauen ins Vertrauenswürdige zu erlernen und die Verantwortung für ihr Tun und Unterlassen vollumfänglich zu tragen. Sie müssen lernen, sich Menschen anzuvertrauen, ohne Rettung und/oder bedingungslose Akzeptanz ihrer Selbstverteidigungsmechanismen zu erwarten. Es führt kein Weg daran vorbei, neue Dinge auszuprobieren und Ängste durchzustehen, um neue, gute Erfahrungen zu machen.

Und irgendwann müssen sie sich der verdrängten Wut und dem Hass stellen, die eine natürliche Reaktion auf beschämende, entwürdigende und gewaltvolle Behandlungen sind. Das ist eine elementare Phase der Verarbeitung, die es zum richtigen Zeitpunkt zu durchwaten gilt. Durch traumasensible Verarbeitung von Wut, Hass und Groll wird der Zugang frei zu lange vermissten Gefühlen wie Freude, Verbundenheit und Liebe. Dadurch erwacht die eigene ursprüngliche Lebenskraft, und die Gefühle von Hilflosigkeit und Ohnmacht können der Vergangenheit zugeordnet werden.

Die Qualität von ehemaligen Opfermanipulatoren ist, dass sie sich auf unterschiedlichste Menschen einlassen können. Sie kennen die Abgründe der Menschen und wissen, wie sich Verzweiflung, Ohnmacht oder Ausweglosigkeit anfühlen. Sie werden zu echt barmherzigen und tief liebenden Menschen, wenn sie sich ihrem Heilungsweg stellen. Wie wertvoll ist es, wenn die manipulativen Taktiken abgelegt werden, und wie erfüllend, wenn man echte Verbundenheit zu Menschen erfährt!

Dramaqueens

Dramaqueens in männlicher oder weiblicher Ausführung werden tendenziell oft Therapeut und Therapieschule wechseln. Niemand versteht sie. Keiner wird ihrem komplexen Charakter gerecht. Die eigentliche Angst, die sie umtreibt, ist die Furcht vor Zurückweisung. Den Schmerz der erlebten Ablehnung und das Urteil aus dunklen Tagen »So, wie du bist, ist es inakzeptabel« darf zwar thematisiert, aber nicht geheilt werden. Dramaqueens müssen sich eingestehen, dass ihre inszenierten Dramen dazu dienen, nicht der vernichtenden Abwertung von damals ins Auge zu sehen. Sie sind noch immer gefangen in dem ungelösten Konflikt ihrer Kindheit: Ihre Eltern hätten sie lieben sollen, haben es aber nicht in der Weise getan, wie sie es gebraucht hätten. Sie knallen noch immer wie eine Kugel im Flipperkasten hin und her zwischen der Forderung: *»Liebt mich!«*, und dem stummen Vorwurf: *»Was ihr mir angetan habt, ist unverzeihbar!«*

Auch diesen Manipulatoren fällt es nicht leicht, den Ausweg aus ihren Überlebensmustern zu finden. Sie müssen beschließen, mit dem Dramatisieren aufzuhören. Das ist nicht so einfach, wenn ein Leben lang die Emotionen im autonomen Nervensystem Achterbahn gefahren sind. Doch wer sich dem Schmerz und der echten Trauer darüber stellt, dass die Eltern nicht fähig waren, so zu lieben, wie man das gebraucht hätte, erlebt, wie alle anderen (überbordenden) Gefühle ins Gleichgewicht kommen.

Es gilt, eine konstruktive Konfliktlösung zu erlernen und das gleiche Maß an Entgegenkommen in die Beziehung zu investieren, das man vom Partner einfordert. Die Rollen in der Beziehung müssen neu ausgehandelt werden. Dramaqueens müssen lernen, Zeit mit sich alleine zu verbringen, ohne sich abzulenken und ohne von anderen aufgefangen zu werden. Die eigene wirkliche Identität kennenzulernen, kann sich zuweilen anfühlen, wie wenn man sich jemand sehr Fernem und Fremdem nähern soll. Sie müssen lernen, auf sofortige Belohnung und Komplimente zu verzichten. Und sie werden nicht drum herumkommen, ihren Aufgaben im Leben verlässlich nachzukommen und sie nicht anderen zu überlassen.

Dramaqueens sind oft künstlerisch begabt und lieben Schönheit und Ästhetik. Ihr großes Herz kann tief und innig lieben und sie kennen das ganze Spektrum an Gefühlen. Oft leiden sie mehr als andere am Leid der Welt. Aber wie wir in Kapitel 10, Lebensbereich 3 (*Der Umgang mit belastenden Gefühlen*) gesehen haben, ist ein gesunder Umgang mit schwierigen und auch tieftraurigen Gefühlen möglich. Menschen, die diese Prozesse durchlaufen haben, setzen sich oft für Gerechtigkeit ein – nicht mehr, um sich selbst hervorzutun, sondern weil sie ihre Energie für gewinnbringende Veränderungen aufwenden, statt sie für Dramen zu vergeuden.

Mindestanforderung für wirksame Versöhnung

Der Abbau des Sockels mit dem Wunsch-Ich ist nicht verhandelbar, denn auf einem Sockel kann niemals etwas Lebendiges wurzeln. Auch das Öffnen des Verlieses ist nicht optional, wenn ein berührbares Herz Wirklichkeit werden soll. Die Detox-Phase, also die Abstinenz von der Sucht nach dem Drehen um sich selbst, Beifall, Anerkennung, dem Ausspielen von Überlegenheit, Bedeutsamkeit, dem Einfordern von Trost oder Aufmerksamkeit, braucht Mumm, aber sie zahlt sich aus – wie jede Entgiftungskur.

Eine Kehrtwendung zum Guten in Beziehungen erfolgt, …

- wenn Manipulatoren anerkennen, dass sie ein Klima von emotionaler Erpressung geschaffen haben. Das beinhaltet, sich einzugestehen, welche Verhaltensweisen ihnen dafür gedient haben und dass sie dadurch bei ihren Nächsten eine

Atmosphäre von Angst, Ohnmacht und Gedankenbesetzung verbreitet haben (durch Schmeicheleien und Entwürdigen, durch zu hohe Ansprüche und Verweigerung der Übernahme von Verantwortung für das eigene Verhalten, durch die Inszenierung als Opfer, durch Liebesentzug, Abschottung etc.).

- wenn Manipulatoren sich eingestehen, dass die angewandten Taktiken lieblos und egoistisch sind und sie ihren Nächsten geschadet haben.
- wenn sie sich entscheiden, destruktive Verhaltensweisen zu unterlassen, und sich dem Einüben der neuen Beziehungsregeln verpflichten. Dazu gehört, Unterstützung zu suchen und anzunehmen, wenn das Vorhaben aus eigener Kraft nicht gelingt.
- wenn Manipulatoren begreifen, dass die Menschen in ihrem Umfeld eigenständige Persönlichkeiten sind, die selbstständig denken, fühlen und entscheiden. Dazu gehört, Menschen nicht als »falsch«, »dumm« oder »schlecht« abzustempeln, wenn sie Dinge anders angehen.
- wenn Manipulatoren erleben, dass sie fähig sind, unliebsame und belastende Gefühlszustände auszuhalten, und lernen, die Botschaften ihrer Zustände einzuordnen und bewusst darauf zu reagieren.

So wandelt sich ein verstocktes Herz zu einem berührbaren. Das ist die gute Nachricht.

Ein berührbares oder verstocktes Herz?

Doch Ruths Mann konnte sich nicht überwinden, diesen Wandel anzugehen. In den ersten drei Paartherapiesitzungen gab er sich kooperativ und betonte, wie sehr ihm die Ehe und die Beziehung zu den Kindern am Herzen läge, doch in Situationen, in denen er konkrete Schritte gehen sollte, wand er sich aus der Verantwortung. In der fünften Therapiesitzung gelang es ihm, eine Situation völlig verdreht darzustellen. Er behauptete, Ruth leide so sehr an einem verheerenden Selbstwertkomplex, dass sie die Erziehung nicht im Griff habe und es für die Kinder manchmal gefährlich sei. Der Therapeut glaubte seiner Erzählung und legte sein Augenmerk von da an auf Ruths vermeintliche Selbstwertproblematik.

Ruth brach die Paartherapie auf mein Anraten hin ab. Wenn Begleitpersonen auf ein falsches Narrativ hereinfallen und nicht mehr ergebnisoffen zuhören, werden sie zum verlängerten Arm von Manipulatoren und verkennen die Problematik grundlegend. (Mehr dazu in Kapitel 13.)

Nach diesem Erlebnis griff wieder der Nebel der Verwirrung nach Ruth. Sie fragte sich: Muss ich meinem Mann nicht einfach vergeben? Gehört es nicht zum Kern des Christentums, zu vergeben, wenn unsere Mitmenschen an uns schuldig werden? Ich muss doch meinem Mann immer wieder vergeben, damit unsere Beziehung besser wird?!

Hier hilft uns die Berichterstattung aus Exodus weiter: Der Pharao versprach mehrmals, das Volk ziehen zu lassen, hielt aber sein Wort nicht. Er gestand sogar zweimal seine Schuld ein.[100] Doch das, woran sein Herz hing, blieb gleich. In 2. Mose 8,11 (SLT) wird die Dynamik treffend beschrieben: »Als aber der Pharao sah, dass er Luft bekommen hatte, verstockte er sein Herz und hörte nicht auf sie, so wie der Herr es gesagt hatte.«

Für Ruth war es wieder notwendig, Abstand zu gewinnen und die ungeschminkte Realität zu betrachten: Arbeiten hier *beide* an der Qualität der Beziehung oder nur einer? Ruth realisierte, dass ihr Mann sich nicht an die Abmachungen hielt und wieder Verleumdungsaktionen gestartet hatte. Die Paartherapie brachte keine Veränderung und seine Zusicherungen und Eingeständnisse waren schnell verflogen.

Für Betroffene ist es oft schwer, da durchzublicken, weil sie vergeben *wollen*, um die Beziehung zu retten. Außerdem wirkt echte, tief greifende Vergebung – zur rechten Zeit – aus mehreren Gründen tatsächlich befreiend:

- Echte Vergebung bedingt ein genaues Hinschauen. Was will und muss ich vergeben? (Das beinhaltet, aus dem Nebel von Verwirrung, Bagatellisierung und »Schwammdrüber« herauszutreten.)
- Wenn ich vergebe, gestehe ich mir ein, dass ich die Gerechtigkeit nicht wiederherstellen kann. Stattdessen lasse ich den Anspruch auf Vergeltung los. Oder ich lege den Anspruch auf Vergeltung und Wiederherstellung in Gottes Hand und bitte um seine Gerechtigkeit und Hilfe.
- Durch Vergebung bin ich (früher oder später) nicht mehr an den Täter gebunden, auch nicht durch Gefühle wie Groll, Hass, Ablehnung oder Enttäuschung.
- Ich öffne mich für ein erlöstes Herz, das mit sich selbst, Gott und anderen Menschen im Reinen ist.
- Ich kann die Beziehung zu der Person, die an mir schuldig geworden ist, wieder aufnehmen, wenn ich das will. (Aber Vergebung bedeutet nicht die Wiederaufnahme von Beziehung zu schädigenden Personen! Nicht mal Beziehungen, die auf Liebe und Wertschätzung basieren, können eingefordert werden, sondern sind immer freiwillig.)

Die folgende Auseinandersetzung mit dem Thema Vergebung richtet sich in erster Linie an gläubige Christen, weil in manipulativ-christlichen Gemeinschaften oft Vergebung eingefordert wird, ohne dass wirklich der Weg der Vergebung gegangen wird. Darum ist es wichtig, vorab zwischen Missgeschicken, Versäumnissen, auch echten Fehlern und Schuld im Gegensatz zum *Kultivieren von Lügen* zu unterscheiden. Denn im Lande Narziss wird alles verdreht, selbst das Geschenk (die Gnade[*]) der Vergebung.

Mit Ruth betrachtete ich Matthäus 18,21f, wo Petrus Jesus fragte, wie oft man vergeben müsse. Die Antwort darauf ist ein religiöser Hypnosesatz, dessen Kontext viel zu oft ignoriert wird.

Der »70 x 7«-Hypnosesatz

Auf die Frage, wie oft er vergeben müsse, antwortete Jesus Petrus: »Ich sage dir, nicht bis siebenmal, sondern bis siebzigmalsiebenmal!« (Matthäus 18,22; SLT). Jesus verlässt dann aber schnell die Frage nach der Häufigkeit und legt den Fokus auf das, was ein Vergebungsprozess beinhaltet. Anhand der Parabel vom hartherzigen Verwalter[101] zeigt er auf, dass Vergebung erst nach einer Phase der Abrechnung möglich ist (wie im vorigen Abschnitt aufgeführt). Dazu gehört ein ganzheitliches Erkennen der Schuld des Täters, unter der ich gelitten habe, genauso wie die Konfrontation mit der Wahrheit über meine eigene Schuld.[102] Aber genau diesen Prozess des Hinschauens und Abrechnens umgehen manipulative Menschen und Gemeinschaften. Vergebung wird eingefordert und auf zweierlei Arten pervertiert:

* Vergebung ist ein Geschenk, sie ist Gnade. Wirklich auf Vergeltung verzichten, schwerwiegende Schuld loslassen und vertrauen, dass mir in irgendeiner Weise Gerechtigkeit widerfahren wird, können wir Menschen – gerade wenn andere auf schwere Weise an uns schuldig geworden sind – in der Regel nicht aus uns selbst heraus. Meiner Erfahrung nach sind wir dafür auf ein übermenschliches, metaphysisches Eingreifen (Gnade) angewiesen.

1. Manipulierer entschuldigen sich maximal für Bagatellen, aber nicht für das, was den wirklichen Schaden anrichtet: nämlich ihre Sucht nach Anerkennung, Überlegenheit, Bedeutsamkeit, Trost oder Aufmerksamkeit durch Manipulation auf Kosten anderer zu befriedigen. So bleiben ihre verdeckten Motive im Dunkeln und die echte Schuld wird unter den Teppich gekehrt.
2. Von Geschädigten wird Vergebung eingefordert, ohne dass Manipulatoren ihr Verhalten verändern. Bei Wiederholung derselben Situation entziehen sich Manipulatoren der Verantwortung, indem sie behaupten: »Du hast mir damals nicht wirklich vergeben.«

Hier kommen wir an den Zeilen von Martin Buber in *Der Weg des Menschen*[103] nicht vorbei:

> »Wo bist du?«, fragt Gott Adam, der sich versteckt.
> »Wo bist du?«
> Adam versteckt sich, um nicht Rechenschaft ablegen zu
> müssen, um der Verantwortung für sein Leben zu entgehen.
> So versteckt sich jeder Mensch.
> Diese Stimme, die uns fragt: »Wo bist du?«, lässt sich ja
> ganz leicht überhören.
>
> Solang dies geschieht, wird das Leben des Menschen
> zu keinem Weg.
> Als Adam sich der Stimme stellt und bekennt: »Ich habe
> mich versteckt«, beginnt der Weg des Menschen.

Tatsache ist, dass wir hier auf Erden niemandem Gedanken oder verdeckte Motive beweisen können, wenn er oder sie sich diese nicht eingestehen will. Aber als Christen glauben wir, dass das Sichtbare (oder Beweisbare) nicht die einzige Dimension ist, die zählt. Darum übe ich mich darin, nicht das letzte Wort haben zu müssen, denn meine Worte werden sowieso nicht die letzten sein. Dennoch ist es an uns, zu prüfen, wer verdeckt, verdreht oder gar verleumdet und wer aufdeckt, hervortritt und einen guten Weg beschreitet.

Das forderte Ruth. Sie haderte: »Warum greift Gott nicht ein und verändert das Herz meines Mannes?« Weil Gott dem Konzept der freien Wahl treu bleibt. Ob es uns passt oder nicht. Niemand wird gezwungen, die Befreiung aus schädigenden Verhaltensmustern anzunehmen, den Wüstenweg der Herzensveränderung zu gehen oder sich an seinen Wegweisern zu orientieren – ein Prozess, in den das Volk der Israeliten nach dem Auszug aus Ägypten geführt wurde und der im Neuen Testament »Heiligung« genannt wird. In jedem Leben, ob Christ oder andersgläubig, stellt sich die Frage: An welchen Wegweisern und Werten orientiere ich mich?

Ruth musste sich entscheiden, an wem sie sich orientieren würde: am Verhalten ihres Mannes oder …

In dieser Zeit begegnete ihr wieder einmal der Vers aus Johannes 14,6 (SLT): »Jesus spricht: Ich bin der Weg und die Wahrheit und das Leben; niemand kommt zum Vater als nur durch mich!« Da entschied sich Ruth: Sie wollte den Weg des Lebens zum Vater in Wahrheit gehen.

Gerade für uns Christen ist es wichtig, zu realisieren, dass Jesus hier nicht sagt: »Für euch bin ich eine Abkürzung. Die Wahrheit interessiert mich nicht, bastelt ruhig weiter an euren Wunschvorstellungen – ich regle das dann mit dem Vater.«

Der Gott der Bibel zeigt auf, dass er uns Menschen einen freien Willen gegeben hat und uns wählen lässt. Wir wählen, durch bewusste Entscheidungen oder durch Verweigerung. Wir wählen, zu verdecken oder offenzulegen. Davonzulaufen oder hinzuschauen. Wir wählen, gewisse Dinge im Dunklen zu verstecken oder sie ans Licht zu bringen.[104] Christsein bedeutet, sich Jesus zum Weg zu machen, Schritt für Schritt, Pflasterstein für Pflasterstein, Hürde für Hürde und Herausforderung um Herausforderung. Christsein bedeutet, mein Leben und meine Schuld in seinem Licht anzublicken. Es bedeutet, mich der Wahrheit über meine Gesinnung, meine Pervertierung des Gewissens und meine utopischen Ziele zu stellen. Alles andere ist fromme Schauspielerei[105], zwar manchmal sehr gekonnte, aber ich bezweifle, dass für diese »Kunstform« je ein Oscar verliehen wird.

Damals in Ägypten musste Mose sich entscheiden, ob er den Ausreden des Pharaos glaubte oder Gottes Auftrag ernst nahm. Schlussendlich durfte er erleben: *Der Lebendige* ist König und er hält sein Wort, denn Gott führte das ganze Volk aus der Versklavung heraus.

Auch ich habe mich entschieden: Nein, nicht den Tyrannen dieser Welt, aber auch nicht den Menschen mit ihren teils stark verdrehten Ansprüchen diene ich. Die Ausrichtung, die ich gewählt habe, drückt Madeleine Delbrêl, französische Mystikerin und Sozialarbeiterin, wunderbar aus:

> »Wenn man die Perspektive Christi einnimmt, kommen alle Dinge an ihren Platz. Sie können dann schwer sein, sind aber nicht kompliziert. Das Evangelium ist eine Begegnung, die Christus jedem und jeder von uns schenkt, bis ans Ende der Zeiten; eine Begegnung von Person zu Person, ein wahres, intimes, konkretes Herz-zu-Herz.«[106]

Audiomeditation

Ich lade dich nun zu einer Audiomeditation ein. In Psalm 139 sinniert König David über das Geheimnis des Lebens. David lebte 1000 v. Chr., war Schafhirt, Musiker, Dichter, Kriegsmann und irgendwann König. Sein Leben verlief in keiner Weise geradlinig oder einfach. Doch selbst als König wusste er: Ich unterstehe dem König des Universums.[107]

Der Pharao wollte den Gott der Israeliten nicht
anerkennen und seine Autorität nicht akzeptieren.
Deshalb stellte sich ihm der Gott, der sich der Lebendige nennt,
in zehn Runden vor. In jeder dieser »Vorstellungsrunden« (die
Bibel nennt sie Plagen) entlarvt Gott mindestens
eine Gottheit der Ägypter als komplett nutzlos.
Was bewirkt das beim Pharao? Ein Umdenken? Einen Wandel?
Nein, er wandte sich um und ging heim und nahm
sich auch das nicht zu Herzen. Mose wurde von Plage
zu Plage mutiger, denn er sah, dass Gott sein Wort hielt
und seine Pläne ausführte.

Erst nach zehn schweren Schicksalsschlägen,
dem Ruin seiner Wirtschaftsmacht und dem Tod seines
ältesten Sohnes ließ der Pharao das Volk ziehen.

Die Israeliten aßen ihre letzte Mahlzeit in ihren Häusern
im Stehen. Es war eine furchtbare Nacht.
Das Geschrei der Ägypter, die ihre Verluste beklagten,
die Furcht, was das für sie bedeuten würde.
Doch dann ging es los. Mit Sack und Pack.[108]
Wohin? Ungewiss.

Kapitel 13

Der innere Entschluss

Wie kann ich die innere Entscheidung, aus manipulativen Beziehungen auszusteigen, beschreiben? Zum einen gestaltet sich der Auszug bei jedem anders, zum andern wird er unterschiedlich erlebt. Kann man sich vorbereiten? Ja, in gewisser Weise. Ist man auf die emotionalen Aspekte vorbereitet? Wahrscheinlich nie ganz.

Ruth entschied nach Jahren gescheiterter Versuche, ein gesundes Klima zu schaffen, und nach Monaten gescheiterter Verhandlungen, sich von ihrem Mann zu trennen und die Scheidung einzuleiten. (Wenn ihr gemeinsame Kinder habt, lies bitte das letzte Kapitel, bevor du dem Manipulator mitteilst, dass du die Beziehung beendest.)

Wie gestaltet sich der »Exodus« für erwachsene Kinder von manipulativen Eltern? Auch das ist unterschiedlich. Für Liora war es wichtig, als Erstes die guten Seiten ihrer Eltern zu würdigen. Ihre Mutter kochte beispielsweise immer für alle. Auch Liora ist gastfreundlich, und diese Qualität wollte sie sich bewahren. Ihr analytisches und strukturiertes Denken hatte sie vom Vater geerbt, auch dieses Erbe nahm sie an. Für manche Ratsuchende ist es wichtig, die Eltern erst zu würdigen, bevor sie sich von ihnen entfernen, andere können die guten Teile ihres Erbes (wenn es sie gibt) erst würdigen, wenn Wut, Hass und Verzweiflung anerkannt und gehört wurden und abfließen konnten.

Was Beziehungen anbelangte, merkte Liora, dass es ihr besser ging, wenn sie länger keinen Kontakt zu den Eltern hatte. Darum rief sie ihre Mutter an und teilte ihr mit, sie werde sich für eine Zeit von ihnen zurückziehen und wolle für ein Jahr keinen Kontakt. Es gäbe Dinge, die ihre Kindheit und das Aufwachsen bei ihren Eltern beträfen, die sie sehr belasteten und nicht in Ordnung seien. Sie sehe sich im Moment aber nicht imstande, diese Dinge mit den Eltern zu bereden. Sie brauche Zeit und Abstand, und die würde sie sich nehmen. Ihre Mutter machte es ihr nicht leicht, bei ihrer Entscheidung zu bleiben, und probierte noch zwei-, dreimal per Telefon und auch per Brief zu erfragen, was denn so schrecklich gewesen sei, »dass sie nicht einmal mehr mit ihren eigenen Eltern essen könne«. Liora machte klar, dass sie sich die Zeit nehmen würde, ungeachtet dessen, ob die Eltern damit einverstanden waren oder nicht. Dieser Schritt kostete Liora zwar Mut, stärkte aber ihr Selbstvertrauen. Sie erlebte, dass sie sich behaupten konnte, nicht mehr ausgeliefert oder mundtot war und die Eltern ihre Entscheidung akzeptieren mussten. Dass sie darüber verärgert waren, nahm sie in Kauf, ließ sich aber keine falschen Schuldgefühle mehr anhängen.

Bei Philip endete der Kontakt mit einem Knall. Nachdem seine Mutter an Weihnachten wieder einmal die Fassung verloren und eine Tasse nach ihm geworfen hatte, beschloss er, den Kontakt zu seiner Mutter und seinem Vater, der kaum je etwas sagte und seine Söhne nie in Schutz genommen hatte, ganz abzubrechen. Seine Mutter war nicht zum ersten Mal handgreiflich geworden, doch diesmal riss der Beziehungsfaden, den Philip so lange versucht hatte aufrechtzuerhalten. Er stand auf und ging (Exodus). Er sperrte die Nummer seiner Mutter auf dem Handy und blockierte ihre Mailadresse. Er rasierte das listige Wiesel der falschen Hoffnung und betrachtete die nackte Wahrheit: Seine Eltern waren nicht beziehungsfähig, jedenfalls nicht in dem Maß, dass sie aufhören würden, ihm zu schaden. Er begriff, dass sie seinen Genesungsprozess stets kapern würden. Das wollte er nicht mehr und so zog er aus dem Lande Narziss aus. Er wollte in der Beratung weitere

Schritte Richtung Genesung gehen und beschloss, in ein paar Jahren zu entscheiden, ob er wieder Kontakt zu den Eltern wolle und, wenn ja, in welcher Form.

Auch für Hannah war es zunehmend schwieriger geworden, sich im toxischen Umfeld der Herkunftsfamilie aufzuhalten. Wenn Familienzusammenkünfte anstanden, schnürte es ihr schon Wochen vorher die Luft ab, sie konnte nicht mehr schlafen und wurde von Flashbacks überrollt, in denen sie an Gewaltszenen und lebensbedrohliche Situationen in der Kindheit erinnert wurde. Obwohl Hannah sich nicht mehr in die fünf Stimmungen hineinziehen ließ, rebellierte ihr Körper. Sie entwickelte Nahrungsunverträglichkeiten und ihr Immunsystem war derart geschwächt, dass ein Infekt den nächsten jagte. Nicht wenige Betroffene leiden unter Kopfschmerzen, Verdauungstrakterkrankungen, Hautveränderungen und anderen psychosomatischen Traumafolgestörungen.

Hannah musste sich eingestehen, dass sie keinen Auftrag gegenüber ihren Eltern hatte. Es ist nicht die Aufgabe der Kinder, ihren Eltern beizubringen, wie eine gesunde Beziehung aussieht. Und Hannahs Eltern wussten eigentlich, was ein gesunder Umgang war, denn sie waren beide als Seelsorger tätig und zeigten sich nach außen stets herzlich und fürsorglich. Hannah wählte die schriftliche Variante der Verhandlung und schrieb ihrer Mutter und ihrem Vater je einen persönlichen Brief, in dem sie schilderte, wie sie sich in ihrer Gegenwart fühlte, was die Verhaltensweisen der Eltern mit ihr machten und was sie von ihnen brauchte, um die Beziehung aufrechtzuerhalten. Sie gliederte diesen inhaltlich in:

- So benehmt ihr euch: ______________________
- So fühle ich mich dabei: ______________________
- Euer schädigendes Verhalten hat folgende Auswirkungen auf mein Leben: ______________________
- Wenn die Beziehung erhalten werden soll, dann muss sich Folgendes ändern: ______________________

Die Antwort der Eltern war ernüchternd. Sie antworteten ihr gemeinsam, obwohl Mutter und Vater sich sonst kaum je über etwas einig waren: Sie schrieben, sie seien froh, endlich zu verstehen, was in Hannahs Kopf vorgehe, und behaupteten, stets das Beste für sie und alle Menschen zu suchen.

Hannah war am Boden zerstört. Die Doppelbödigkeit ihrer Eltern war undurchdringbar. Sie weinte, als sie mir den Brief zeigte. Wie lange hatte sie versucht, mit ihren Eltern irgendeine Art von Zusammensein möglich zu machen, das nicht von Lügen,

Verleumdung oder Beschämung geprägt war. Sie sagte: »Ich muss mir eingestehen, dass ich meinen Eltern nicht genug bedeute, um sich der Diskrepanz in ihrem Verhalten zu stellen.« Wie treffend formuliert. Manchmal ist die Realität sehr bitter und das rasierte Wiesel extrem mager.

Für ein Kind ist es unmöglich, zu begreifen, dass die Liebe zu den Eltern diese nicht von ihrer eigenen Lieblosigkeit zu heilen vermag. Aber wenn man erwachsen wird, ist es für die eigene Genesung unabdingbar, sich dieser Realität zu stellen.

Nach Jahren gescheiterter Versuche, mit den Eltern eine halbwegs faire Beziehungsform zu finden, sah Hannah, dass aufrichtige Liebe sich anders verhält und dass sie diese von ihren Eltern nie erfahren hatte. Wahre Liebe schafft Raum für Vertrauen, Verbundenheit und Geborgenheit.

Sie musste ihre Eltern loslassen. Sie legte sie in Gottes Hand und nach und nach auch ihre Geschwister. Nach einiger Zeit spürte sie, dass sie von Gott herausgefordert wurde, aufzuhören, für ihre Herkunftsfamilie zu beten. Alle waren erwachsen, verstanden sich als Christen und waren nur allzu gut über Therapiemöglichkeiten informiert. Hannah merkte, dass sie Gott durch Gebete zwingen wollte, dass sich ihre Familienmitglieder änderten – was diese aber offenbar nicht wollten.

Es ist nicht leicht, sich einzugestehen, dass die Eltern (Partner etc.) keine Ressourcen sind, sondern im Gegenteil ständig Kraft abzapfen und die eigene Lebens-, Beziehungs- und Liebesfähigkeit sowie die Gesundheit beeinträchtigen. Möglicherweise realisierst auch du, dass die Beziehung, die du zu retten versuchst, nicht zu retten ist. Vielleicht erlebst du zum ersten Mal bewusst den Schmerz, dass du keine Eltern (Partner etc.) hattest, die sich um dein Wohl gekümmert hätten. Vielleicht merkst du, dass der Manipulator nicht liebesfähig ist und es auch nicht werden möchte.

Der ersten Erleichterung nach der Loslösung folgt oft eine Zeit der psychischen und körperlichen Erschöpfung. Viele Aussteiger aus missbräuchlichen oder toxischen Systemen erleben eine Phase tiefer Trauer. Beim Tod der Eltern bzw. des Partners gibt es wenigstens einen Abschluss, eine Beerdigung. Nicht so, wenn man vergiftende Beziehungen beenden muss. Oft spüren Betroffene dann erst das Leid, nie liebevolle Eltern, Partner, Geschwister, Freunde bzw. Freundinnen gehabt zu haben. Und doch gibt es keine Trauerzeremonie für diesen Verlust, keine Vermisstenanzeige für das Fehlen eines verlässlichen Partners, keine Gedenkfeier für die verlorenen Freundschaften. Während nach einem Todesfall die Umgebung oft Verständnis hat, gibt es für diese Art von Kummer in der Regel keine Schonzeit zum Trauern.

Andere Betroffene spüren eine tiefe Entlastung, wenn sie endlich aufhören können, etwas retten zu müssen, was nicht zu retten ist, und empfinden dies als heilenden Befreiungsschlag. Wenn die innere Entscheidung gefallen ist, sich aus der unguten Beziehung zu lösen, und ein innerer Schlussstrich gezogen wurde (ob kommuniziert, wie bei Ruth, Liora und Hannah, oder einfach gefällt, wie bei Philip), dann kehrt Erleichterung ein.

Wenn du dich entscheidest, die Beziehung zu beenden und den Kontakt abzubrechen oder auf das Notwendigste zu beschränken (wenn zum Beispiel Absprachen wegen gemeinsamer Kinder getroffen werden müssen), empfehle ich dir, diese Entscheidung schriftlich festzuhalten, damit du immer wieder auf sie zurückgreifen kannst. Dabei können dir die vier Punkte aus Hannahs Brief (S. 288) helfen. Anschließend kürze deinen Entschluss auf einen Merksatz, an dem du dich orientieren kannst, damit du gewappnet bist, wenn Selbstzweifel oder manipulative Nebelschwaden deine Gedanken einzuholen versuchen.

Hannahs Entscheidungssatz lautete: »Solange das Selbstbild meiner Eltern wichtiger ist als die Beziehung zu mir, ist keine aufrichtige Beziehung möglich.«

Liora beschloss: »Um mich in Beziehungen wohlzufühlen, brauche ich Menschen, die ehrlich und wohlwollend mit ihren Mitmenschen umgehen.«

Philip litt an einer komplexen posttraumatischen Belastungsstörung, darum lautete sein Entscheid ganz einfach: »Ich will gesund werden!« Und das war nur ohne Kontakt zu den Eltern möglich.

Ruth entschied sich: »Ich will mit meinen Kindern liebevoll umgehen; dafür muss ich präsent sein.«

Wie wir in Kapitel 5 gesehen haben, werden die meisten Manipulatoren nach dem Beziehungsabbruch versuchen, eine weitere Runde im toxischen Beziehungszyklus einzuläuten, ob durch *Love Bombing*, Geschenke oder inszeniertes »Über den Weg laufen«. Wenn das nicht funktioniert, erzählen stark verbogene Manipulatoren dem Umfeld Lügengeschichten oder starten eine Hetzkampagne.

Lügengeschichten und Hetzkampagnen

Manipulatoren wollen alles kontrollieren, auch das Narrativ, wie oder warum die Beziehung zu Ende gegangen ist. Meist geht es darum, das Umfeld glauben zu lassen, dass sie unschuldig an der Misere sind (Verantwortungsverweigerung). Das heißt aber nicht, dass du dir das stumm gefallen lassen musst, denn Verleumdung, üble Nachrede und Beleidigung sind im deutschsprachigen Raum strafbar.[109]

In Ruths Fall erzählte ihr Mann dem Ehetherapeuten Lügengeschichten, als es für ihn eng wurde. Doch damit leider nicht genug: Als Ruth sich entschied, sich von ihm zu trennen, krallte er sich den

Pastor ihrer Gemeinde und erzählte ihm, dass es schlimm um seine Ehe stünde, weil seine Frau schwere psychische Probleme habe. Er machte ihn glauben, Ruths Beraterin (ich) könne ihr nicht helfen und wolle sie vom Weg abbringen. Der Pastor war schockiert und glaubte ihm. Dadurch verloren Ruth und die Kinder später sowohl ihre Gemeinde als auch viele Freundschaften.

Ruths Mann hatte mit seinen Lügengeschichten Erfolg gehabt und konnte Unterstützer für sich rekrutieren. Dies war möglich, weil es in manipulativen Systemen noch eine weitere Rolle gibt: die Handlanger.

Die Handlanger manipulativer Systeme (Flying Monkeys)

Der Begriff *Flying Monkeys* stammt aus dem US-amerikanischen Film *The Wizard of Oz* aus dem Jahr 1939. Im Film benutzt die böse Hexe fliegende Affen, um die Protagonistin Dorothy zu fangen und zu sich zu bringen. Die Affen sind die Handlanger der Hexe und führen ihre Befehle aus, auch wenn sie nicht zugegen ist. Das ist ein treffendes Bild für die Dynamik der Handlanger in manipulativen Systemen.

Im Kontext von narzisstischem Missbrauch wurde *Flying Monkey* zum Begriff für Personen, die dem Manipulator loyal ergeben sind. Sie unterstützen Manipulatoren, ohne diese und ihre Handlungen zu hinterfragen. *Flying Monkeys* sind zu Funktionären geworden und haben oft auch die Scheinrealität der Manipulatoren übernommen.

Ob die Person zu naiv ist, um die miesen Taktiken zu erkennen, oder ob sie schlicht den größeren Gewinn daraus zieht, für den Manipulator auf der »guten Seite« zu stehen, ist in der Regel nicht eindeutig. Zum einen wissen wir nur zu gut, dass es schwer ist, die Raffinessen von Manipulierern zu durchschauen, zum anderen braucht es eine gehörige Portion Scharfsinn und Mumm, sich dagegenzustellen.

Tatsache ist: *Flying Monkeys* glauben den Lügen des Manipulierers nicht nur, sie fungieren auch als dessen verlängerter Arm. Sie sind Weltmeister im Verharmlosen. Sie geben dir beispielsweise Tipps, wie du dich verhalten musst, »damit du wieder siehst, wie gut es der Manipulator im Grunde meint«. Nicht selten sind sie dem Manipulator so ergeben, dass sie für ihn vertuschen, lügen, gar Schulden übernehmen, damit er bzw. sie nicht auffliegt. Oder sie bewahren sich lieber ihr nett zusammengezimmertes Weltbild, als sich der leidvollen Realität des Systems zu stellen und Betroffenen wirklich zuzuhören, wenn diese erzählen, was ihnen passiert.

Manche *Flying Monkeys* reagieren gekränkt, wenn sich Betroffene aus dem Einflussbereich des Manipulierers rausschälen. Das war bei Hannahs Mutter der Fall. Diese wollte oder konnte sich nicht eingestehen, dass sie selbst den Manipulator stützte und so das Missbrauchssystem überhaupt möglich machte. Deshalb musste Hannah wieder ins System gelotst werden. Das geschieht meist unter dem Motto: »Damit alles wieder gut wird« – sprich, so wie es der Manipulierer will. Hannah erhielt nach zwei Monaten Funkstille eine Aufforderung seitens ihrer Mutter, einen Familientherapeuten zu suchen, damit sie als Familie die Probleme, die Hannah »ja anscheinend mit ihnen hatte«, angehen konnten. Hannah reagierte nicht darauf. Erstens war es nicht ihre Verantwortung, einen Therapeuten zu suchen, zweitens wusste sie, wie sich ihre Eltern benehmen würden. Sie würden sich von der besten Seite zeigen, schließlich waren sie das wohlangesehene Pfarrerehepaar. Hannahs Eltern starteten keine Hetzkampagne, ihnen war die perfekte Fassade zu wichtig. Über verschiedene gemeinsame Kontakte erfuhr Hannah jedoch, dass ihre Eltern im Familien- und Freundeskreis noch lange nach Hannahs Kontaktabbruch so taten, als bestünde eine gute Beziehung zu ihr.

Die Feigheit von *Flying Monkeys* macht es Betroffenen schwer, sich aus dem Einflussbereich des Manipulierers zu entfernen. Oft sind es die nicht beschämenden Elternteile, mit denen Betroffene noch eine Beziehung haben wollen. Hannah hätte den Kontakt zur Mutter gerne behalten, ursprünglich wollte sie sich nur vom abwertenden Vater distanzieren. Doch als sie anfing, den Eltern gegenüber Grenzen zu ziehen, und ihre Verhaltensweisen ansprach, zeigte sich, wie manipulativ und emotional erpressend die Mutter tatsächlich war.

Bei Ruth wurde der Pastor zum *Flying Monkey*, weil er ein Gespräch mit ihr und ihrem Mann wollte, um Ruth auf den rechten Weg zurückzubringen und den Willen Gottes zur Ehe zu statuieren. (Noch einmal: Ich bin in keiner Weise für eine Scheidung per se. Aber ich bin definitiv für Beziehungsfähigkeit und für Liebesfähigkeit. Wenn eine Beziehung eine Person in diesen zwei Bereichen verkrüppelt, dann sprechen wir schlicht und ergreifend nicht mehr von Ehe oder Beziehung, sondern von Missbrauch und verheerender psychischer Gewalt!) Der Pastor hatte die Erzählungen von Ruths Mann als Realität übernommen und kein Gehör für sie, denn die Sachlage war aus seiner Sicht klar.

Während des Auszugs aus manipulativen Systemen wirst du mit dem einen oder anderen *Flying Monkey* konfrontiert werden. Das können wohlwollend Ahnungslose sein oder Betroffene (wie Geschwister oder der andere Elternteil), die es nicht wagen, selbst zu verhandeln oder den Ausstieg anzugehen. Das bringt sie in einen Loyalitätskonflikt zwischen dem Manipulator und demjenigen, der sich die Taktiken nicht mehr bieten lässt.

Flying Monkeys sind Menschen, die …

- die destruktiven Gesichter des Manipulators nie abbekommen haben, also stets Stimmung 1 erleben.
- deren Lügengeschichten glauben.
- selbst Betroffene sind, sich aber nicht in der Lage sehen, sich vom Manipulator zu lösen.
- selbst Manipulierer sind, die ihre Verantwortung an der ganzen Misere nicht anerkennen wollen.

Es ist erschreckend leicht, zum Handlanger von Manipulatoren zu werden, wenn man sich nicht mit manipulativen Verhaltensweisen auseinandersetzt. Denn ausgekochte Manipulatoren sind Profis darin, Menschen an der Nase herumzuführen. Das funktioniert auch in Gemeinden (oder in der Therapie, wie wir gesehen haben). Menschen tendieren dazu, sich auf die eine oder andere Seite zu schlagen. Meistens werden Aussteiger dann als »kompliziert« dargestellt, als Personen mit zu hohen Ansprüchen oder es wird die »Du musst vergeben«-Keule geschwungen.

Darum ein Wort an Menschen, die durch das Gelesene erkennen, dass sie selbst zu *Flying Monkeys* geworden sind: Gestehe dir das ganze Ausmaß deiner Rolle ein. Erinnere dich, wo du Betroffene belehrt und für ihre Situation verantwortlich gemacht hast, ohne das ganze Bild zu kennen oder ihnen aufrichtig zuzuhören. Wenn dir dein Verhalten leidtut, dann ist es an dir, mit der betroffenen Person Kontakt aufzunehmen und ihr zu sagen, was dir aufgegangen ist. Das Gefühl der Reue bringt jedoch nur etwas, wenn du dein Verhalten änderst. Das bedeutet, zuzuhören, was der Person angetan wurde, und ernst zu nehmen, dass du deinen Teil zur toxischen Wirkung beigetragen hast. Lediglich um Verzeihung zu bitten, um das schlechte Gewissen loszuwerden, hilft Betroffenen nicht im Geringsten.

Für Betroffene: Um etwas gewappnet zu sein, wenn du mit uneinsichtigen *Flying Monkeys* konfrontiert wirst, findest du hier die häufigsten Behauptungen und eine mögliche Haltung bzw. Antwort darauf.

Sieben Behauptungen von Handlangern und mögliche Antworten

1. **»X hatte eine sooo schreckliche Vergangenheit.«/»X wurde halt immer so verwöhnt.«**
   Antwort: »Möglich, dennoch ist jeder Mensch für sein Verhalten verantwortlich.«

2. **»X hat es nicht so gemeint.«**
   Da stellt sich natürlich die Frage, woher der Handlanger besser weiß, was die Motive der manipulativen Person sind,

als du. Jedenfalls wird deine Wahrnehmung infrage gestellt und ich denke, du erkennst langsam den verlängerten Arm des Manipulators.
Antwort: »Da bin ich anderer Meinung.«
Diese Antwort macht klar, dass du dich nicht verunsichern lässt, aber auch nicht verteidigen wirst. Lass dich von *Flying Monkeys* nicht in die fünf Stimmungen saugen. Erinnere dich an den Exit-Plan (Kapitel 10).

3. **»*Ich* hatte nie Probleme mit X.«**
   Entweder bedeutet das unausgesprochen: »... also musst du das Problem sein«, oder diese Aussage wird von jemandem gemacht, der wenig Zeit mit dem Manipulator verbringt und deshalb die destruktiven Seiten nicht kennt.
   Antwort: »Es freut mich, dass X sich dir gegenüber noch nie so benommen hat.«
   Die Sündenbock-Rolle brauchst du nicht anzunehmen, darum plädiere ich dafür, dich nicht zu verteidigen. Verbinde dich mit deinem Beschluss aus dem Lebensbereich 1 (Kapitel 10) und deinem Merksatz, welche Art von Beziehung du leben willst (S. 290) und verankere dich in deinem Körper. Du weißt, was Sache ist und in welche Richtung du willst. Das genügt.

4. **»X hat sich schon so verändert.«**
   Das listige Wiesel der falschen Hoffnung sitzt auch *Flying Monkeys* auf den Schultern. Auch wenn ich mich wiederhole: Handlangern von manipulativen Systemen geht es darum, den Status quo aufrechtzuerhalten, weil das für sie entweder vertrauter oder zweckdienlicher ist. Gleichzeitig muten sie dem Manipulator keine Konsequenzen zu, weil sie sich

selbst vor den deregulierten Zuständen des Manipulierers fürchten.
Antwort: »Ja, X benimmt sich immer mal wieder ganz normal. Das stimmt.«
Stimmung 1 und 5 sind zwei der Merkmale manipulativer Systeme. Solltest du anfangen, an dir zu zweifeln, lies in Kapitel 12 nach, wie echte Veränderung aussieht. Wenn ein Manipulierer tatsächlich einen Sinneswandel durchläuft, wird er/sie sich bei dir melden und aufrichtig und konkret um Verzeihung bitten. Wenn ein guter Geist Einzug gehalten hat, wirst du das merken. Glaube mir.

5. **»Es ist nicht sooo schlimm, wie du das wahrnimmst.«**
   Verharmlosung und Bagatellisierung führen sehr leicht dazu, dass du deine Wahrnehmung anzweifelst und die Schritte, die du bereits gegangen bist, hinterfragst. Verharmlosung schüttet Benzin ins Feuer der Selbstzweifel und vernebelt das Denken. Also, Vorsicht, mit wem du dich in Zukunft austauschst!
   Antwort: »Ich sehe, dass du dir bereits eine Meinung gebildet hast. In dem Punkt gehen unsere Sichtweisen auseinander.« Oder auch: »Ich glaube nicht, dass du in der Lage bist, das zu beurteilen.«

6. **»X arbeitet so hart und hat dies und jenes geschafft.«**
   Es werden dir die Errungenschaften des Manipulators vor Augen geführt, als ob die etwas zur Sache täten.
   Antwort: »Das bestreitet niemand. Dass X so hart arbeitet oder etwas geschafft hat, ist aber keine Entschuldigung für sein/ihr Verhalten.«

7. **Die Totschlagargumente: »Es sind immer noch deine Eltern! Er ist immer noch dein Mann! Sie ist immer noch deine Frau!«**
   Antwort: »Ja, das stimmt. Ich hätte mir wirklich gewünscht, sie hätten sich wie Eltern verhalten. (wie ein Partner bzw. eine Partnerin)«

Weine, mein weiches Herz

Wenn du die Beziehung zum Manipulator abbrichst, ist es wahrscheinlich, dass du auch Beziehungen zu anderen Menschen verlierst, weil sie sich der leidvollen Realität nicht stellen wollen. Das ist bitter und zuweilen schwer zu ertragen. Dennoch lege ich dir ans Herz, die Gefühle zu fühlen und im geschützten Rahmen zu verdauen. Spür die Traurigkeit darüber, dass du von deinen Nächsten nicht verstanden wirst, und die Wut über die Verleumdungen des Manipulators! Spür die Fassungslosigkeit über die Unverfrorenheit von Manipulatoren, wenn sie Lügen erzählen! Nimm die Verständnislosigkeit wahr, weil trotz tragischer Konsequenzen kein Umdenken passiert. Du darfst auch Rage und Hass fühlen, weil du deswegen durch so viel Leid gehen musst! Atme! Mach die Körperübungen aus Teil I zu deinen täglichen Begleitern. Es ist verdaubar, aber es braucht seine Zeit!

Falls du Mühe damit hast, dass ich dich dazu ermutige, Hass zu fühlen, wo Hass ist, empfehle ich dir, Psalm 139,19-22 (SLT) zu meditieren:

> »Ach, wollest du, o Gott, doch den Gottlosen töten! Und ihr Blutgierigen, weicht von mir! Denn sie reden arglistig gegen

> dich; deine Feinde erheben ihre Hand zur Lüge. Sollte ich nicht hassen, die dich, Herr, hassen, und keine Abscheu empfinden vor deinen Widersachern? Ich hasse sie mit vollkommenem Hass, sie sind mir zu Feinden geworden.«

Sicher ist es nicht gesund, für immer in Gefühlen von Hass verstrickt zu bleiben. Doch zu benennen, wo ausgesaugt, hinterhältig agiert und gelogen wird, und wahrzunehmen, dass das tatsächlich Hass hervorruft, das ist gesund! Darum bittet der Psalmist auch um Hilfe. Die beiden darauf folgenden Verse sind unter Christen bestens bekannt und werden häufig zitiert:

> »Erforsche mich, o Gott, und erkenne mein Herz; prüfe mich und erkenne, wie ich es meine; und sieh, ob ich auf bösem Weg bin, und leite mich auf dem ewigen Weg!«

Lasst uns wieder den ganzen Psalm ins Repertoire aufnehmen, denn die Bibel ergibt nur Sinn, wenn wir das Leben in seiner Ganzheit zu leben wagen!

Wahrscheinlich zeigt sich nach der Wut auch die Trauer darüber, dass Menschen in diesen Verstrickungen hängen bleiben und wir sie nicht retten können. Ja, das ist so. Doch durch das Gewahrwerden der Gefühle spürst du: *Ich lebe! Mit jeder Faser meines Körpers.*

Die Gefühle werden sich wandeln – auch bei schwerem Missbrauch. Meist nicht heute oder morgen, aber letztlich doch!

Es mag wie ein Widerspruch klingen, dass ich dich auffordere vor dem Manipulator *keine* Gefühle zu zeigen, in Bezug auf dein eigenes Verarbeiten aber *für* das Fühlen von Emotionen plädiere. Manipulatoren brauchen ständig die Bestätigung, dass sie eine übersteigerte Bedeutung haben. Wenn sie diese Zufuhr nicht durch positive

Zuwendung erhalten, werden sie es mittels negativer versuchen. Deshalb müssen sie Menschen zur Weißglut bringen oder in Verzweiflung stürzen, um sich selbst zu beweisen, dass sie eine Bedeutung haben – die Reaktion der anderen zeugt davon. Darum ist es wichtig, vor dem Manipulator möglichst sachlich und unberührbar (*Grey Rock*) zu bleiben, im geschützten Umfeld aber ganz Mensch zu sein.

Das folgende Gedicht von Madelaine F. zeugt von solchen leidvollen Stunden:

Weine, meine Seele
ich dachte, ich sei drüber hinweg
ich dachte, ich hätte es begriffen
ich dachte, ich käme damit zu rande
ich dachte, ich brauche euch nicht
ich dachte, ich wüsste das schon
ich dachte, das würde mich nicht mehr so verletzen
ich denke immer noch, dass ich das schaffe
ich denke auch, dass mein Herz wieder weit werden wird
doch jetzt ist es zusammengekrampft!
jetzt ist es wütend hart!
jetzt ist es mutterseelen verlassen alleine
jetzt ist es erbärmlich traurig wahr
egal
ich muss damit zurande kommen,
dass ihr euch keinen Deut um mich schert
ich müsste wissen, dass keiner ehrlich nach mir fragt
ich müsste verstehen, dass das nicht wegen mir so ist
ich müsste darüber hinwegkommen,
dass ihre Verletzungen hart wütender sind
mutterseelen verkümmerter
erbärmlich traurig egaler

ich dachte, dass das Verstehen
die Wunde entschmerzen würde
die Tiefe etwas auffüllen würde
nur etwas
weine, mein weiches Herz
weine, meine verlassene Seele
weine, mein kleines trauriges Kind
weine
beweine die wütende Härte
beweine die verlorene Mutterseele
beweine, es ist erbärmlich traurig wahr
weine, es ist nicht egal
weine, mein weiches Herz
weine, meine Seele
weine, mein schönes Kind
weine, du bist da

Madelaine F.

Ich schließe mich Madelaine und ihrem Aufruf, berührbar zu bleiben, an. Ich will ein berührbares Herz, im Wissen, dass mich dadurch Leid, Ungerechtigkeit und Gewalt immer wieder treffen können, ich aber auch Freude, Zuneigung, Liebe, Stolz, Zufriedenheit, Lust, Dankbarkeit, Gelassenheit, Interesse, Hoffnung, Spaß, Inspiration, Bewunderung und Ehrfurcht empfinden kann!

Die Menschen sind nicht unsere Feinde, auch wenn wir uns von denen fernhalten sollten, die uns ernstlich schaden. Aber ich gebe den destruktiven Kräften keinen Raum. Im Vertrauen halte ich dagegen und verlasse mich darauf, dass meine Bitten erhört werden, dass ich geführt werde und Unterstützung bekomme, wo ich auf Ergänzung angewiesen bin – zur rechten Zeit.

An dunklen Tagen kann es aussehen, als bliebe es für immer finster. Der Ausstieg aus toxischen Beziehungen, aber auch aus körperlicher und sexualisierter Gewalt sowie aus Sekten gehört zu den schwierigsten Prozessen, die uns im Westen zugemutet werden. Manchmal verlieren Menschen alles, was ihr Leben auszumachen schien. Ruth verlor durch die Scheidung ihre Gemeinde und Freunde, die sie dort hatte. Doch was war die Alternative? Zu bleiben? Ein Leben geprägt von falschen Beschuldigungen, Beschämung und Lügen? Die Beziehung zu den Kindern ganz aufs Spiel setzen? Ihre Beziehungsmuster so prägen? Nein. Dafür ist das Leben zu kurz und definitiv zu kostbar! Darum sage ich dir: Ja, Exodus kann die Hölle sein. Doch das liegt nicht an dir! Du schaffst das! Der Ausstieg ist nicht das Ende und die Wut und die Trauer behalten nicht das letzte Wort. In jedem Ende liegt ein neuer Anfang.[110] Das ist keine Floskel, denn ich zeuge als lebendiger Beweis davon, dass es ein anderes Leben gibt!

Zum Schluss dieses Kapitels mache ich dir einen Vorschlag, wie du der Trauer über den Verlust von Beziehungen Raum geben kannst:

Der Trauer Raum geben

Nimm dir Zeit, eine schöne Karte zu kaufen. (Bei mehreren Personen mehrere Karten, zum Bsp. für Mutter und Vater je eine separate Karte.) Suche dir (Kondolenz-)Karten, die dir gefallen und die zu der verlorenen Beziehung passen. Schreib dir selbst eine Beileidsbekundung für dich als Hinterbliebene bzw. Hinterbliebener. Ich ermutige dich: Verzichte auf Floskeln. Schreibe vielmehr wie einer lieben Freundin oder einem lieben Freund, der ihre bzw. seine wichtigste Beziehung verloren hat. Nimm Bezug auf das, was dir immer gefehlt hat oder ab jetzt fehlen wird. Bestätige die Gefühle des Schmerzes und Verlustes. Erkenne die Trauer und Trostlosigkeit darüber an, dass die Beziehung nicht gerettet werden konnte.

In unserer Gesellschaft nehmen wir uns kaum Raum und Zeit, Verlorenes oder Niegehabtes zu betrauern. Das heißt aber nicht, dass du das auch so machen musst.

Dann bittest du eine Vertrauensperson, dir diese Karten zu schicken, oder du schickst sie dir selbst. Nimm dir Zeit, über die beschriebene Realität zu trauern, wenn du die Karten erhältst. Mach dir bewusst, dass Trauer in der Regel bei nahen Bezugspersonen bis zu drei Jahre dauert. Das heißt, dass die Trauer in dieser Zeit immer wieder hochkommt. Gesteh dir diese Zeit ein. Du wirst dir eines Tages dafür danken.

Nach dem Auszug aus Ägypten kam das ganze Volk
mit Sack und Pack, Kindern und Tieren am Ufer
des Schilfmeers an. Dort ging es nicht weiter, sie befanden
sich in einer Sackgasse zwischen Meer und Gebirge.
Aber damit nicht genug: Der Pharao hatte sein ganzes
Heer mobilisiert und jagte ihnen nach! Die herannahende Armee
versetzte das Volk in Angst und Schrecken.
Als wäre diese Gefahr nicht schon bedrohlich genug,
zog auch noch ein Sturm auf und ein starker Wind peitschte
durch das Lager der verängstigten Israeliten.
Himmel, was sollte das? Sollten sie umkommen?
Dafür hätten sie Ägypten nicht verlassen müssen!

Am nächsten Morgen brachen sie auf. Schritt für
Schritt gingen sie weiter, auf trockenem Boden, bis sie auf der
anderen Seite des Schilfmeeres standen. Das Meer hatte
einen Weg für sie freigegeben; der Wind hatte wohl in der Nacht
eine Schneise durch das Gewässer gefegt.

Der Pharao wollte die Sklaven nicht fliehen lassen
und hetzte ihnen seine Streitmacht hinterher. Doch auf einmal
ließ der Wind nach. Das Wasser strömte in sein ursprüngliches
Bett zurück und begrub Ross und Wagen, Wärter und Waffen.
Die Macht des Pharaos ging unter.[111]

Der Pharao wird danach nicht mehr erwähnt.
Er könnte überlebt haben und gezwungen gewesen sein,
die Niederlage mitanzusehen. Aber das ist nur eine Vermutung.

Kapitel 14

Entschiedene Schritte

In den letzten Kapiteln ging es um den inneren Beschluss, aus manipulativen Strukturen auszusteigen, nun werden die Aspekte des äußeren Auszugs behandelt, mit speziellem Fokus auf Scheidungsverfahren mit Kindern. Denn Elternteile mit manipulativen Partnern können zwar das Land Narziss verlassen, haben aber aufgrund der gemeinsamen Elternschaft in den meisten Fällen immer wieder mit den manipulativen Seiten des Partners zu tun.

Bitte nimm Rechtsberatung in Anspruch, wenn möglich, bevor du deinem Ehepartner eröffnest, dass du dich von ihm trennen willst.

Um dich für die nächste Etappe zu wappnen, musst du wissen, was auf dich zukommt und was der Prozess für dich bedeutet. Kläre deine Rechte! Lass dich nicht durch Fachjargon oder unklare Aussagen einschüchtern oder vernebeln. Lass dir Begriffe erklären. Frage nach, welches die nächsten Schritte sind und wie der Ablauf aussieht.

Nimm Kontakt mit Menschen auf, die bereits eine Scheidung durchlaufen haben. Frag sie, was ihnen geholfen hat und was sie gerne im Voraus gewusst hätten. Sei dir aber bewusst, dass die Scheidung von einer narzisstisch-verbogenen Person nicht mit der von zwei halbwegs beziehungsfähigen Menschen zu vergleichen ist. Sich von einer stark manipulativen Person zu trennen, bedeutet, dass deren Überlebensmechanismen und ihre Taktiken, dich zu entwerten, auf Hochtouren laufen: Das Wunsch-Ich auf dem wackeligen Gerüst sieht sich maximal angegriffen. Das Gegenüber zu verunsichern, zu demütigen und mundtot zu machen, erscheint dem Manipulator als einzige Möglichkeit, sich selbst zu stabilisieren.

Manipulatoren drohen mit Halbwahrheiten bis hin zu absurden Lügen, Hauptsache, das Gegenüber hat Angst. Lass dich nicht einschüchtern. Du kennst die Taktiken aus Stimmung 2 bis 4 (Kapitel 4) und die verschiedenen Phasen der Beziehungszyklen (Kapitel 5). Erinnere deine Gefühle an ihre ursprüngliche Aufgabe: deine Würde zu bewahren!

> Achte auf deine Gefühle, denn sie werden zu Gedanken.
> Achte auf deine Gedanken, denn sie werden Worte.
> Achte auf deine Worte, denn sie werden Handlungen.
> Achte auf deine Handlungen, denn sie werden Gewohnheiten.
> Achte auf deine Gewohnheiten, denn sie werden dein Charakter.
> Achte auf deinen Charakter, denn er wird dein Schicksal.[112]

Im nächsten Abschnitt wenden wir uns folgenden Fragen zu: Was müssen Personen verstehen, die mich durch das Scheidungsverfahren begleiten? (Familienangehörige, Freunde, Anwälte, Beistände etc.) Was müssen die Gemeindeleitung oder Beauftragte im Personalwesen verstehen, wenn es um toxische Personen oder Mitarbeiter geht?

Begleitpersonen informieren

Es ist wichtig, dass die Menschen, die dich auf diesem Abschnitt begleiten, verstehen, womit sie es zu tun haben. Dafür braucht es eine gute Vorbereitung, denn meistens bringt es nichts, den Begriff »narzisstischer Missbrauch« zu benutzen. Die wenigsten Menschen haben eine konkrete Vorstellung, was das im realen Leben bedeutet. Die amerikanische Psychologin Dr. Ramani Suryakantham Durvasula[113] hat folgende Formulierungen für Aufklärungsgespräche zur Verfügung gestellt:

Die Beziehung (die Zusammenarbeit) ist in verschiedenen Bereichen sehr schwierig und zum Teil untragbar geworden:

- Die Person macht sehr hohe Ansprüche geltend. Sie scheint zu glauben, die Regeln der Beziehung und der Zusammenarbeit würden für sie nicht gelten. Sie erwartet, dass ihr Schwierigkeiten aus dem Weg geräumt werden und ihr negative Emotionen erspart bleiben.
- Wenn Dinge nicht so laufen, wie die Person es sich vorstellt, wird sie wütend, ausfällig, vulgär oder handgreiflich. Eine direkte Kommunikation ist praktisch nicht möglich, weil sie sich ständig angegriffen oder unfair behandelt fühlt. Sie manipuliert und stellt Situationen so dar, dass sie als die leid-

tragende Person dasteht. Sie ist ausbeuterisch und nachtragend (und auf Vergeltung aus).

- Die Person ist unflexibel, unnachgiebig, kontrollierend und herrschsüchtig. Ein Mittelweg oder Kompromisse können kaum ausgearbeitet werden. Wenn doch, dann hält sie sich oft nicht an Abmachungen. Sie verheimlicht und vertuscht Informationen, auch in finanziellen Aspekten. Die Person ist extrem wettkampforientiert und versucht, mich zu dominieren.
- Die Person zeichnet sich durch extreme Launenhaftigkeit aus. Sie fällt oft impulsive oder unüberlegte Entscheidungen, die mich in Schwierigkeiten bringen. Sie hat ihr Verhalten nicht im Griff, hat Wutausbrüche, beschimpft mich (und andere Menschen) und verleugnet das eigene Verhalten. (Wenn physische Gewalt angewendet wird, auch diese benennen.)

Schreib dir auf, was auf den Manipulator zutrifft, und notiere Begebenheiten (inklusive Datum) als Beispiel, um zu verdeutlichen, wovon du sprichst. Es ist doppelt wichtig, dass du dir die Begebenheiten (Lügen, Drohungen, gebrochene Vereinbarungen, Täuschungen und Betrug) mit Hergang und Datum aufschreibst. Erstens für dich, damit du nachlesen kannst, wenn der Nebel der Selbstzweifel dich einhüllt. Zweitens, damit du deinem Anwalt bzw. deiner Anwältin (etc.) schildern kannst, was wirklich Sache ist. Diese Arbeit ist zwar unschön, aber wichtig, wenn du nicht sprachlos dasitzen willst, wenn der Manipulator im Begriff ist, deine Unterstützer um den Finger zu wickeln.

Mach dir bewusst, dass der Manipulator deine wunden Punkte kennt und weiß, woran du hängst und was dich emotional werden lässt. Dennoch plädiere ich dafür, Manipulierer nicht schlechter darzustellen, als sie sind. Du willst dich selbst im Spiegel anblicken können und wissen: »Ich bin trotz allem fair geblieben. Ich lasse mir meine Würde nicht mehr rauben.«

Bei einer Scheidung ist auch der finanzielle Aspekt wichtig, die Sorge für die Kinder und deren Unterhalt. Frage bei deinem Anwalt bzw. Anwältin nach deinen Rechten und Pflichten und nach der Chance, eine Forderung durchzusetzen. Viele versuchen, in der Trennungs- und Scheidungsphase möglichst nichts einzufordern in der Hoffnung, dass die Sache dann schnell und schmerzlos über die Bühne geht. Das funktioniert bei opportunistischen oder sadistischen Manipulatoren nicht. Sie wissen sich in der Machtposition und werden mit allen Mitteln den Prozess sabotieren, um dem Gegenüber maximalen psychischen und finanziellen Schaden zuzufügen. Darauf gilt es, sich vorzubereiten. Dennoch: Lieber ein Ende mit Schrecken als ein Schrecken ohne Ende.

Informiere dich, was es bedeutet, wenn keine Einigung ausgehandelt werden kann. Denn aufgrund der langwierigen Prozesse und der entstehenden Kosten kann der Druck, eine Vereinbarung abzuschließen, hoch werden. Manchmal muss man zwischen der Einforderung dessen, was einem zusteht, und der Belastung durch das Verfahren abwägen. Darum sind vertrauenswürdige Menschen und solide Unterstützung in den verschiedensten Bereichen gerade in dieser Lebensphase von unschätzbarem Wert!

Die gute Nachricht: Nicht alle Manipulatoren lassen es aufs Äußerste ankommen. Die meisten lenken ein, wenn bei dir emotional nichts mehr zu holen ist. Denn dann müssen sie ihren Hunger nach Anerkennung woanders stillen und du verlierst an Reiz. Ruth ließ sich während des Scheidungsprozesses nicht mehr provozieren, sondern wiederholte ohne Emotionalität, was sie einforderte, und erklärte sachlich, warum (zum Wohl der Kinder). Sie staunte, wie kooperativ sich ihr Mann vor den Anwälten und dem Richter gab. Seine Sucht, sich gut darzustellen, spielte Ruth in die Karten.

Und weil ihr Mann die Beziehung zu den Kindern nicht aufs Spiel setzen wollte, hielt er sich sogar an die Vereinbarungen.

Das Wichtigste in Kürze:

- Nimm Rechtsberatung in Anspruch, am besten, bevor du die Scheidung ansprichst. Dann weißt du schon, was dich erwartet, und wirst nicht durch Drohungen verunsichert.
- Kläre die Begleitpersonen (Familie, Freunde, Anwälte, evtl. Beistände) über die Verhaltensweisen des Manipulators auf (Aufzeigen der Verhaltensweisen, inkl. Schilderung von Vorfällen und Beispielen, wenn möglich mit Datum.).
- Realistische Erwartungen: Du kennst nun die Verhaltensweisen und Taktiken des Manipulators – stell dich darauf ein.
- Radikale Akzeptanz der Realität: Es sind seine bzw. ihre Überlebensmuster – es hat nichts mit dir zu tun.

Je nach Alter der Kinder gilt es auch, das Sorgerecht und die Kinderbetreuung auszuhandeln.

Das Sorgerecht und die Kinderbetreuung

Sei dir bewusst, dass dir das Sorgerecht für die Kinder nicht einfach so entzogen werden kann, auch wenn Manipulatoren oft damit drohen. Zu drohen, um nicht verlassen zu werden oder um Druck auszuüben, ist eine beliebte Taktik.[114] Ich ermutige dich, behördliche Verfahren[115] in Anspruch zu nehmen, um eine Regelung über die Kinderbetreuung, Umgangsrecht und Unterhalt auszuarbeiten, denn selbst wenn eine wohlwollende finanzielle Vereinbarung bezüglich der Kinder zustande kommt, gibt es noch einiges zu regeln. Sämtliche Vereinbarungen sollten immer schriftlich festgehalten und wenn möglich von beiden Seiten unterschrieben werden. Sonst hast du keine Handhabe, wenn der andere sich nicht an die Abmachungen hält. Eine Behörde kann bei der Ausarbeitung der Regelung bezüglich Besuchsrecht, Kinderbetreuung und Übergaberegelung auf Fairness achten und eine Vereinbarung behördlich »absegnen«.

Wenn der Partner das Wohl der Kinder gefährdet, ist es notwendig, das Jugendamt oder die KESB[116] (Schweiz) einzuschalten. Die Behörden können beispielsweise einen begleiteten Umgang anordnen. Das sind nervenaufreibende Verfahren, weil toxische Manipulatoren die eigenen Verhaltensweisen stets auf das Gegenüber projizieren und es beschuldigen, die Kinder zu schädigen. Deshalb ist die Dokumentation jedes Vorfalls inkl. Datum in solchen Prozessen unabdingbar.

Wichtig:

- Halte Abmachungen stets schriftlich fest. Suche behördliche Unterstützung, wenn keine fairen Abmachungen von beiden Seiten angesteuert und unterschrieben werden.
- Bleibe standhaft und lass nicht zu, dass Abmachungen nach Gutdünken verändert werden. Wenn der (Ex-)Partner eine Abmachung ändern will, dann soll er oder sie dich fragen, und du wirst sagen, was du dafür möchtest. Eine Hand wäscht die andere.
- Konfrontiere den Manipulierer, wenn er oder sie sich nicht an die Abmachungen hält, und informiere, ohne zu zögern, Anwalt oder Behörde.
- Bleib emotional auf Distanz und übe dich darin, dem Manipulator nur wenn notwendig und dann ausschließlich sachlich zu antworten.
- Bei verbalen Attacken hilft es, sich vor Augen zu führen, dass er bzw. sie sich selbst nicht lieben kann und dass dies

die eigentliche Tragödie ist. Dennoch bleibst du klar, was im Umgang mit dir geht und was nicht. Beleidigungen lässt du abperlen, indem du sagst: »Mich zu beleidigen führt zu nichts.« Bei Seelenschleichern geht es eher um die Bisse der Giftschlange, aber auch da hilft die Haltung oder Antwort: »Das funktioniert bei mir nicht mehr.«

- Und vor allem: Selbst wenn du erkannt hast, dass keine wirkliche Stärke im Manipulator vorhanden ist – achte gut auf dich! Wahrscheinlich bist du vor und nach jedem Kontakt emotional aufgewühlt. Das ist natürlich. Bitte lass den Anspruch fahren, dass du das besser schaffen müsstest. Dieser Anspruch ist ein Überbleibsel aus den fünf Stimmungen: »Wenn ich es richtig machen würde, dann würde ich das lockerer wegstecken.« Quatsch. Mit niederträchtigen Menschen zu tun zu haben, ist zermürbend und unsäglich anstrengend. Daran ändert sich nichts.

Eine weitere Herausforderung ist es, den Kindern die Situation zu erklären.

Kindern die Situation erklären

Ruth entschied sich, nicht schlecht über den Vater der Kinder zu sprechen. Es ist für alle Beteiligten wichtig, dass die Konflikte zwischen den Eltern von ihnen ausgehandelt werden und dass beide sich auf ihre Aufgabe als Eltern besinnen und dafür sorgen, dass sie gegenüber den Kindern in der Elternrolle bleiben. Das heißt: Zieh die Kinder nicht in die Schwierigkeiten und deine Gefühle hinein. Tatsache ist: Egal wie niederträchtig sich Eltern benehmen, sie bleiben in den Augen der Kinder Papa und Mama. Das bedeutet, dass Kinder eine Bindung zum manipulativen Vater oder der manipulativen Mutter haben und sich mit ihm bzw. ihr identifizieren. Kinder glauben: »Wenn Papa gemein ist, dann bin ich wohl auch gemein.« Oder bei destruktiven Müttern: »Wenn Papa Mama hasst, dann bin ich auch hassenswert, ich bin ja ihr Kind.«

Dennoch ist es wichtig, Stellung zu beziehen, welches Verhalten du nicht in Ordnung findest, und den Kindern zu erklären, warum du diese Art nicht mehr akzeptierst und es darum eine Abgrenzung braucht und du nicht mehr unter einem Dach mit dem Partner leben willst. Erkläre ihnen, dass es wichtig ist, sich sicher zu fühlen, und dass du selbst dafür sorgst, dass es dir gut geht. Es ist nicht die Aufgabe der Kinder, das zu tun! Hilf ihnen, zu verstehen, dass du als Mama oder Papa gut für sie sorgen möchtest und sie darum vor verbalen Attacken schützen wirst. Das dürfen natürlich keine Floskeln sein, die Kinder müssen das Gesagte wirklich erleben.

Grundsätzlich sind Kinder sehr schlau und spüren intuitiv, bei wem sie aufrichtig gesehen werden als die, die sie sind, und geliebt werden, auch wenn sie nicht alles richtig oder großartig machen. Darum ermutige ich dich, wieder zweckfreie Zeit mit deinen Kindern zu verbringen. Spielt zusammen, erzähl ihnen Geschichten und genießt das Nichtstun. Denn das ist wieder möglich, wenn die manipulative Person nicht mehr in denselben Räumen wohnt. Wichtig ist, dass ihr euch Zeiten für Erholung einplant. Von narzisstischem Missbrauch Betroffene haben verständlicherweise einen großen Nachholbedarf, was Ruhe und Erholung anbelangt, auch wenn völlige Entspannung meist nicht von einem Tag auf den anderen gelingt und erst mit der Zeit möglich wird.

Es ist eine extreme Herausforderung, die eigene Emotionalität während der Trennungs- und Scheidungszeit nicht auf die Kinder abzuwälzen. Alleinerziehend zu sein, ist herausfordernd genug, und ich habe großen Respekt vor allen Müttern und Vätern, die sich trotz allem um einen fairen Umgang mit ihren Kindern bemühen! Die Belastung, sich von einem narzisstisch-verbogenen Partner zu trennen, darf nicht bagatellisiert werden. Ich empfehle, einer Selbsthilfegruppe für Angehörige von Narzissten beizutreten, um sich mit anderen Betroffenen auszutauschen und zu hören, was ihnen geholfen hat. In der Gruppe erlebst du, dass es andere gibt, die dasselbe erlebt haben. Das hilft dir, deiner Wahrnehmung wieder zu trauen.

Die ZuMUTung des Menschseins

Grundsätzlich sind Geburtstage, Jahrestage, Weihnachten, Hochzeiten und andere Zusammenkünfte, bei denen es zu Überschneidungen mit toxischen Manipulatoren kommt, emotional anstrengend, auch für Betroffene aus anderen Beziehungskonstellationen. Ich ermutige dich, jedes Mal mit dir selbst zu verhandeln, welche Treffen du dir zumuten willst und welche du nicht besuchen wirst.

Wenn du hingehst, mach es wie im vorangegangenen Punkt beschrieben: Achte vor und nach jedem Zusammentreffen gut auf dich. Du brauchst nicht mehr Übermensch zu sein, du darfst deine eigenen überhöhten Ansprüche zu Grabe tragen und gewissenhaft entscheiden, was dir guttut und was nicht, was die Mühe wert ist und was nicht! Oft sind diese Tage, auch ohne Kontakt zu den toxischen Personen, emotional schwierige Tage. Eine Freundin nannte die Phasen »Traurigkeits-Krise« – wie passend.

Menschsein ist eine nicht zu unterschätzende ZuMUTung, und schon viele sind der Versuchung erlegen, eine Alternative zu wählen. Manche werde Maschinen, einige Monster, andere zertretene Mauerblümchen. Nicht aber du. Denn du hast gehört und geschmeckt, dass es noch ein anderes Leben gibt. Woher ich das wissen will? Weil du dieses Buch bis zum Schluss gelesen hast. Auch du wirst erleben, wie die Macht des Manipulators allmählich untergeht.

Ich wünsche dir, dass du die Herausforderung durch die anstehenden Prozesse annimmst und erlebst, wie du standhaft und mündig wirst. Gott versprach dem Volk Israel, dass sie reich ausziehen würden, und das erfüllte er.[117] Das wünsche ich mir für dich genauso.

Zwei Lieder für den Weg

Ben Harper and The Innocent Criminals: *Fight Outta You*[118]

Timo Langner: *Ein Gott, der das Meer teilt*[119]

Während der Wüstenwanderung ging Gott
vor den Kindern Israels her.
Tagsüber in einer Wolkensäule,
um ihnen den Weg zu zeigen.
Nachts in einer Feuersäule, um ihnen zu leuchten.
So waren sie unterwegs, bei Tag und Nacht.
Niemals wich die Wolkensäule von ihnen
noch die Feuersäule bei Nacht.[120]

Epilog

Vielleicht ergeht es dir beim Auszug aus toxischen Verstrickungen ähnlich wie dem Volk Israel. Situationen erscheinen als Sackgassen, und an manchen Tagen versuchen dir verwirrende Nebelschwaden den Verstand zu rauben, obwohl du bereits viel Abstand gewonnen hast. Vielleicht ist es eine Begegnung mit dem Manipulator, ein Jahrestag oder es sind andere Schwierigkeiten, denen du dich nicht gewachsen fühlst. Dem Volk Israel ergab sich ein Weg, wo zuvor keiner war – mitten durchs Wasser. Und sie staunten. Auch dir wird sich ein Weg öffnen, selbst wenn du ihn noch nicht siehst. Du wirst geführt, durch dunkelste Nächte. Du wirst versorgt, in Tagen größter Trockenheit.

Für Liora, Philip, Hannah und Ruth bedeutete der Auszug nicht Endstation. Er kennzeichnete den Anfang eines neuen Kapitels in den Büchern ihrer Leben.

Liora gefällt ihr neuer Beruf und sie datet seit ein paar Monaten einen jungen Mann, den sie echt mag. Er ist aufrichtig und sie haben schon zwei, drei Beziehungshürden miteinander gemeistert. Ihre Eltern machen zurzeit eine Ehetherapie. Die Mutter hat sie zu einem Familientherapeuten eingeladen, als der älteste Sohn ebenfalls den Kontakt zu ihnen beenden wollte. Liora stellte sich der Herausforderung und benannte dort, dass das Klima in der Familie und die völlig überhöhten Ansprüche, wie sie zu sein hatte, ihr sehr geschadet hatten. Der Familientherapeut erkannte, dass die Eltern erst an ihren Verhaltensweisen und der Ehebeziehung arbeiten mussten, wenn es eine Hoffnung für die Beziehung zu ihren Kindern geben sollte. Ob sich die Eltern auf die notwendigen Veränderungsprozesse einlassen werden, wird sich zeigen. Doch Lioras Leben wird nicht mehr davon bestimmt, ob es mit ihren Eltern gut wird oder nicht. Sie hat Frieden mit sich, Gott und ihren nächsten Mitmenschen geschlossen. *Das* halte ich für einen unermesslichen Erfolg!

Philip hat keinen Kontakt mehr zu seinen Eltern. Er hat eine gänzlich neue Sicht auf sein Leben entwickelt und ist nach und nach von der komplexen posttraumatischen Belastungsstörung genesen. Schließlich hat er eine Fortbildung zum Fachmann im Personalwesen absolviert und fand eine Anstellung in einer tollen Firma. Die Zusammenarbeit mit Menschen in Zweierteams oder kleinen Gruppen bereitet ihm, zu seiner eigenen Überraschung, viel Freude. Er hätte nicht gedacht, dass der Lebensbereich 2 (faire Verhandlungen führen) eine Stärke von ihm werden würde. Aber er durchschaut Menschen schnell und kann wie kein anderer in (Vorstellungs-)Gesprächen zwischen Flunkerei und handfesten Aussagen unterscheiden. Welch ein Vorteil!

Hannah hat ebenfalls ihren Weg gefunden. Nach einer Zeit in der Beratung erreichte sie die Ziele, für die sie gekommen war, und wir beendeten die Begleitung. Hannah heiratete, ohne ihre Eltern einzuladen (einzig ihr Bruder feierte mit). Nach der Geburt ihres ersten Kindes kam sie nochmals für eine Weile in die Beratung, weil durch das Baby und die Mutterschaft noch mal Dinge aufbrachen, die ihr zu schaffen machten.

Ruth ist noch auf dem Weg, sich mit ihren Kindern im neuen Leben zurechtzufinden. Ist sie froh, dass sie die Schritte gewagt hat? Sie sagt: »Trotz allem, ja!« Die Beziehung zu ihren Kindern ist vertrauensvoller geworden und hat sich vertieft. Sogar die Beziehung zwischen dem Vater und den Kindern ist besser geworden. Er schafft es, sich während der Wochenenden, an denen die Kinder bei ihm sind, zu regulieren. Er scheint begriffen zu haben, dass es nun seine Verantwortung ist, wie die Kinder zu ihm stehen. (Auch wenn er sie verwöhnt, um sie an sich zu binden.) Die Auflagen des Beistands helfen, die Kommunikation sachlich zu halten. Ruth spürt, dass sie die Kraft hat, sich um die anstehenden Dinge zu kümmern, weil sie nicht mehr von den fünf Stimmungen ausgelaugt wird.

Exodus lohnt sich! Damals, noch in Ägypten, wusste das Volk nicht, wie stark diese Wüstenwanderung ihre Herzen, ihr Denken und ihre Verhaltensweisen verändern würde. Das Schlusswort überlasse ich Johannes, dem geliebten Schüler von Jesus:

Deshalb, meine Kinder,
lasst uns einander lieben:
nicht mit leeren Worten,
sondern mit tatkräftiger Liebe
und in aller Aufrichtigkeit.
1. Johannes 3,18 (HFA)

Dank

Ich danke dir, mein Held, für dein großzügiges Wesen, deine Treue und deine stetige Hilfsbereitschaft. Ich bin dankbar, dass du dir ohne Falsch oder Bauchpinselei selbst treu bist. Ich danke dir, mein Sohn, du wunderschönes, eigenwilliges Wunder. Du hast mich mehr gelehrt, als ich je ohne dich hätte erfahren können. Ich bin dankbar für die Freude an dir, die lustigen Momente mit dir und das unbeschwerte Leben, das ich durch dich kennenlernen durfte!

Ich danke dir, Kari Graf, meinem geistlichen Begleiter, dass ich mich dir ganz zumuten darf. Ich danke dir für all die Momente, in denen ich dich mit meinen Fragen löchern darf. Es ist mir ein unermessliches Geschenk, dass du die Realität und Gottes liebevollen Sinn ausgewogen im Blick behältst!

Ich danke Michaela Huber, Jacqueline Schmid, Prisca Buonvicini, Judith Zink und allen anderen, die mich in der Trauma-Arbeit ausgebildet haben. Allen voran danke ich meiner langjährigen Supervisorin Jacqueline Schmid dafür, dass du mich gelehrt hast, allem, was da ist, zuzuhören und dem Erlebten auf den Grund zu gehen. Du hast mich trotz der Unmenschlichkeit, mit der wir in unserer Arbeit oft zu tun haben, stets ermutigt, die langen und schweren Prozesse mit Menschen zu gehen. Ich habe von dir gelernt, wagemutig herauszufordern, fachlich ausgewogen zu begleiten und gleichzeitig herzensnah und menschlich zu bleiben. Ich danke euch, Judith H., Annelise W. und Tanja S., für den unentbehrlichen wertvollen Austausch in Supervisionsstunden.

Ich danke meinen Therapeutinnen, die mich begleitet haben, meine eigenen Abgründe zu durchwaten. Dazu gehören im Besonderen Ester Quarroz, Beatrice Mathieu und Damaris Stähli.

Ich freue mich am GPMC Thun, vor allem, wie mit Kindern in unserer Mitte umgegangen wird.

Bezüglich dieses Buches danke ich dir, Ueli Oswald, für deine konkrete Hilfestellung, deinen Scharfsinn und deine Ermutigung während des Entstehungsprozesses. Ich danke dir, Tabea Halbmeyer, meiner Lektorin von der SCM Verlagsgruppe, für deinen vollen Einsatz und deine Herzlichkeit! Du hast vor mir daran geglaubt, dass es dieses Buch in den Druck schaffen wird. Ich danke dir, Wolfram Soldan, für dein hilfreiches und tiefschürfendes Fachlektorat sowie dir, Christiane Kathmann, für dein präzises und gleichzeitig geistreiches Lektorat! Ein herzliches Dankeschön an Cornelia Achermann-Weber, Andrea Sterzinger, Alex Volz, Ulrich Wendel, Anatoli Uschomirski und Jürg Santschi für eure Expertise. Ich danke Erik Pabst, denn du hast es möglich gemacht, dass die Bilder zu ihrer wunderbaren Umsetzung fanden, und dem Verlag SCM für die ganze Hintergrundarbeit! Ich danke Esther Volz, Dorothee Lötzsch und Anna Gyger, dass ihr euch als Versuchskaninchen durch die Kapitel gewühlt habt. Euer Feedback hat mir geholfen, präziser zu schreiben, und mich ermutigt, dranzubleiben!

Ich danke Dir, meinem Gott, dass Du mich nie losgelassen hast.

Literaturverzeichnis

Baltes, Guido: Jesus, der Jude und die Missverständnisse der Christen. Francke Verlag, 6. Aufl. 2022.

Buber, Martin: Der Weg des Menschen, nach der chassidischen Lehre. Gütersloher Verlagshaus, 21. Aufl. 2022.

Charf, Dami: Auch alte Wunden können heilen. Kösel Verlag, 2018.

Croos-Müller, Claudia: Alles gut – Das kleine Überlebensbuch. Kösel Verlag, 2017.

Croos-Müller, Claudia: Kraft – Der neue Weg zu innerer Stärke. Ein Resilienztraining. Kösel Verlag, 2015.

Dana, Deb: Die Polyvagal-Theorie in der Therapie – Den Rhythmus der Regulation nutzen. G.P. Probst Verlag, 3. Aufl. 2021.

Delbrêl, Madeleine: Gott einen Ort sichern. Hrsg. Schleinzer, Annette. Verlagsgemeinschaft topos plus, 7. Aufl. 2022.

Forward, Susan: Emotionale Erpressung – Wenn andere mit Gefühlen drohen. Goldmann Verlag, 15. Aufl. 2000.

Forward, Susan: Vergiftete Kindheit – Elterliche Macht und ihre Folgen. Goldmann Verlag, 20. Aufl. 1993.

Forward, Susan: Wenn Mütter nicht lieben. Goldmann Verlag, 8. Aufl. 2015.

Handrock, Anke & Soyer, Christoph: Vergeben – psychologisch, spirituell, biblisch. Ignitianische Impulse. Echter Verlag, 2019.

Heller, Laurence & Kammer, Brad J.: Praxisbuch Entwicklungstrauma heilen – Wege zur Auflösung von Beziehungs-, Entwicklungs- und Bindungsstörungen. Kösel Verlag, 2023.

Hirigoyen, Marie-France: Die Masken der Niedertracht – Seelische Gewalt im Alltag und wie man sich dagegen wehren kann. dtv Verlagsgesellschaft, 21. Aufl. 2021.

Huber, Michaela: Trauma und die Folgen – Trauma und Traumabehandlung, Teil 1. Junfermann Verlag, 5. Aufl. 2012.

Huber, Michaela: Wege der Traumabehandlung – Trauma und Traumabehandlung, Teil 2. Junfermann Verlag, 5. Aufl. 2013.

Keller, Timothy: Gott im Leid begegnen. Brunnen Verlag, 2015.

Keller, Timothy: Warum Gott – Vernünftiger Glaube oder Irrlicht der Menschheit? Brunnen Verlag, 12. Aufl. 2023.

Lammers, Claas-Hinrich & Eismann, Gunnar: Bin ich ein Narzisst? J.G. Cotta'sche Buchhandlung, 2019.
Marks, Stephan: Scham – die tabuisierte Emotion. Verlagsgruppe Patmos, 7. Aufl. 2018.
Meyer, Thomas: Wäre die Einsamkeit nicht so lehrreich, könnte man glatt daran verzweifeln. Salis Verlag, 8. Aufl. 2019.
Müller, Salome: Love, Pa – Briefe an meinen Vater. Echtzeit Verlag, 2. Aufl. 2018.
Nazare-Aga, Isabelle: Dies ist mein Leben – So befreien Sie sich vom Einfluss manipulativer Eltern. Kösel Verlag, 2017.
Oswald, Anja mit Hagemeyer, Pablo & Gysi, Jan: Sneak Peak II: Toxic Leaders – faszinieren und vernichten. Eigenverlag 2021.
Roderus, Ursula & Willmeroth, Ulrike: Berufen zum Königskind – Gefangen im Trauma – Durchbruch zur Freiheit. Asaph-Verlag, 2. Aufl. 2013.
Roderus, Ursula: Handbuch zur Traumabegleitung. Asaph-Verlag, 2011.
Röhr, Heinz-Peter: Borderline bewältigen. Patmos Verlag, 4. Aufl. 2019.
Röhr, Heinz-Peter: Die Angst vor Zurückweisung – Was Hysterie wirklich ist, und wie man mit ihr umgeht. Patmos Verlag, 2018.
Röhr, Heinz-Peter: Narzissmus – Dem inneren Gefängnis entfliehen. Patmos Verlag, 7. Aufl. 2018.
Röhr, Heinz-Peter: Sucht – Hintergründe und Heilung. Patmos Verlag, 8. Aufl. 2018.
Schnarch, David: Brain Talk – Wie wir das Gehirn nutzen, um uns selbst und andere besser zu verstehen. Kösel Verlag, 2020.
Soldan, Wolfram: Leitfaden – Vergebung wagen, Schritte in die Freiheit. IGNIS Akademie, o. J.
Tempelmann, Inge: Geistlicher Missbrauch – Auswege aus frommer Gewalt. SCM Verlag, 6. Aufl. 2007.
Uschomirski, Anatoli: Die Bergpredigt aus jüdischer Sicht. SCM Verlag, 3. Aufl. 2021.
Vernick, Leslie: Die emotional zerstörerische Ehe. Erkennen – Bleiben oder gehen – Negative Verhaltensmuster überwinden. cap-books, 2014.
Wale Jr., Charles R.: Erfüllt leben – unsere geistliche DNA verstehen. Schleife Verlag, 2019.
Wardetzki, Bärbel: Weiblicher Narzissmus – der Hunger nach Anerkennung. Kösel Verlag, 28. Aufl. 1991.
Zanotta, Silvia: Wieder ganz werden – Traumaheilung mit Ego-State-Therapie und Körperwissen. Carl-Auer Verlag, 2. Aufl. 2019.

Anmerkungen und Quellen

1 Meyer: Wäre die Einsamkeit nicht so lehrreich, o. S.

2 Name, Alter, Aussehen, Beruf und Familiengefüge wurden so verändert, dass keine Rückschlüsse auf reale Personen möglich sind.

3 1. Mose 47,1-12; 2. Mose 1,1-14.

4 Im traumaadaptiven kunsttherapeutischen Gestalten helfen solche Fragen, eine Metapher oder ein Bild für die vorherrschenden Dynamiken zu finden. Durch das Zeichnen erhält die Dynamik bzw. Problematik Platz und wird erkennbar. Die Ratsuchenden finden dadurch einen Zugang und Worte für das, was vorher unklar war.

5 Die Übungen im Buch entstanden in der Begleitung, durch langjährige zeitgenössische Tanzerfahrung, Fortbildungen in körperzentrierten Therapieformen, die Literatur um die Polyvagal-Theorie (u. a.: Stephen W. Porges, Deb Dana) und die Bücher von Dr. med. Claudia Cross-Müller; besonders Letztere empfehle ich aufs Wärmste.

6 Wenn du eine andere Art von toxischer Kindheit erlebt hast, empfehle ich das Buch von Susan Forward: Vergiftete Kindheit – Elterliche Macht und ihre Folgen. Sie beschreibt die Auswirkungen und Folgen durch süchtige, psychisch kranke, verbal, körperlich oder sexuell missbrauchende Familienstrukturen und zeigt den Weg der Heilung auf. Die vorgeschlagene Übung kann dir dennoch helfen, zu erforschen, welche Stimmungen bei dir zu Hause vorherrschend waren und wie du sie erlebt hast.

7 Marks: Scham, S. 28.

8 Ebd., S. 42.

9 Millett, Kate: Im Basement – Meditationen über ein Menschenopfer. dtv, 1990, S. 110.

10 Oswald et al.: Toxic Leaders, S. 29.

11 Man spricht in diesem Fall von Gaslighting (siehe Kapitel 4).

12 § 27 (2) der UN-Kinderrechtskonvention besagt: »Es ist in erster Linie Aufgabe der Eltern oder anderer für das Kind verantwortlicher Personen, im Rahmen ihrer Fähigkeiten und finanziellen Möglichkeiten die für die Entwicklung des Kindes notwendigen Lebensbedingungen sicherzustellen.« In den Gesetzen der einzelnen Länder ist die Verletzung dieser Pflichten daher strafbar: StGB Deutschland: Verletzung der Unterhaltspflicht § 170; Verletzung der Fürsorge- oder Erziehungspflicht § 171; StGB Schweiz: Vernachlässigung von Unterhaltspflichten Art. 217; Verletzung der Fürsorge- oder Erziehungspflicht Art. 219. Es lohnt sich, die aufgeführten

Artikel nachzulesen. Sie sollen aber niemanden dazu bewegen, unbedacht mit Strafartikeln zu drohen oder aus dem Affekt Anzeige zu erstatten! Kläre durch eine Rechtsberatung ab, ob und, wenn ja, welche Art von Anzeige angebracht ist, wenn du vor Gericht gehen willst.

13 Nazare-Aga: Dies ist mein Leben, S. 38.

14 Blumenthal, J. A. et al.: Effects of exercise training on older patients with major depression. Arch Intern Med. 1999; 159 (19), S. 2349-2356.

15 Mehr dazu im Zusammenhang mit religiösen Hypnosesätzen (Kapitel 9).

16 Viele Schmerzen haben eine psychische Ursache, sind aber dennoch real, die Person leidet wirklich. Doch es sind ihre Schmerzen und es ist ihre Verantwortung, sich darum zu kümmern, indem sie sich mit den Ursachen befasst.

17 Beim Münchhausen-Stellvertreter-Syndrom oder Münchhausen-by-proxy-Syndrom erfinden, übersteigern oder verursachen Eltern Krankheiten bei ihren Kindern, um anschließend medizinische Behandlungen einzufordern (vgl. DocCheck Flexikon. https://flexikon.doccheck.com/de/M%C3%BCnchhausen-by-proxy-Syndrom).

18 Der Begriff *Grooming* wird auch im Zusammenhang mit Pädokriminalität und der *Loverboy*-Kriminalität benutzt. Es ist dieselbe Taktik, auch wenn die Ziele der Täter andere sind.

19 Der Film basiert auf dem Theaterstück *Gas Light* von Patrick Hamilton (1938), später entstand auf derselben Grundlage der Film *Das Haus der Lady Alquist* (1944).

20 Die verborgene und tief liegende Panik, den Verstand zu verlieren, verlangt nach einer sorgsamen Bearbeitung in der Therapie.

21 Unter Triangulierung versteht man dysfunktionale Beziehungen innerhalb einer Dreierkonstellation unter (hierarchisch) Ungleichen gegen einen Dritten, beispielsweise Mitarbeiter und Führungskraft gegen einen anderen.

22 2. Mose 1,9-22; Anm.: Die Israeliten wurden auch Hebräer genannt.

23 Müller: Love, Pa, Brief 94.

24 Wardetzki: Weiblicher Narzissmus, S. 74.

25 3. Mose 16,8ff und 21.

26 Die Handlung war sowohl symbolisch als auch ein prophetisches Zeichen (vgl. Kapitel 9).

27 Millett, Kate: Im Basement, a. a. O., S. 110.

28 Dieser Weg, Text: Xavier Naidoo, Melodie: Xavier Naidoo & Philippe van Eecke. © 2005 Hanseatic Musikverlag, Hamburg/Edition Wortgewandt/ Xavier Naidoo & Michael Herberger, Edition Wortgewandt.

29 Auch in *nicht* narzisstisch-gestörten, aber dennoch destruktiven Familien (z. B. bei körperlicher Gewalt, Suchterkrankungen oder schwierigen Migrations- oder Fluchthintergründen) gibt es die Helfer-Rolle oder das Chaos-Ordner-Kind, meist die älteste Tochter oder der älteste Sohn (Hauschild, Jana: Das ewig hilfreiche Kind. Psychologie Heute 08/2023, S. 12).

30 In der Psychologie nennt man dies *Hypervigilanz*, d. h. erhöhte oder übersteigerte *Wachsamkeit*. Sinneseindrücke werden übersteigert wahr-

genommen und sollen Betroffene davor schützen, unvorbereitet in Gefahr zu geraten. Die Folge ist, dass Betroffene nicht zur Ruhe kommen und die Umgebung als bedrohlich wahrnehmen, selbst wenn keine Gefahr besteht.

31 Hauschild, Jana: Das ewig hilfreiche Kind, a. a. O., S. 19.

32 Wardetzki: Weiblicher Narzissmus, S. 111.

33 Lache, Anette: Interview mit Heidi Kastner – Die Psychologie des Bösen. GEO Wissen 69/2020, S. 43.

34 Müller: Love, Pa, Brief 94.

35 Von altgr. *Diábolos,* wörtlich »Durcheinanderwerfer«, im Sinne von »Verwirrer, Faktenverdreher, Verleumder«.

36 Nach Wikipedia ist die Psyche (von altgr. »Seele«) »die Gesamtheit aller geistigen Eigenschaften und Persönlichkeitsmerkmale eines Menschen. Sie beinhaltet Fühlen, Denken und sämtliche individuelle geistige Fähigkeiten, (Denkvermögen, Lernfähigkeit, Emotionen, Wahrnehmung, Empfindung, Empathie, Wissen, Intuition oder Motivation). … Im Gegensatz zur Seele umfasst die Psyche keine transzendenten Elemente. Erkrankungen der Psyche werden als psychische Störungen bezeichnet.« Da für mich die transzendenten Elemente, also die geistlichen, spirituellen und metaphysischen Aspekte des Seins, genauso wichtig sind, benutze ich öfter das Wort »Seele« als »Psyche«. C. G. Jung und andere teilen diese Sicht auf die Psyche bzw. die Seele. Guido Baltes verdeutlicht, was das hebräische Wort für Seele beinhaltet: *Nefesch* bezeichnet den ganzen Menschen als ein »lebendiges Wesen«, was Luther mit »Körper, Seele und Geist« übersetzte (Baltes: Jesus, S. 171). Wolfram Soldan, Arzt, Psychotherapeut, Supervisor, Dozent und Fachlektor dieses Buches, ergänzt: Am Anfang der Bibel wir die Entstehung der *Nefesch* so beschrieben, dass Gott Materie formt (den noch toten Körper) und dann göttlichen Lebensatem einhaucht und daraus die lebendige *Nefesch* wird. Die hebräische Seele ist somit eine Einheit aus Geistesleben und Körper oder Leib. Das Wort Leib stammt etymologisch von Leben ab.

37 Für diesen Vergleich bedanke ich mich bei Wolfram Soldan.

38 Persönlichkeitsstörungen werden graduell verstanden. Man unterscheidet zwischen leicht-, mittel- und schwergradiger Störung der Persönlichkeit. Je ausgeprägter die Spaltung zwischen dem idealisierten Wunsch-Ich und der Realität und je destruktiver die angewendeten Taktiken, desto schwerer die narzisstische Störung. Die Übergänge von problematisch-narzisstischen Verhaltensweisen zu einer narzisstischen (oder auch histrionischen oder Borderline-) Persönlichkeitsstörung sind fließend. Es ist ein Spektrum, auf dem es die Person einzuordnen gilt, wenn eine Diagnose gestellt werden soll.

39 Friedl, Angelika S.: Interview mit Andreas Meyer-Lindenberg (Psychiater). Im Fokus: Ferndiagnosen für Mächtige. Psychologie Heute, 08/2023, S. 47.

40 In einem Interview zu den Tagesthemen HD 1, o. J. https://twitter.com/tagesthemen/status/788098999148507136.

41 2. Mose 1,8-14.

42 »Dann sagte Gott: ›Jetzt wollen wir den Menschen machen, unser Ebenbild, das uns ähnlich ist‹« (1. Mose 1,26; HFA). Die Worte *b'tzelem Elohim* bedeuten »nach dem Ebenbild Gottes«. Es ist eine Entsprechung, wie Wort und Antwort, ein dialogisches Wesen oder ein Gegenüber (Gespräch mit Andrea Sterzlinger, ref. Pfarrerin).

43 Dalferth, Ingolf U.: Auferweckung – Plädoyer für ein anderes Paradigma der Christologie. Evangelische Verlagsanstalt, 2023, S. 154f.

44 Lammers & Eismann: Bin ich ein Narzisst?, S. 26.

45 Vgl. Oswald et al.: Toxic Leaders.

46 Hier sprechen wir von religiösem Machtmissbrauch. Buchtipps für Betroffene: Inge Tempelmann: Geistlicher Missbrauch, a. a. O.; für Leiter und Institutionen: Soldan, Wolfram & Kessler, Martina: Leitfaden zum Umgang mit religiösem Machtmissbrauch. Evangelische Allianz Deutschland, o. J.; Martina Kessler (Hrsg.): Religiösen Machtmissbrauch verhindern. Brunnen, 2021.

47 Der Fall Elizabeth Holms (Biotechunternehmen Theranos, USA) zeigt, dass skrupellose Verschlagenheit keine Männerdomäne ist (verfilmt unter dem Titel *The Dropout*, 2022, Disney/Hulu).

48 Bitte keine Umkehrschlüsse. Nicht alle Abhängigen sind automatisch narzisstisch-gestörte Personen. Eine Sucht zeigt lediglich, dass die Selbstregulation nicht mit gesunden Mitteln bewerkstelligt wird und die Person den Konsum nicht mehr im Griff hat.

49 Das Seelenschleichertum ist nicht leicht vom Helfersyndrom zu unterscheiden, das unter Christen oft als Tugend gehandelt wird. Seelenschleicher haben auf ihrem Sockel eine »ausschließlich gute Persona« ausgestellt. Im Verlies ziehen dann die verborgenen Defizite an unsichtbaren Fäden, um das Umfeld zu ihrer Bedürfnisbefriedigung zu missbrauchen. Menschen mit einem Helfersyndrom sind meist Menschen, die in der Helfer-Rolle groß geworden sind. Wenn sich die beiden krankhaften Formen von »Helfen« unterscheiden, dann in dem Sinne, dass »Helfersyndrömler« auf ihr abhängig machendes Verhalten angesprochen werden können und nicht bemüht sind ein »makelloses ICH« auf dem Sockel zu präsentieren, sondern aus dem Zwang zu helfen agieren.

50 Wale: Erfüllt leben, S. 100.

51 Forward: Vergiftete Kindheit, S. 78.

52 Die komplexe posttraumatische Belastungsstörung ist eine psychische Belastungserkrankung, die sich durch wiederholende und/oder anhaltende Traumatisierungen entwickelt. Unter Traumatisierungen versteht man im psychologischen Sinne tief greifende, erschütternde Erlebnisse von emotionaler Vernachlässigung, Unterversorgung bei Essen, Kleidung, Behausung oder Schutz, längeres Alleine-gelassen-Werden/Verlassenheit, Misshandlungen (seelischer, körperlicher und/oder sexualisierter Art), Beschimpfungen oder Angriffe durch psychisch kranke und/oder süchtige Bezugspersonen, Erleben von schwerer Krankheit/Unfall, Miterleben von Gewalt an anderen, Umweltkatastrophen, Krieg, Flucht und Folter. Häufige

Symptome sind: Störungen der Wahrnehmung (Erinnerungslücken oder Sich-abgeschnitten-Fühlen von der Wirklichkeit), Wiedererleben traumatischer Inhalte (Flashbacks, Albträume, Gefühlszustände wie Entsetzen, Angst, Panik, Wut, Rage, Ekel, bodenlose Trauer, Scham, Hilflosigkeit etc. oder auch emotionale Taubheit, die nicht situationsbedingt erklärt werden können), Übererregung im Wechsel mit Untererregung (Schreckhaftigkeit, Nervosität, Gereiztheit, Depression, Schlafstörungen) und körperliche Empfindungen, Stress oder Schmerzen, für welche keine medizinischen Ursachen gefunden werden, eine Erschütterung des Ichverständnisses (Verlust von Selbstwert, Schuldgefühle) und Veränderung von Weltverständnis, Lebens- und Glaubensvorstellungen (Verzweiflung, Halt- und Hoffnungslosigkeit), Schwierigkeiten, Gefühle zu regulieren (mangelnde Impulskontrolle, Selbstverletzung), Beeinträchtigungen der Beziehung zu anderen Menschen (Unfähigkeit zu vertrauen, Verlust von eigenen Grenzen und/oder Verletzen [seelisch/körperlich] anderer Menschen).

53 Vielleicht konnte man nicht die Leistung abrufen, zu der man fähig gewesen wäre; nicht den Bildungsweg nehmen, den man sich gewünscht hätte; Beziehungen sind zerbrochen, weil man nicht beziehungsfähig ist/war; möglicherweise kann man als Folge keine Kinder bekommen etc.

54 Meyer: Wäre die Einsamkeit nicht so lehrreich, o. S.

55 Die Dynamik von manipulierenden Opfern tritt auch bei Betroffenen von psychischer, körperlicher und sexualisierter Gewalt zutage, wenn sie sich nicht von den Tätern zu lösen wagen. Auch viele Suchtkranke sind Opfermanipulatoren, Co-Abhängige dagegen eher Seelenschleicher. Süchtige müssen eine ganzheitliche Therapie machen, um auch wirklich heil zu werden. Ausschließlich das Suchtmittel wegzulassen, führt nicht zur Auflösung der Spaltung zwischen dem idealisierten Wunsch-Ich und dem verachteten Selbst im Verlies. Meist greift man ohne eine entsprechende Aufarbeitung zu anderen zerstörerischen Taktiken der »Selbstregulation«.

56 Eine Wochenendeinführung in das Thema Traumatherapie reicht nicht aus, auch wenn es hilfreich ist, zu verstehen, was psychisches Trauma bedeutet. Doch zu glauben, dass wir komplex traumatisierte Menschen begleiten können, nur weil wir einen minimalen Einblick in die Thematik erhalten haben, ist vermessen. Wenn du Seelenprozesse begleiten willst, bitte ich dich: Bilde dich fundiert aus, nimm fachkundige Supervision in Anspruch und geh deine eigenen Prozesse mit therapeutischer Unterstützung an. Wir können von den Menschen, die wir begleiten, nicht erwarten, dass sie ihre Lebensverantwortung wahrnehmen, wenn wir unsere von uns schieben.

57 Röhr: Die Angst vor Zurückweisung, S. 18. Der Begriff der *hysterisch* wurde in den modernen internationalen Störungsklassifikationen durch *histrionisch* (schauspielerisch, theatralisch, affektiert) ersetzt.

58 Ebd., S. 48.

59 Vgl. Oswald et al.: Toxic Leaders, S. 11.

60 Ebd., S. 31. »Im Gegensatz zu der bewusst eingeschalteten kognitiven Empathie, mit deren Hilfe toxische Personen den eigenen Profit maximieren,

steht die emotionale Empathie für das absichtslose, zutiefst liebevolle und menschliche Mitfühlen mit dem Mitmenschen.«

61 Ebd., S. 11f.

62 Ebd., S. 41/55ff.

63 Narcissistic Abuse Documentary, 2019. https://www.youtube.com/watch?v=pfE-u2NzyQw.

64 CH: Opferhilfestelle.

65 2. Mose 3,7–4,30.

66 Obwohl Sklaverei heute weltweit verboten ist, leisteten laut dem Statistischen Bundesamt 2021 27,6 Millionen Menschen Zwangsarbeit (https://www.destatis.de/DE/Themen/Laender-Regionen/Internationales/Thema/bevoelkerung-arbeit-soziales/arbeitsmarkt/Zwangsarbeit.html?nn=375530).

67 Keller: Warum Gott?, S. 216f; Keller behandelt die drängendsten Fragen und Missverständnisse zum christlichen Glauben. Empfehlenswert für Christen, die zwar christlich sozialisiert sind, aber nicht wissen, warum sie glauben – da halte ich einen Realitätscheck für unabdingbar. Anders- oder nicht gläubigen Menschen empfehle ich das Buch, wenn sie Fragen zum christlichen Glauben haben, die sie weiterverfolgen wollen.

68 Baltes: Jesus, S. 170.

69 Jesus war ein Rabbi (Weisheitslehrer). Jünger zu sein bedeutete, Schüler zu sein, und das beinhaltete, dass man Fragen stellte und den Lehrer beobachtete, um es ihm gleichzutun.

70 Die Thora oder Torah sind die fünf Bücher Mose, die ersten Bücher des Alten Testaments. Baltes verdeutlicht, dass das hebräische Wort *torah* »eigentlich ›Weisung‹ oder ›Unterricht‹ bedeutet. Diese Weisung kann aus Gesetzen und Geboten bestehen, aber auch aus Erzählungen, aus praktischer Lebenshilfe, aus Trost. Torah ist von einer Person her gedacht, die den Weg zeigt« (Baltes: Jesus, der Jude, S. 170).

71 Uschomirski: Die Bergpredigt, S. 65.

72 Vgl. Dawn Wilson: What Does It Really Mean to »Turn the Other Cheek«? https://www.biblestudytools.com/bible-study/topical-studies/what-does-it-really-mean-to-turn-the-other-cheek.html#google_vignette.

73 Schmid-Grether, Susanne: Auge um Auge, Zahn um Zahn. Books on Demand, 2019; zitiert nach Uschomirski: Die Bergpredigt, S. 108.

74 Galater 6,7; 2. Korinther 9,6; Sprüche 22,8.

75 »Petrus und die anderen Apostel erwiderten: ›Man muss Gott mehr gehorchen als den Menschen!‹« (Apostelgeschichte 5,29; HFA).

76 Vgl. Johannes 13,34; 15,12.

77 Unter anderem: Psalm 15; Sprüche 8,13; Jesaja 58,6; Jeremia 22,13; Sacharja 7,9f; Römer 6,13.

78 3. Mose 19,18; Matthäus 19,19; 22,39; Markus 12,31; 12,33; Lukas 10,27; Römer 13,9.

79 Diese Auseinandersetzung ist oft ein schmerzhafter Prozess, der nicht mit den hier aufgeführten Bibelstellen abgetan werden darf!

80 Keller: Warum Gott?, S. 274.

81 Ob sie in ihrer Bestimmung leben würden oder nicht, ist ein anderes Thema.

82 Sinngemäß 2. Mose 3,8.

83 Es ist die Herausforderung von Jesus aus Kapitel 9: Was soll das? Was bezweckst du mit deinem Verhalten? Warum tust du, was du tust, oder sagst du, was du sagst?

84 Diese Methode habe ich in der Fortbildung »Diagnostik und Behandlung posttraumatischer dissoziativer Störungen« bei Michaela Huber, Psychologische Psychotherapeutin (ISSD/ESTD), Supervisorin, Autorin und Ausbilderin in Traumabehandlung, erlernt und in der Fortbildung »Traumaadaptive gestaltende Kunsttherapie-Techniken« am Institut APK bei Prisca Buonvicini, Psychotherapeutin, Kunsttherapeutin, Supervisorin und Dozentin, und Judith Zink, Kunsttherapeutin, Dozentin und Supervisorin, vertieft.

85 Illustriert von Sharon S. Eckstein.

86 Die Formulierung »triftige Gründe« stammt von Michaela Huber, u. a. Fortbildung »Diagnostik und Behandlung posttraumatischer dissoziativer Störungen«, Schweizerisches Institut für Trauma Therapie, 2016/17.

87 König über Israel und Juda (10. Jh. v. Chr.).

88 https://sarajstutz.ch/audio/.

89 2. Mose 2.

90 Schweiz: StGB Drohung Art. 180, Nötigung Art. 181, Körperverletzung Art. 122-126, Gefährdung des Lebens und der Gesundheit Art. 127-136, Strafbare Handlungen gegen die sexuelle Integrität Art. 187-200 (evtl. auch wichtig: Betrug Art. 146, Erpressung Art. 156); Deutschland: StGB Nötigung § 240, Bedrohung § 241, Straftaten gegen die körperliche Unversehrtheit § 223-231, Nachstellung § 238, Straftaten gegen die sexuelle Selbstbestimmung § 174-184. Die hier aufgeführten Artikel zeigen auf, dass es keine Kavaliersdelikte, sondern strafbare Vergehen sind, die in keiner Weise bagatellisiert werden dürfen. Dennoch ist es nicht ratsam, unbedacht mit Strafartikeln zu drohen oder aus dem Affekt eine Anzeige zu erstatten. Kläre durch Rechtsberatung ab, ob und, wenn ja, welche Art von Anzeige zielführend sein kann.

91 2. Mose 3,19f.

92 Forward: Vergiftete Kindheit, S. 310.

93 Beispiele in Kapitel 10 (*Exit-Plan bei Endlosdiskussionen und falschen Anschuldigungen*) und Kapitel 13 (*Sieben Behauptungen von Handlangern und mögliche Antworten*).

94 S. 214.

95 Kapitel 10, Lebensbereich 3.

96 Stark manipulative Personen brauchen bei Realitätschecks zum Selbstbild, Wünschen und Träumen Unterstützung von gesunden, gestandenen Menschen. Sie benötigen solide Hilfe, um der Wahrnehmungsstörung auf den Leib zu rücken, denn typischerweise wollen sie Helfenden immer wieder ihre utopischen Ziele und Träume als reelle Möglichkeit verkaufen. Jesus macht in Matthäus 6,22-23 (HFA) eine spannende Aussage: »Durch die

Augen fällt das Licht in deinen Körper. Wenn sie klar sehen, bist du ganz und gar vom Licht erfüllt. Wenn sie aber durch Neid oder Habgier getrübt sind, ist es dunkel in dir. Und wie tief ist diese Finsternis, wenn das Licht in deinem Innern erloschen ist!«

97 Röhr: Sucht, S. 85.

98 Kapitel 10, Lebensbereich 1.

99 Schweizerisch für eine Süßigkeit, die man einem Kind nach einer Verletzung gibt; hier benutzt für einen Ort, an dem die Seele getröstet und umsorgt wird.

100 2. Mose 9,27; 10,16f.

101 Matthäus 18,23-35.

102 Zur Vertiefung empfehle ich den Leitfaden »Vergebung wagen, Schritte in die Freiheit« von Wolfram Soldan (IGNIS Akademie). Soldan hat anhand dieser Parabel ein ganzheitliches Vergebungsmodell entwickelt, welches Christen hilft, nicht nur von Vergebung zu sprechen, sondern sie zu empfangen und tief greifend zu erfahren. Eine weitere Hilfe, wenn Vergebungsprozesse gegangen werden müssen, ohne mit den Schuldigen abrechnen zu können, ist: Handrock & Soyer: Vergeben – psychologisch, spirituell, biblisch. Echter Verlag, 2019.

103 Buber: Der Weg des Menschen, Kapitel I, Selbstbesinnung.

104 Johannes 3,19-21.

105 *Das Buch* übersetzt die Worte von Jesus in Markus 7,6 so: »Jesaja hat schon richtig gesprochen, als er als Prophet Voraussagen machte, die euch *fromme Schauspieler* betreffen! Denn in seinem Buch steht geschrieben: ›Dieses Volk zollt mir Respekt mit den Lippen, aber ihr Herz ist ganz weit von mir entfernt.‹«

106 Madeleine Delbrêl (1904–1964), Gott einen Ort sichern, S. 44.

107 https://sarajstutz.ch/audio/.

108 2. Mose 7–12,42; Anmerkung von Wolfram Soldan in Bezug auf 2. Mose 7,13-14: »chazak« bedeutet im Urtext *das Herz stark machen*. Gott hat also Pharaos Herz nicht gezwungen, seine Gesinnung beizubehalten, sondern ihm die Möglichkeit oder eben *Stärke* gegeben, weiter zu widerstehen, sofern er widerstehen will, statt einfach aus Feigheit nachzugeben.

109 Das Wissen um die (theoretische) Strafbarkeit von Verleumdung, Beschimpfung usw. kann dir mehr Selbstsicherheit in Verhandlungsgesprächen geben. Manipulatoren auf die entsprechenden Artikel im Strafgesetzbuch aufmerksam zu machen und sie zu informieren, dass man ihre Verleumdungs- und Hetzkampagnen nicht akzeptieren wird, kann wirkungsvoll sein. Dennoch sind solche Anzeigen in der Praxis selten erfolgreich. Darum: Informieren, nicht drohen! Solltest du rechtliche Schritte einleiten wollen, nimm eine Rechtsberatung in Anspruch. Und Achtung: Es ist auch verboten, Gespräche ohne Einverständnis des anderen aufzunehmen. Falls der andere einverstanden ist, dass du ein Gespräch aufnimmst, lass dir das unbedingt schriftlich geben oder nehmt diese Vereinbarung zu

Beginn der Sprachaufnahme auf. Beide Parteien müssen die Vereinbarung hörbar bestätigen.

110 Miguel de Unamuno (1864–1936), spanischer Philosoph und Schriftsteller, während der Diktatur Primo de Riveras (Spanien) im Exil.

111 2. Mose 14.

112 Urheber unbekannt.

113 Explain narcissism to others using the C.R.A.V.E.D. method. https://www.youtube.com/watch?v=M4ypZnVF03M.

114 Ein Erfahrungswert (keine Statistik): Je lauter Manipulatoren drohen, einem die Kinder wegzunehmen, desto geringer ist ihr Interesse, die Kinderbetreuung tatsächlich zu übernehmen. Wenn es dann um konkrete Abmachungen geht, zeigt sich, wie viel Zeit der andere Elternteil wirklich mit den Kindern verbringen will.

115 Ein Beistand wird in der Schweiz von der KESB oder vom Gericht angeordnet. Erst wenn ein Beistand für eine bestimmte Aufgabe eingesetzt worden ist, kann dieser vermitteln (aber nicht entscheiden).

116 Kindes- und Erwachsenenschutzbehörde.

117 2. Mose 3,21-22; 12,35-36.

118 Fight Outta You. Text & Melodie: Ben C. Harper, Jason Conrad Yates, Juan Dwayne Nelson, Leon Lewis Mobley, Michael B. Ward & Oliver Francis Charles. © 2007 Reservoir Media Music/Three Chord Symphony Music/ Leon Mobley Publishing/Steel Tone Music.

119 Ein Gott, der das Meer teilt. Text & Melodie: Timo Langner. © 2022 Gerth Medien, Wetzlar.

120 2. Mose 13,21-22; 40,36-38.

(Letzter Abruf aller Links erfolgte im Februar 2024)
(Hervorhebungen in Fett oder in Klammern in den Zitaten erfolgten durch die Autorin)